日本比較政治学会年報第26号

地域研究と比較政治学

日本比較政治学会 編

ミネルヴァ書房

は じ め に

　日本比較政治学会の設立から四半世紀が経過した。この間に比較政治学・地域研究は，日本においてもまた世界的にも目覚ましい方法的発展を遂げてきた。しかしその過程において，比較政治学と地域研究との間での違いが強調される傾向も生じており，その間の関係が，たびたび議論の対象となっている。

　地域研究と比較政治学との間に，アプローチの違いがあるのは確かであろう。よく指摘されるように，地域研究が対象地域の厚い理解を主たる関心とする一方で，比較政治学は普遍的な理論を目的とする傾向がある（久保・末近・高橋 2016：3）。それは，「表意的 ideographic」と「法則定立的 nomothetic」との違いとも表現できるだろう（Lichbach and Zuckerman 1997：7）。また近年の比較政治学において，計量的・数理的方法を用いた多国間（Large-N）比較が進展したことなども相まって，その間の違いは，対立としての性格を深めているとも言えるかもしれない。

　しかし，地域研究が生み出してきた厚い理解や事例分析が，比較政治学における仮説や理論の構築の基礎となっていたり，また逆に，比較政治学によって得られた分析結果や理論枠組が，地域研究に対して新たな視点を与えていたりする場合も多い。また，比較政治学・地域研究それぞれの内部での方法的多様化の中で，逆に両者の間の相互関係が深まっている場合もある。例えば，事例研究における過程追跡の手法の展開や，統計分析における計量テキスト分析の発展は，地域研究・比較政治学の双方にインパクトを与えているとともに，両者の方法的接点を拡大している。これらも含めて，地域研究と比較政治学は，相互に生産的，また研究対象・方法によっては融合的な関係を築いていると言ってもよいだろう。

　この問題関心に基づき本特集は，地域研究と比較政治学との関係について再検討することを目的としている。方法論についての検討を行う論文は

もちろん，対象となる地域を問わず，地域研究と比較政治学を横断する形で分析を展開し，その間での相互関係のあり方についても示唆が得られる論文を収めた。それによって，地域研究と比較政治学を横断した形で展開されている具体的な研究を踏まえつつ，その間でのより生産的な相互関係のあり方について議論することを目指している。またそのことは，日本比較政治学会および比較政治学・地域研究の将来を考える一つの機会ともなるだろう。

　本号は，2023年の研究大会共通論題報告をもとにした3本の論文と，会員から公募で寄せられた6本の論文とにより，3部構成をとっている。以下では，各部のテーマを述べるとともに，各章の内容について簡単に紹介したい。

　第1部のテーマは，「地域研究と比較政治学の方法」である。それぞれの分野において方法的発展が進むなか，両者の間にはどのような方法的接点が見出せるのか。またそのために，今後検討されるべき課題は何であろうか。最新の方法や理論の動向を踏まえつつ，各論文はこの問題に答えようとしている。

　日下論文は，解釈主義の立場から，地域研究と比較政治学との生産的な対話について考察する。しかしこの対話は，単に地域研究と比較政治学というだけではなく，解釈主義と実証主義という方法的相違を乗り越える必要がある点で，より難しいテーマである。著者は解釈主義的な政治理論を手がかりとしながら，フィリピンにおける自由民主主義の後退の要因について検討している。それを通じて，新自由主義，ポピュリズム，国家統治の相互関係を軸とした仮説を提示し，比較政治学へと投げかけるのである。その上で著者は，地域の事例や観察をもって比較政治学の理論や通説に批判的に介入することや，「観察不可能なもの」の解釈を通じて既存の仮説を改善したり新たな仮説を構築したりすることによって，実証的な比較政治学と，より妥当な解釈をめぐって批判的な対話を展開できる可能性と必要性とを指摘する。

佐藤論文は，「地域研究と比較政治学」という問題提示の仕方自体が，地域研究における同質性を前提としている点を批判的に捉え，地域研究内部における論争を取り上げながら，その複数性を指摘する。その上で，地域研究が常に変容の過程にあり，その変容は，研究対象となる地域そのものの変容と結びついているとともに，本質論から構築論への移行に代表されるような，方法論的変化からも生まれてきているとする。このような形で地域研究内部における多様性とその原因を検討しながら著者は，比較政治学との建設的な関係をも見据えつつ，地域研究の今後について，方法論的側面に関して自覚を高める必要性とともに，地域研究が変わり続ける中で，反省性を伴いつつ常に問い直していくことの意義を主張している。

　「地域研究と比較政治学」という論点を検討する上で，宮地論文が対象とするのは，近年の人文社会科学分野で復活を遂げつつある「比較地域研究」である。比較地域研究に基づく諸業績を批判的に検討した上で，その意義を新たに提示することが，宮地論文の目的である。筆者は，比較地域研究を「複数の事例の比較，とりわけ異なる地域に属する事例の比較を通じて，すべての事例のコンテクストを踏まえた上で，その共通性や差異を説明する新しい因果関係を明らかにする研究」と定義する。その上で，比較地域研究がその正当化根拠とする単一事例研究などへの立場を批判するとともに，比較政治学の観点からも，比較地域研究の依拠する方法の問題点を指摘する。これらの検討に基づき著者は，より慎重な過程追跡の必要性を説き，有意義な比較地域研究に向けた道筋を示している。

　松尾論文は，地域研究と比較政治研究との間の溝を埋める方法の一つとして，時系列クロスセクション（TSCS）分析の可能性に着目する。TSCS分析は，国や地域の特性を取り去り普遍的な法則を見出そうとする点において，比較政治学で利用されることの多かった方法であるが，著者は地域研究にTSCS分析を導入して地域の特性を分析することを試みる。その具体的な分析対象となるのは，レンティア国家論や「石油の呪い」研究の対象となってきた中東地域である。著者は，中東地域におけるレンティア効

果の有無を検証するとともに，中東地域で権威主義体制が維持される新たな要因として，移民の効果に注目する。そして分析の結果，中東地域とそれ以外の地域における違いは，「移民エスノクラシー」によって生み出されていることを発見し，その効果の検証にも成功している。その成果を踏まえて著者は，TSCS分析が他地域との比較を通じて，観察対象地域の固有性を確認する上でも有益であると結論づけるのである。

　第2部のテーマは「事例研究と地域研究・比較政治学」である。特に一国を対象とした研究の場合，地域研究と比較政治学の交錯領域にあるのが事例研究と言えるだろう。また，比較政治学における量的分析の発展の中で，質的分析としての事例研究はどのような意味を持つのであろうか。いずれもイギリスを対象とした事例研究を通じて，その可能性について考える。

　今井論文は，比較野党研究の枠組から英国における野党の行動を位置づけつつ，近年におけるその変化を検討することで，従来の比較政治学の枠組を問い直そうとしている。これは，事例研究を接点としながら，地域研究と比較政治学との接続を図る試みでもある。著者は，英国における野党を，レイプハルトの民主主義類型論に基づき対決型として特徴づけた上で，それが英国の多数決型デモクラシーを正当化させる必要条件にもなってきたことを示す。しかし近年の英国においては，多数決型デモクラシーの脆弱性を伴う形で，野党の行動にも変化が見られるようになった。著者はこの変化について，ブレグジットをめぐる議会行動を事例として検討し，そこに見られる野党行動が，従来型の対決モードと，新たに見られるようになった政党間横断モードとの結合にあったことを明らかにするのである。それを踏まえ，従来の比較野党研究の枠組を見直す必要性が示唆されている。

　安田論文は，政党と利益団体の関係の変化から，政府の方針が転換する過程を，イギリスにおける欧州懐疑主義を事例としながら検討している。もともとEUに対して融和的な路線を維持してきたメイジャー保守党政権が，EUに対して対決的立場をとるようになったのはなぜか。著者はこの問題

iv

に対して，1990年代イギリスにおける狂牛病問題とEUの禁輸措置に焦点を当て，それをめぐる全国農業組合と保守党の関係の変化を追跡することによって，解明を試みている。その結果，全国農業組合および農業地域選挙区との協調を重視するようになったために，保守党内での統合推進派と統合懐疑派との結託が可能となり，EUに対する方針が転換したとする。しかしその一方で，そのような中間団体との関係の重視は，メイジャー政権における対応の非一貫性を生み出す要因ともなったことを，明らかにしているのである。

　第3部のテーマは，「計量テキスト分析と地域研究・比較政治学」である。近年，目覚ましい発展を遂げる計量テキスト分析は，その地域に対する「理解」を数量的に可視化し比較可能にするという点で，地域研究と比較政治学との接点としての可能性を飛躍的に高めていると思われる。

　その中でも山尾論文の主要な問いは，ポスト紛争国の国家建設において，紛争が再発したり，政治社会が不安化したりするのはなぜか，というものである。これに対して著者は，政府と人々の間で基本的サービスの提供者に対する認識が乖離した場合，政府に対する抗議運動が広がると考える。その上で，紛争後の国家建設において不安定化が生じた典型例としてイラクを取り上げ，最も基本的で重要なサービスである治安の提供に着目して分析を行うのである。その方法の中心となるのが計量テキスト分析である。著者は，政府の認識を分析するために主要な新聞の論調を，また人々の認識を分析するためにTwitter（現，X）の投稿をデータとして，重大局面における認識の乖離について，テキスト分析の中でもLSSと呼ばれる手法をもって分析した。その上で，政府と人々の間でサービス提供をめぐる認識に乖離が見られる時に抗議行動もまた拡大し，政治社会の不安定化が促進されやすくなることを示したのである。

　工藤論文は，独裁国家における宣伝戦略に着目する。選挙に制約されない国家では独裁者の支配が強固であるという宣伝が中心となり，選挙に制約される国家では独裁者の業績を誇示する宣伝が採用されることが，従来

の比較政治学では示されてきた。それでは，現代の中国ではどのような宣伝戦略が行われているのだろうか。この問いに対して著者は，中国におけるソーシャル・メディアであるWeibo（微博）への人民日報の投稿を計量的に分析することによって，答えようとしている。山尾論文と同様に，LSSの手法によって分析した結果，党に関する投稿においては，党の支配が盤石であることを強調し，政府・人代・政協に関する投稿では，政権の有能性を誇示する傾向があることが示される。この結果を踏まえて著者は，現代の中国において，従来の比較政治学において指摘されてきた二種類の宣伝戦略が使い分けられているとともに，それらが相互補完性を持っていること，さらに近年においては，党の支配が盤石であるという宣伝が強まっていると結論づけるのである。

　于論文の研究対象も中国であり，また研究方法も，Weiboへの投稿に対するLSSに基づく計量テキスト分析である。権威主義国家体制の持続という比較政治学の主要な論点に対して，近年，注目度を高めているのが，政府による情報統制であり，情報操作による支配の強化である。とりわけ，災害など重大な危機に直面した際には，体制の安定性を確保するために，情報統制・操作の重要性が増すと言えるだろう。著者はこれらの議論を念頭に置きながら，COVID-19パンデミック時の武漢封鎖を事例として，それに対するWeibo上における感情温度の変化を，計量テキスト分析を用いて実証的に検証している。その結果，「応援・感謝・称賛」に関わる投稿が，特定の時点で大量のボットを通じて拡散されており，政府がポジティブな投稿を意図的に拡散していることを示唆している。また同時に，「怒り・不満・批判」を含む情報が大量に削除されたことも検証した。以上を通じて，中国共産党と政府が，「情報の水増し」と「情報削除」を併用しながら，情報操作を行っていることが示されるのである。

　さて，2023年の共通論題のテーマであり本号の特集である「地域研究と比較政治学」は，広範かつ論争的なテーマであり，企画委員長・年報編集

委員長を務めた筆者も，一定の覚悟と決意をもって臨んだものの，手探り
かつ不安な日々が続いた。しかし，共通論題での今井貴子会員，日下渉会
員，山尾大会員の優れた報告，久保慶一会員，外山文子会員の刺激的な討
論は，本テーマが十分に成立することを示すとともに，ほぼ満員となった
会場のフロアの会員の熱気からは，本テーマの重要性を再認識させられる
こととなった。これらの会員の皆様に感謝したい。

　2023年研究大会の企画全般と本号の編集にあたっては，企画委員および
編集委員として，外山文子（企画副委員長），稲田奏，上川龍之進，濵田江
里子，舛方周一郎，溝口修平の各会員に，さまざまな形で助けていただい
た。委員の方々の手厚いサポートがなければ，ここまで辿り着くことは決
してなかっただろう。心よりお礼申し上げたい。同時に，公募論文の審査
にご協力いただいた匿名査読者の会員の皆様にも，深く感謝したい。また，
本企画をお認めいただき背中を押してくださった粕谷祐子会長，ならびに
杉木明子常務理事，松浦淳介運営委員，また2023年度研究大会開催校であ
る山梨大学の小松志朗会員はじめ大会を運営してくださった皆様にも，心
より感謝をお伝えしたい。

　　2024年5月

日本比較政治学会年報第26号編集委員長

近藤康史［名古屋大学］

参考文献

久保慶一・末近浩太・高橋百合子（2016）『比較政治学の考え方』有斐閣。

Lichbach, Mark Irving and Alan S. Zuckerman (1997) "Research Traditions and The-
　　ory in Comparative Politics: An Introduction," *Comparative Politics–Rationality,*
　　Culture, and Structure, Cambridge University Press.

目　次

はじめに ………………………………………………………… 近藤康史　i

第1部　地域研究と比較政治学の方法

1　意味の政治を解釈する
　　──フィリピン地域研究からの場外乱入・反則技・ラブレター
　　………………………………………………………… 日下　渉　3

2　地域研究の常なる変容と複数性
　　──比較政治学との関係性を考える際の前提として ………… 佐藤　章　33

3　比較地域研究の批判的検討 ……………………………… 宮地隆廣　59

4　レンティア国家論・石油の呪いから移民エスノクラシー論へ
　　──地域の固有性を時系列クロスセクション分析に組み込む… 松尾昌樹　79

第2部　事例研究と地域研究・比較政治学

5　英国地域研究の現代的意義とは──比較野党研究からのアプローチ
　　………………………………………………………… 今井貴子　101

6　イギリスにおける欧州懐疑主義と利益団体との関係
　　──狂牛病問題をめぐるメイジャー政権の対応を事例に……… 安田英峻　131

第3部　計量テキスト分析と地域研究・比較政治学

7　ポスト紛争国におけるサービスの提供者と不安定化
　　──計量テキスト分析からみる政府と人々の認識の乖離と抗議行動の拡大
　　………………………………………………………… 山尾　大　159

8　ソーシャル・メディアにおける中国共産党の宣伝
　　──人民日報Weiboに対する量的テキスト分析 ………… 工藤　文　191

9　権威主義体制国家における情報統制
　　──武漢「封鎖」に対するインターネット上の感情温度の分析から
　　………………………………………………………… 于　海春　217

日本比較政治学会設立趣意書……245
入会のお誘い……246

第1部

地域研究と比較政治学の方法

CHAPTER
1

意味の政治を解釈する
──フィリピン地域研究からの場外乱入・反則技・ラブレター──

日下　渉［東京外国語大学］

1　政治学に踏みとどまるために

　地域の個別事例を説明する地域研究と，一般的な因果関係を推論する比較政治学は，緊張関係をはらみつつも相互補完的である。近年，事例研究と計量分析を併用した混合手法も多く用いられるようになっている。だが，私には二つの方法を用いる能力はないし，計量分析を使う研究者と協働する機会もなかった。しかも私の研究は解釈主義的で，比較政治学で主流の実証主義との相性は良くない。

　ここで私のポジショナリティを説明させて欲しい。私は学部生の時に政治学を学び始め，大学院では，まず文化人類学を，次に規範政治理論を専攻する指導教員の下で学んだ。実証的な推論の作法も独学で学んだが，数学が苦手で，いくら入門書を眺めても計量分析やゲーム理論を十分に理解できなかった。他方，地域研究を専門的に学んだことはないものの，過去20数年，フィリピン研究をしてきた。その特徴は，エスノグラフィーで人びとの意味世界や日常実践を解釈し，そこから政治現象を説明しようとすることである。地域研究が政治，経済，社会などを切り分けず，他者を丸ごと理解しようとする方法（末廣 2014）であるならば，私の仕事もそのような指向性をもつ。ただし，政治に着目する地域研究のなかでも，私の研究は文化人類学の影響を受けて解釈主義に基づく点で，主流ではない。

　実証主義と解釈主義は，それぞれ基礎づけ主義と反基礎づけ主義という

3

第1部　地域研究と比較政治学の方法

異なる存在論に基づく認識論である。基礎づけ主義は，世界は人びとの知識から独立して存在しており，正しく観察すれば誰もが同じ真実を見ることができると考える。実証主義は，これに基づいて，社会現象の因果関係を客観的に検証し，普遍的な理論を生み出そうとする。他方，反基礎づけ主義は，世界は人びとの解釈によって社会的に構築されているとして，普遍的な真実の存在を否定する。解釈主義は，この存在論に基づいて，いかに人びとが世界や自らの行動に意味を与え，またその意味のもとで行動しているのか，間主観的な「部分的真実」を構築する諸言説の関係から分析する（Bevir and Rhodes 2016；野村 2017：20-24）。

　実証主義者からすれば，客観的なデータや実証された因果関係に基づかず，人びとの主観的な認識から政治や政策を議論するのは危険きわまりない。その懸念はよく分かる。だが，それでも私は解釈主義にこだわってきた。その理由は次の通りである。

　第一に，とりわけ不安定で流動的な環境のもとでは，あまりに多くの変数が作用しており，人間を標準化された選好や数値化された指標に還元しても政治現象を理解できるとは限らない。それゆえ，人間理解から始めて，いかに人びとが流動的な世界を多様に解釈し，それに働きかけていくのか，その偶発的で複雑なプロセスから政治を理解する必要がある。第二に，現地の人びとを内在的に理解するためには，彼らが調査者と異なる真実や合理性をもつ可能性を重視すべきである。普遍的な真実や合理性を前提にすると，調査者の偏った想定や知識のなかでしか彼らを理解できなくなってしまう。第三に，「客観性」や「科学性」が実は何らかのバイアスに基づいており，特定の人びとを周縁化してしまう危険に留意する必要がある。最後に，相反する世界観を抱き，「真実」を共有しない多様な人びとが共棲する民主的な多元性がいかに実現可能か模索したい。

　だが，実証主義的な比較政治学からすれば，私の仕事など反証可能性のない物語にすぎないだろう。そう直接言われたことがあるわけではない。またエスノグラフィーを重視する政治学があることも知っている（e.g. Joseph,

Mahler and Auyero eds. 2007；Schatz ed. 2009；Aronoff and Kubik 2013)。それでも，実証主義の支配的な言説は耳に入るし，その方法を使えない挫折感と，そこでの議論についていけない疎外感を募らせて，私は政治学者を名乗る自信を失っていった[1]。そして2022年，前職の政治学教員から現職のフィリピン語教員に転じたことを契機に，政治学の看板を下げることにした。その方が気楽だと考えたのである。

　だが，そう決意した2023年，思いがけず比較政治学会から共通論題での報告とそれに基づく執筆の機会を頂いた。もしかしたら，より多様性を重視しようとする学会の意向があって，私のような「はみだし者」に声がかかったのかもしれない。しばし悩んだが，私はこの打診を受け入れた。政治学が民主的な多元性にコミットする以上，私のような異物が立ち現れて，主流の実証的研究をかき乱しておくのも意味あるはずだと考えたのである。そして，いざ報告をしてみると，「あなたが考えるより比較政治学はもっと多様だ」とのコメントをもらったり，討論者の久保慶一に共同研究を提案されたりして，自分が独り善がりに自己否定感をこじらせてきたように感じ，急に気恥ずかしくなった。

　以上の経緯から，本稿では，私自身の試行錯誤も振り返りつつ，いかに解釈主義的な地域研究が実証的な比較政治学と対話できるのか検討したい。その私的な目的は，自分の研究方法における可能性と課題を理解し，周縁部であれ政治学を続けていく自信をつけることである。公的な目的は，実証的な研究者には，きわめて不透明で非科学的に見えるであろう解釈主義的な地域研究者の悩みと方法を言語化することで，一緒に協働の方途を考えてもらうことである。

2　協働の可能性と困難性

　地域研究と比較政治学，解釈主義と実証主義という二つの差異を越えた対話はいかに可能だろうか。実証主義の枠内における地域研究と比較政治

第1部　地域研究と比較政治学の方法

学の協働については，すでに多くの議論があり，両者が一般理論の構築に向けて補完的であることは明白だ。地域研究による現地の理解，仮説の構築，検証の過程に対する貢献は次のようにまとめられよう。

まず，地域研究は，現地の知識，言語，資料を駆使して「現実」を記述することで，因果的推論の依拠するデータの信頼性を高められる。インターネットから大量の情報を収集できても，その質を保証し，分析対象となる母集団の正確さを確定するには，地域研究者の力が必要である。また地域研究は，比較政治学者が用いる指標，変数，プレイヤーの選好などの妥当性を，地域の文脈から検証し，改善できる（久保慶一 2012；末廣 2018；ガーツ・マホニー 2015）。

次に，地域研究は，既存の理論が考慮していない要因を発見したり，概念を生み出したりすることで，新たな仮説を生み出していける。また単一や少数の事例研究でも，論理的な推論や既存の理論にそぐわぬ逸脱事例を特定することで，先行研究との比較を行う決定的事例研究が可能になる（久保慶一 2012；武内 2012；久米 2013；ジョージ・ベネット 2013；ガーツ・マホニー 2015）。

そして，検証の過程では，多数事例の計量分析が外的妥当性を確認できるのに対して，地域研究は過程追跡によって因果メカニズムと内的妥当性を確認できる。過程追跡は，変数間の相関関係における因果の方向性を検討するのにも有効である（ジョージ・ベネット 2013；ガーツ・マホニー 2015；東島 2021）。また地域研究は，差異法に基づいて変数を統制する多国間比較研究（重冨 2012）や，集合論的関係性に基づく質的比較分析（リウー・レイガン 2016；メロ 2023）を通じて，因果推論を行うこともできる。さらに地域研究の枠内でも，多様な集団や地域を分析単位にした量的な検証は可能である（久保慶一 2012）。

たが他方で，解釈主義と実証主義が協働可能かは自明ではない。存在論と認識論の違いを無視した安易な協働は混乱を招くからだ。たしかに，解釈主義も，概念の形成，問題の発見，仮説の構築といった検証以外のプロ

セスでは実証研究に寄与できるとの指摘はある（キング・コヘイン・ヴァーバ 2004：44-50）。しかし，この指摘も，それに対する質的研究者からの反論（ジョージ・ベネット 2013；ブレイディ・コリアー編 2013；ガーツ・マホニー 2015）も，実証主義を前提にして，解釈主義による真実の相対性という根源的な問題提起を回避している（井頭 2023：76-78）。つまり，久保明教（2023）が整理するように，彼らは実証主義の立場から，科学的推論を支える「薄い記述」と共約可能な解釈の点においてのみ，解釈主義の貢献を受け入れる。だが，複数の共約不可能な解釈が何層にも重なりつつ，事態が進行していくような状況を描く「厚い記述」は，実証主義には検証不可能で，利用できないとするのである。

　しかし，実証主義者と解釈主義者が存在論と認識論の違いを尊重したうえで，自らの，あるいは相手の土俵の上で対話を図ることも不可能ではないはずだ。そのひとつは，キングらの提案のように，解釈主義者が実証主義者にも使用可能な概念，問題，仮説を提供していくことである。これは解釈主義者にとって，自らの存在論と認識論を犠牲にして，実証主義に合わせることであるため，不本意かもしれない。しかし，私の経験では，実証主義的な研究者が私の解釈に真剣に耳を傾けてくれるのは喜びである。例えば，川中豪（2013）が拙著（日下 2013）を「厳密な因果関係が検証されているのか」といった「批判を無力にするほどの強さに満ちている」と評してくれた時や，粕谷祐子がフィリピンにおける定量的なデータの解釈について意見を求めてくれた時，私はそのように感じた。[2]

　逆に，解釈主義者は，実証主義者の「科学的」な知見も，調査者の設定した概念や仮定に基づくひとつの解釈と見なし，自らの解釈の妥当性を高めるために利用していける。解釈主義者は，自身の参与観察から得た質的データだけでなく，統計などの量的データも含め，あらゆる情報をブリコラージュして意味を解釈していく（Rhodes 2016）。また，自らの研究における偶発性や情報の偏りを理解し，誤りを正し，解釈の妥当性を高めるために，異なる解釈との対話を重視する。[3]同一対象を扱う複数の研究が異な

第1部　地域研究と比較政治学の方法

る見解を示す場合も，科学的な検証によって「真実」を特定しようとするのではなく，なぜそうした相違が生まれたのか調査者のポジショナリティなどから考察する（久保明教 2023）。それゆえ，解釈主義者は，実証主義的なデータや知見も，意味の解釈を深めるために活用していけるのだ。

3　場外からの乱入と反則技

（1）　比較政治学に介入する問い

　こうした実証主義と解釈主義の協働について，私は常に自覚的だったわけではない。だが，自分の研究を，主流の実証研究に対する「場外乱入と反則攻撃」のようなものだと考えて介入を試みてきた。その特徴は次のようにまとめられる。

　まず，場外から乱入する問いである。私は，フィールドでの観察と比較政治学の議論との齟齬を見出して，「○○○にもかかわらず，×××なのはなぜか」といった問いを立てることで，介入しようとしてきた。これは，逸脱事例に着目した決定的事例研究の試みだが，常にそう意図してきたわけではない。むしろ地を這うフィールド調査で問題を発見し，優秀な研究者の洗練された議論に嫌がらせをして，自分の生き残りを模索したいという考えが，こうした問いの立て方につながったというのが実態である。

　それから，二つの幸運に恵まれたことで，この問いの立て方が身についた。ひとつは，地域研究のコースが存在しない，きわめて学際的な大学院で学んだことである。そこでは，フィリピンのことをよく知らず，他のディシプリンを専攻する教員や学友から，「それ，何が大事なの？」といった質問を受け続けた。それゆえ，自分の事例をより一般的な議論に接続して彼らにも理解してもらい，議論しようとする習慣が身に付いた。もし地域研究を専門とする大学院で学んでいたら，同様の関心をもつ研究者に囲まれて，地域限定のHowの問いと，それへの記述で満足していたかもしれない。

次に，東南アジア政治に深い造詣をもつ川中豪が，比較政治学の動向を論じる書評論文をいくつも書いてくれていることである。彼もフィリピン政治研究から出発したためか，彼の取り上げるテーマは，新興国における不平等と民主主義など私の関心と重なることが多い（e.g. 川中 2009；2021b）。彼の案内は，比較政治学の膨大な研究群に圧倒されがちな私にとって，大きな頼りである。たしかに，私は彼らの用いる方法を十分に理解できないし，そこから導かれる結論にいつも納得しているわけではない。しかし，だからこそ，川中や彼の紹介する研究との批判的な対話は，問いを立てるうえで重要な着想の源になっている。

（2） メティスの解釈

次に，私が実践してきたのは，実証的な比較政治学者の使わない「反則技」，すなわち解釈に基づく仮説構築である。実証的な比較政治学は，入手可能なデータで実証できそうな仮説を立てる。私からすると，そうした仮説は，しばしば既存の知識の範囲に留まり，物足りなく思われることも少なくない[4]。むしろ私は，異文化との遭遇による「驚き」を通じて，既存の知を相対化させ，新たな知を模索していく文化人類学や地域研究に魅力を感じてきた。

解釈主義者が捉えようとする知の特徴を説明するのに，ジェームズ・C・スコット（Scott 1998：Chap 9）の議論が役立つ。スコットは，絶えず変化する自然環境と人間環境に対応する個別の文脈に根差した人びとの実践知を，古代ギリシャの伝統から「メティス」（*metis*）と呼ぶ。メティスは，非常に複雑で流動的で反復不可能な環境で試行錯誤とともに行使されるので，正確な測定や精密な計算にそぐわず，合理的な意思決定に基づく演繹的な原理にも単純化できない。また，コツや勘といった要素を多く含むので，体系的に言語化するのも難しい。しかも特定の地域や文脈に根差しているので，普遍化もできない。さらに，しばしば法制度的なグレーゾーンで人目を避けて行われるので，認識されないことも多い。メティスはしば

第1部　地域研究と比較政治学の方法

しば国家の政策や開発を破綻させるといった重大な帰結をもたらすが，俯瞰的な視点からでは観察できない。

　他方，スコットは，自明の第一原理からの論理的な演繹に基づく自己完結型の推論体系を，「テクネー」（*techne*）と呼ぶ。これは定量的な正確さと実証への関心を特徴とする技術知で，体系化・規格化された形で普遍化し，公式に教えることができ，分析的な精度を発揮する。ただし，テクネーは，知を増やしたり，知がどのように生まれたのかを説明したりしない。新たな知の発見には天賦の才とメティスが，その証明にはテクネーが必要である。このように，メティスとテクネーは異なる状況と目的においてそれぞれ真価を発揮する。しかし，自然法則の科学的理解に基づく社会秩序の合理的設計に固執するハイモダニズムは，メティスの作用を排除することで，これら知の二つの「方言」による価値ある協働を破壊してきたというのである。

　この議論に基づくと，次のように言えよう。社会科学が人間のきわめて複雑な行為と動機を真摯に解明しようとするならば，多様な人びとがそれぞれ個別の文脈で行使するメティスの理解も不可欠である。メティスは実証主義者による補捉を拒むが，解釈主義者は，人びとのメティスをなんとか観察し，解釈し，完全には言語化できなくとも，帰納的に大まかな「経験則」（rule of thumb）へとまとめようとする。それゆえ，解釈主義的な地域研究者は，地域の人びとのメティスを解釈する各々のメティス（体系化・規格化するのが困難な方法論）を発達させてきた。

　私自身も，不安定な環境でフィリピンの多様な人びとが行使するメティスを何とか言語化しようとしてきた。例えば，都市貧困層による贈賄や縁故を通じた非合法な生活基盤の確保（日下 2007），アメリカ植民地期に隔離されたハンセン病者による生を豊饒化させる日常実践と反乱（日下 2016），麻薬使用者による「麻薬戦争」の生き残り（日下 2018），紛争社会を生きるムスリムとクリスチャンによる日常の平和構築（Yoshizawa and Kusaka 2020），「バクラ」と呼ばれる土着のトランスジェンダー女性による日常の

尊厳と経済機会の確保（日下 2021）などである。ただし，こうした解釈主義に基づく知，あるいは仮説を検証し，妥当性を高めていくには，実証主義者のテクネーが重要な役割を果たす。

（3）「観察不可能なもの」の解釈

人びとのメティスや実践を導くのは，地域に根差した様々な文化や価値である。ただし，そうした「観察不可能なもの」を理解するのは容易ではない。実証主義者は，価値や文化を標本調査で量的に捕捉しようとするが，質を量へと転換しようとする試みは常に恣意や仮定に満ちている。また解釈主義者の分析も，恣意や仮定から免れることはない。だが，量的データを用いるにしても，人びとの複雑で流動的な意味世界を捉えるためには，地域の内圧的理解に基づく解釈は欠かせないはずだ。[6]

私は，「観察不可能なもの」を解釈で捉えようとする際，経験的な政治学から切り離され，思想の領域で論じられてきた政治理論からしばしば着想を得てきた。政治理論は，複雑な現実を解釈する方向や枠組み，地域の事例を政治学の重要な問題系に接続する方途を示唆してくれる。また，意味の解釈という「反則技」をより広い政治学のアリーナで正当化する役割も果たしてくれるからだ。

田村哲樹（2015）は，政治学における経験的研究と規範的研究の分断を問い直すなかで，こうした企みを支える根拠を提示してくれる。田村は，それぞれ「観察可能なもの」と「観察不可能なもの」を扱う政治学という新たな分類を導入する。前者は，基礎づけ主義と実証主義に立ち，そこに含まれる量的・質的な経験的研究と規範的研究との間では協働が可能である。[7] 他方，後者は，観察可能な事実による検証や反証を根拠としないもので，そこに含まれる実在論ないし解釈主義に立つ経験的研究と「政治／政治的なるものの政治理論」の間では協働が可能である。[8]「政治／政治的なるものの政治理論」とは，絶対的な規範や価値を正当化しようとする規範研究とは異なり，社会における「基盤の不在」を唱えつつも，社会を形成していく

第1部　地域研究と比較政治学の方法

基礎を明らかにしようとするもので，経験的分析も可能だという（田村2014）。

この分類によれば，意味の世界から経験的な政治分析をしようとする解釈主義的な地域研究は，「観察不可能なもの」を扱う政治学に含まれており，「政治／政治的なるものの政治理論」と協働可能である。両者は，観察不可能な意味の政治に着目して，普遍的な真実がなくとも多様な人びとが社会を構成していく可能性を模索する点で，相性が良いのである。地域研究者による政治理論の利用には，個別の事例を一般理論に還元してしまう危険が伴うものの，個別事例でもって一般理論を発展させる契機にもなるはずだ。

もっとも，田村論文は規範的研究と経験的研究の協働可能性を主題とするため，実証主義と非実証主義の協働可能性については語っていない。だが，解釈主義的な地域研究者は，「政治／政治なるものの政治理論」を援用して，自らの研究を政治学のより広いアリーナに位置付けることで，実証主義者との対話の糸口を広げられるかもしれない。実際，私自身（日下2013；Kusaka 2017）も，フィリピン政治の経験的な分析に，公共圏，ヘゲモニー闘争，討議，闘技といった概念を援用して議論を立てることで，より幅広い研究者に関心をもってもらえたと考えている。

4　フィリピンにおける自由民主主義の後退

（1）　ドゥテルテとマルコスの圧勝

以下では，現代フィリピンにおける自由民主主義の後退という事例を取り上げて，解釈主義的な地域研究が，いかに実証主義的な比較政治学と批判的かつ建設的な対話を行いうるのか，具体的に説明してみたい。

2016年大統領選挙でロドリゴ・ドゥテルテは，腐敗した政治と社会を正す「規律」を掲げて勝利し，「麻薬戦争」を断行した。政府によれば，同政権下で8千名ほどの容疑者が警察の捜査に抵抗して射殺された。他方，国

内外の人権団体は，2万から3万人の犠牲者がいると見積もる。なかには，流れ弾で命を失った子どもや，人違いで殺された者もいる。コロナ禍では厳格なロックダウンを施行し，夜間外出者など10万人以上を防疫違反で逮捕し，数千人を拘置所に拘留した。こうした国家暴力の常態化にもかかわらず，国民の8割前後が彼を支持し続けた。

2022年には，かつての独裁者フェルディナンド・マルコスSr.の長男と，ドゥテルテの長女サラが，それぞれ正副大統領選挙で過半数以上の票を得て圧勝した。かつて独裁期に民主化闘争を戦った者らは，マルコス家による人権侵害や不正蓄財を批判したが，大多数の国民は不問に付した。マルコスJr.現大統領は，かつて父が目指した国家主導の開発を約束する一方，強権は発動していない。ただし，父の独裁下で生じた3千人以上の殺害，3万4千件の拷問，7万人の投獄といった人権侵害を非争点化している。

こうした有権者の選択は，自由民主主義を後退させてきた。フリーダムハウスやV-Dem研究所によると，ドゥテルテ政権下では，個人の権利を保護する自由が大きく低下する一方，人びとの民主主義への満足度は高まった（川中 2021a）。彼の政権下で進んだのは，民主主義のもとで少数派の自由や人権が制限される「非自由民主主義」といえよう。現マルコス政権の評価は時期尚早だが，多数派の福利の名のもとに人権が軽視される状況は継続していると考えられる。

なぜ，フィリピン人の多数派は，かつて追い求めた自由に背を向けて，ドゥテルテの暴力的な規律を支持し，かつてのマルコス独裁を理想化するようになったのだろうか。

（2）　比較政治学の説明

この素朴な問いを深めるにあたって，まず実証主義的な比較政治学との対話を試みたい。川中豪（2021b）の整理によると，先進国に着目した研究では，経済構造の変化が民主主義の後退をもたらしたとの説が有力だ。20世紀には大量生産の製造業のもと中間層が多数派になり，民主主義が安定

第1部　地域研究と比較政治学の方法

化した。しかし21世紀には，情報通信産業が支配的になり，そのもとで凋落した中間層がポピュリズムを支持して，民主主義を不安化している（Boix 2019）。また20世紀には，産業化によって生の保障を得た中間層が，脱物質的で，解放的な価値観を抱くことで民主主義が安定した。だが今日のポスト産業社会では，秩序維持，集団内同一性，強い指導者への忠誠といった保守的な価値観のバックラッシュが生じ，権威主義的ポピュリズムの台頭を招いているというのである（Norris and Inglehart 2019）。

　だが，中間層の凋落が指摘される先進国とは異なり，フィリピンでは，21世紀の経済構造のもと高度成長が続くなかで，秩序と経済利益を重視する市民が，権威主義的ポピュリズムと非自由主義を助長してきた（Pernia 2023）。世論調査では，2000年代から2010年代に，約5割が「民主主義が常に望ましい」と答えた一方で，約2割が「時に権威主義が望ましい」と答えた。しかも，5，6割ほどが，議会と選挙の廃止，一党制，軍制，テクノクラートの統治という権威主義的な選択肢のいずれかを容認した（Garrido 2020；川中 2021a）。その傾向は，富裕・中間層ほど強かった。こうしたデータに基づいて，政治制度が脆弱で民主主義における競争と秩序の関係がトレードオフになるなかで，中間層が秩序を優先しているとの議論もある（川中 2022）。

　他方，ドゥテルテやマルコス Jr. への支持要因に関する計量研究によると，有権者の階層，学歴，年齢，ジェンダー，都市／農村などは統計的に有意でなく，正の相関が出たのは同郷者への支持を示す地域／言語・エスニシティのみだった（Dulay, Hicken and Holmes 2022；Dulay et al. 2023）。だが，彼らは富裕・中間層や同郷者以外からも広範な支持を得たし，その理由は不明である。また，同郷者への投票は従来からのもので，近年の変化を説明しない。より興味深い研究によると，ドゥテルテが高い支持率を得たのは，同調圧力にコロナ禍の制約が加わって「社会的望ましさのバイアス」が作用し，3割から4割の回答者が彼を支持するふりをしたためだという（Kasuya and Miwa 2023）。

私の考えでは，「強いリーダー」への支持はあまりに広範におよんだため，どの社会集団が権威主義を支持するのか厳密に特定するのは難しい。むしろ問うべきは，経済成長が続くなか，なぜ人権を軽視する強権的な統治が，同調圧力を生み出すほど強力な正統性を広範な人びとから得たのか，である。私のフィールド調査でも，農村やスラムの住民から中間層の専門職まで，多くの人びとが「自由と民主主義の過剰」が不正義の温床になっていると怒り，「規律」による変革を求めていた（日下 2018）。従来，こうした言説は都市中間層に偏ったが，今や貧困層や農村部の人びとの共感も呼ぶようになったのである。その理由を考える必要がある。

（3）「政治／政治的なるものの政治理論」による説明

この問題を探求する補助線として，「政治／政治的なるものの政治理論」に分類可能な研究を参照してみよう。それらの多くも，グローバルな新自由主義のもとで困窮した人びとが既存の自由民主主義に反発し，権威主義的ポピュリズムを支持していると論じる。この診断は，実証的な比較政治学によるものと似ているが，分析概念と因果メカニズムは異なる。

新自由主義の作用に着目する理論研究では，ミシェル・フーコー（2007；2008）の「新自由主義の統治性」という概念が興味深い。新自由主義の統治性は，結婚，教育，親子関係，友人関係など社会の全領域を経済用語でフレーム化し，人工的な競争を生み出す権力である。人びとは，この不安定な競争のなかで，自らの「人的資本」として価値を高め，リスクを見極め，費用と利益を計算するなど，企業モデルに則って能動的に自己統治するよう要請される。新自由主義の統治性は，社会的な不平等と不安定を高めるだけでなく，民主主義に責任を持つ「デモス」を経済合理性のみに執着する「ホモ・エコノミクス」へと変えて，公共善や正義を政治から排除する。しかも，自己統治に失敗した人びとを，社会の外にうち棄てていくという（佐藤 2009；ブラウン 2017）。

他方，ポピュリズムは，抑圧されていると感じる「ピープル」に働きか

け，支配的な価値と権力構造に敵対を提示する対抗言説と理解できる（cf. ラクラウ 2018）。ポピュリズムは，「ピープル」による統治という民主理念を強調し，選挙という民主制度を通じて台頭し，既存の権力構造のもとで周縁化され，分断されていた人びとに声を与え，連帯を可能にする。だが同時に，虐げられた善良な「ピープル」の代表を標榜するポピュリストを台頭させ，移民，外国人，犯罪者などを「悪しき敵」として排除していく。こうした道徳的な多元性の否定は，異なる利益や理念の闘争という民主主義の条件を破壊する（ミュラー 2017）。

　新自由主義とポピュリズムの昂進は，自由主義と民主主義のバランスを崩し，「例外状態」における統治を招く（山崎 2018）。ポピュリズムは，民主主義を過激化して「人民の意思」の名のもとに「悪しき他者」の破壊を訴え，個人の自由を擁護する自由主義を侵食していく。他方，新自由主義は自由主義を過激化し，自己統治に失敗し，経済に貢献せぬ者たちを民主主義から切り捨てていく。そして，両者のベクトル和である「例外状態」における統治（アガンベン 2007）では，主権国家は自ら定義した危機のなかで「危険な他者」に対する法の適用を恣意的に停止し，「善き市民」を守るためとして正当に殺害できるというのである。

　こうした理論研究に基づくと，現代フィリピンで自由民主主義が後退し，国家暴力まで容認されたのは，新自由主義の統治性に晒された人びとがポピュリズムと共鳴したためだと推論できる。ただし，事例の個別性を丁寧に検討しなくてはならない。

（4）　フィリピン地域研究の説明

①人びとの政治意識

　ここで，質的なフィリピン地域研究に目を向けたい。まず，人びとの政治意識に着目した研究の多くは，既存の民主主義への幻滅を指摘する。不平等，腐敗，無法状態の蔓延が続くなか，人びとは自由，民主主義，人権，良い統治といった約束に失望し，法と治安を強調する暴力的なポピュリズ

ムに惹かれたというのである（e.g. Thompson 2016；Bello 2017）。

　ただし，歴史的な研究によると，フィリピン人による民主主義への不信は今に始まったことではないし，人びとは権威主義と民主主義を相互補完的に捉えてきた。20世紀初頭，アメリカは未開なフィリピン人に民主主義を教えるとして植民地支配を正当化した。フィリピンの中間層は，これに反発しつつも，現実の政治の混乱に幻滅して，植民地主義的な主体性を内面化し，フィリピン人が民主主義を実践する能力に深い疑念を抱いた。そして，この国で民主主義を機能させるには規律が必要だと考え，マルコスの独裁とドゥテルテの暴力を，民主主義を実現する手段として受け入れたというのである（Webb 2022）。

　21世紀初頭というタイミングで強権と規律への希求が強まった理由には，二つの説明がある。ひとつは，民主化後30年にわたって自由主義的な改革の失敗が繰り返されるなかで，改革には自由を抑制する規律と強いリーダーが必要だという考えが広まったというものである（Garrido 2020；2021）。もうひとつは，急速な近代化と経済発展のもとで中間層が政治的要求を高めたからだとする，ハンチントン（Huntington 1968）の焼き直しである（Heydarian 2018：27-36）。だが，いずれにしても，なぜ人びとの政治的要求が国家暴力の容認にまで繋がったのかは明らかではない。それを理解するには，政治理論が示唆するように，新自由主義とポピュリズムの相互作用に着目する必要がある。

　フィリピンでは，2000年代中頃から続く経済成長のなかで，かつて零細農業やインフォーマル経済で生計を立てた世帯からも，多くの若者がグローバルなサービス産業に就労機会を得るようになった。[10]彼らの多くは，海外就労者（家事労働，看護や介護のケア労働，海運船舶，建設など），コールセンター労働者，下部サービス労働者（店員や清掃員など）として働いている。こうした「新時代のフィリピン人」に着目した社会学者と文化人類学者のエスノグラフィーは，新自由主義による支配の構造と，そのもとで彼らが行使するメティスとエージェンシーを生々しく描く。[11]

それらによると，新時代のフィリピン人はグローバルな雇用を通じて，階層，ジェンダー，セクシュアリティに基づく周縁化に抗して，自らの地位を向上させる契機を得た。だが，それと引き換えに，グローバルな基準と需要に見合う規律化された「人的資源」たることを要請され，新自由主義の不安定な雇用と生活，厳格なマニュアルや監視による自律性の喪失，海外就労に伴う様々なリスクなどに直面している。「陽気で社交的なフィリピン人」として，非対称な権力関係のもと，自らの感情を抑制し顧客や雇用主をケアする「感情労働」に従事する者も多い。しかも，労働環境や雇用主に「日常型の抵抗」（Scott 1985）を行っても，逆説的に既存の権力構造を強化してしまうことが多いというのである。[12]

②リーダーのポピュリズム

次に，どのようなポピュリズムが，人びとの不満や希望と共鳴しているのか検討したい。フィリピン・ポピュリズムの特徴は，野心的な大統領が，国家による暴力の独占，地方エリート支配の打破，治安の回復を約束することで，国民から支持を得ていくことにある（McCoy 2017）。いわば，国家建設と自由主義の脆弱さを利用して，大統領が強権と自由の制限を国民に容認させていくのである（鈴木 2024）。

ドゥテルテの場合，組織的なオンライン・プロパガンダを用いて，多様な社会集団から支持を得て，自身に権力を集中させることに成功した（Ong and Cabañes 2019；Ong and Tapsell 2022）。「規律」の言説は，治安の回復を願う中間層（川中 2022；Webb 2022）や，身近な麻薬問題に悩まされてきた貧困層から支持を呼んだ（Curato 2016；Arguelles 2019）。植民地主義の残存を批判する反米ナショナリズムは，中間層に響いた（Teehankee 2016）。周縁化されてきた地方や少数派の利益を訴える声は，南部の住民やイスラーム教徒から圧倒的な支持を得た（Maboloc 2022）。「しつける厳父」「守ってくれる怒り狂った父親」を標榜する家父長主義は，海外就労する女性らを保護する役割を期待させた（Evangelista 2017；Encinas-Franco

2022）。そして，法の外側で悪を懲罰する義賊のイメージを強調することで，民衆のための正義を実現するためのものと暴力を正当化した（日下 2018）。

　こうしたプロパガンダは，一方的に人びとの認知を支配したのではなく，彼らが抱いてきた不安，怒り，希望と深く共鳴することで成功した（日下 2020a；Kusaka 2022）。それゆえ，ドゥテルテが，合意と調和の名のもとに既存の支配関係を温存する自由民主主義を停止し，周縁化されてきた利益や価値を争点化する「ラディカル・デモクラシー」（ムフ 2006）を実現したとの議論もある（Maboloc 2022）。だが，ドゥテルテは反対意見や対抗勢力を権威的に封じたため，自ら開いたラディカル・デモクラシーの可能性を再び閉ざしたと考えるのが妥当だろう。彼は既存の政治のもと周縁化されてきた人びとの問題に耳を傾け，応答し，彼らに声を与え，傷つけられた尊厳を回復する一方，別の人びとの人間性を奪ったと言わざるを得ない（Curato and Ong 2018）。

　同様のことは，「独裁ノスタルジア」を強調したマルコス家のプロパガンダにも言える。その言説によると，かつてマルコス Sr. はエリート支配に挑戦し，社会に規律を与え，経済も発展させ，人びとを救済した。人権侵害と言われるものも，国家転覆を狙う共産主義者から国家と国民を守るためであった。にもかかわらず，エリートに騙された人びとが彼を追放したために，エリート支配が復活し，社会は再び混乱と腐敗に陥ってしまった。それゆえ，再びマルコス家を大統領に就かせ，「黄金期」を取り戻す必要があるというのである。独裁期には国家が主導して経済と社会を発展させ，人びとに福利を与えたという言説は，新自由主義のもとすべてが個人の責任に帰せられる民主化後の現実と対比されて共感を呼んだ。だが，それは，独裁期の人権侵害や不正蓄財などの非争点化を伴った（日下 2022）。

③国家能力の強化

　政治理論では，新自由主義のポピュリズムの昂進は，国家が特定の人びとを法的保護の外側に追放する「例外状態」における統治を生じさせると

第1部　地域研究と比較政治学の方法

の議論があった。ドゥテルテ政権による超法規殺害の横行と正当化は，この理論を例証しているように思われる。だが他方で，ドゥテルテ政権の暴力性ばかりを強調する議論を批判し，近年フィリピン国家が社会政策や福祉を拡充してきたとの主張もある。

　それらによれば，2010年以降の歴代政権は，国家能力を改善して，基礎教育年限の延長，リプロダクティブ・ヘルス法の制定，海外移住労働者の保護といった社会政策を実現してきた。その背景には，歴代大統領が優秀な政策立案者を重用してきたこと（高木 2019；2020），NGOによる資源配分が減少したこと（木場 2022），グローバルに就労する人びとが国家の保護を要求するようになったこと（原 2023）があると指摘されている。ドゥテルテ政権にしても，行政改革によって人治や腐敗を排して人びとに利益をもたらした（宮川 2023）。新型コロナ禍では効率的に緊急物資を提供して「公助」を強化し，合法的に防疫対策を実施したので，ロックダウンにも大きな人びとの反対は生じなかったという（木場 2022）。そして，麻薬戦争は公益を促進するものとして，強権も寡頭支配を打破するものとして人びとに理解され，容認された（原 2023）。こうした傾向を踏まえて，フィリピン政治は，エリートが私的利益を追求する寡頭支配と新自由主義の組み合わせから，社会民主主義へと転換してきたとの主張もある（ibid）。

　これらの研究によれば，ドゥテルテ政権は社会政策の拡充や法制度の近代化を実現し，人びとはそれを評価したからこそ，強権や暴力さえ容認したということになる。しかし，この議論には問題が残る。まず，ドゥテルテ政権が社会政策の拡充や法制度の近代化を志向するなかで，なぜ過剰とも言えるほど暴力や懲罰に固執したのか不明である。本当に法制度の近代化を進めるのであれば，国家は麻薬対策では容疑者の超法規的殺害ではなく，刑事司法制度の改善と，薬物依存からの回復支援という政策を採用したのではないだろうか。コロナ禍でも，あえて「密」な状況を悪化させてまで，数千人もの防疫違反者を混雑した拘置所に収監しなかったのではないだろうか。次に，国家能力の強化を求める人びとの声が，なぜ特定の人

びとに対する国家暴力の正当化につながったのかも分からない。

（5）　仮説の提示

　最後に，私自身のこれまでの研究（日下 2018；2020b；2023；2024；Kusaka 2020）に基づいて，新自由主義，ポピュリズム，国家統治の相互関係を明確化し，より妥当な仮説を提示してみたい。

　21世紀のフィリピンでは，グローバルなサービス産業での雇用機会が広がったことで，生存維持レベルの貧困層は減少し，能動的な自己統治を強調する新自由主義の統治性が，様々な社会亀裂を超えて広範な人びとに作用している。その結果，社会における支配的な価値と実践も，従来からの「つながりで貧困を生き抜く」から「個人の規律と勤勉で成功を目指す」へと急速に移行している。つまり，多くの人びとが，クライエンテリズムや地縁・血縁などローカルな社会関係から部分的に離脱し，グローバルなサービス産業で新たな不安定，リスク，自律性の喪失に個人で対処しつつ成功を目指すようになってきたのだ。

　だが，そのほとんどは，自己規律と日々の勤労にもかかわらず，充分な社会上昇を実現できていない[13]。彼らはその理由を，フィリピンでは不当に私的利益を追求するエリートや犯罪者が「腐ったシステム」を作り上げ，「正直者がバカを見る」状態が続いてきたためだと理解している。国家は機能不全で国民に利益や保護を与えず，社会には平等な機会が存在せず，企業は低賃金で労働者を買い叩くので，真面目に勤労しても報われないというのである。そして，家族と離れ，リスクを冒して海外で働けば，先進国では公的システムが機能していることを経験し，祖国の惨状への危機意識を深めた。こうして人びとの生活基盤がローカルな社会関係からグローバルなサービス産業に移行してきたのに伴って，ナショナルな現状克服への関心が高まった。その結果，腐敗と混乱に満ちた「腐ったシステム」の打破と，国家による保護やケアを求める声が広く共有されるようになったのである。

第 1 部　地域研究と比較政治学の方法

　新たな希望と不満を抱いた人びとに対して，ドゥテルテの「規律」やマルコスの独裁を美化するポピュリズムは，機能する強い国家による自由や放縦の抑制こそが，まっとうに働く人びとの報われる社会を実現する鍵であるとの解決策を示した。そして，彼らのポピュリズムは，それに共鳴する人びとを，様々な社会亀裂を超えて連帯させ，規律と勤労でもって祖国に寄与する「善き市民」として構築した。[14]

　「善き市民」へのケアを求める声は，長らくエリートの個別利益によって蔑ろにされてきた国民の福利を前進させている。ただし，社会政策の拡充は，下からの要求や社会民主主義のイデオロギーに基づくものではない（Ramos 2020）。また海外就労者の保護，国立大学の無償化，貧困世帯の女性に対する条件付き現金給付といった社会政策は，ナショナルな発展に寄与する「人的資本」への投資としての特徴を強くもつ。先進国では福祉国家の解体に伴い，福祉に勤労を条件づけるワークフェアが導入されてきたが，フィリピンでは福祉国家の成立以前に同様の現象が生じているのだ。

　他方，夜間外出禁止令に違反する未成年者，麻薬使用者や密売人，コロナ禍の防疫違反者，共産党シンパなどは，国家と社会を蝕む「悪しき他者」としてスティグマ化され，懲罰の対象になってきた。自由や人権を訴える者らも，「悪しき他者」の一味と見なされ，正統性を失った。それゆえ，国家暴力に批判的な人びとも，表向きにはドゥテルテを支持していると言わざるを得なかった。そして多数派は，強権と暴力を国家と国民を守るための必要悪と容認している。要するに，ポピュリズムと新自由主義の統治性が，少数派を犠牲にしてでも多数派の利益を重視する功利主義と結びつき，能動的な自己統治に従事する生産的な「善き市民」と，そうなることを拒む「悪しき他者」という道徳的な境界線を構築してきた。そして，前者には国家によるケアと福利，後者には懲罰が提供されてきたのである。

　この議論は，自分自身や他の研究者によるエスノグラフィーや言説分析に基づいており，「観察不可能なもの」への解釈を多分に含むため，実証主義者には扱いにくい代物かもしれない。しかし，実証主義者は，本稿で着

目した概念や変化を何とか量的に操作化して，この仮説を「検証」できるかもしれない。そして，その知見を，私は実証主義者の仮定に基づく「解釈」として受けとめて，それと対話することで，自らの議論の誤りを正し，その妥当性を高めていけるかもしれない。解釈主義が独善的な自己完結に陥らないためには，実証主義的な知見も含む異なる解釈との批判的な対話が不可欠である。すでに若手フィリピン地域研究者は，私の研究に厳しい批判を寄せている（原 2023；宮川 2023）。機会があれば，実証主義的な比較政治学者からも，ご批判頂けることを願っている。

5　むすびにかえて

　本稿では，いかに解釈主義的な地域研究が実証主義的な比較政治学と協働できるか検討するため，私自身の試行錯誤を言語化してみた。私の考えでは，解釈主義的な地域研究者の側からできることは次の3点にまとめられる。まず，地域の事例や観察でもって，比較政治学の理論や通説に批判的に介入する問いが有効である。次に，現地の人びとのメティスに満ちた日常実践への着目や，政治理論の援用を通じた「観察不可能なもの」の解釈によって，実証主義に基づく既存の仮説を改善したり，新たな仮説を構築したりしていける。そして，実証的な比較政治学とも，より妥当な解釈をめぐる批判的な対話を展開することで，研究の質を高めていける。

　たしかに，これは新たな方法論でも知見でもないし，私の個別性に基づくひとつの実践例にすぎない。それでも，地域研究や解釈主義が，個別の文脈，各人の経験や勘によるところが大きく，方法論的に不透明になりがちであることを考えれば，私のような者があえて自分の悩みや方法を開示することは，実証主義的な比較政治学との協働にあたってもひとつの貢献になるはずだ。[15] 解釈主義的な地域研究であっても，実証的な比較政治学との協働が不可能ではないことをいくらかでも示せたのであれば，本稿の目的は果たせたことにしたい。

第1部　地域研究と比較政治学の方法

注

1) 共通論題の討論者はフォーマルおよびインフォーマルな場で，私が自己否定感を
こじらせた理由について示唆を与えてくれた。久保慶一によると，地域研究者は支
配的な文化への感受性が強く，過剰に空気を読んでしまう傾向があるかもしれない。
外山文子によると，同じ一国研究でも，非西洋を対象とする者の方が蔑視的な意味
で地域研究者と見なされがちである。

2) その成果であるKasuya and Miwa（2023）は，私の貢献も認めてくれた。

3) 現地の人びとからの応答や反論も，他者の表象をめぐる権力関係や解釈の妥当性
をめぐる対話の糸口になりうる。

4) 規範政治理論家の岡崎晴輝（2010）は，実証主義的な政治科学に対して，無意味
な「パズル解き」に陥らぬため，命題の有意性に自覚的になるよう提案している。

5) スコットによると，言語の場合，実際の発話はメティスに，帰納的にまとめ上げ
た文法規則は経験則に近い。航海術では，特定の港に根差した水先案内人の固有の
知がメティス，外洋を航行する大型船舶の船長の航海術が経験則，そして海洋学や
気象学など航海に関連する自然法則に関する科学的な知がテクネーである。

6) 例えば，文化人類学者の清水展（1991）は，フィリピンの民主化をとりあげ，そ
れまで独裁体制のもとで沈黙を守ってきた中間層が自らの命を危険にさらしてまで
街頭デモに参加した動機をカトリシズムの世界観から説得的に説明した。

7) 規範的研究は問うに値する問題を提起したり，経験的な知見を評価する基準を提
示したりできる。逆に，経験的研究は規範理論の提示する価値的諸命題を検証する
ことができるという。

8) 実在論は，基礎づけ主義に基づくが，諸社会現象の間には観察できない構造的関
係があると考え，アブダクションに基づいてその因果的作用を推論する。実在論と
解釈主義の間にはグレーゾーンがある（野村2017：24-32, 36）。

9) 独立後から二大政党は，正副大統領候補を北部と南部出身者で組み合わせる戦略
をとった。

10) 1996年から2016年の間に，農業人口は43％から27％に縮小し，サービス産業人口
は41％から56％に増加した。

11) 個々のエスノグラフィーの紹介については，日下（2023）を参照。

12) 例えば，コールセンター労働者による無断欠勤や離職は，雇用の柔軟性を高めて，
資本の側に利益をもたらす（Fabros 2016）。

13) 1997年から2018年で貧困線以下の人口比は36.8％から16.7％に減った。だが，2006
年から2015年で，世界銀行の定義するグローバル中間層（日収15ドル以上）の人口
比は7.9％から9.5％と微増にとどまる。増加しているのは，彼らと極度の貧困層（日

収3.1ドル未満）との間を構成する層で，53.6%から64.5%になった（World Bank 2020：10）。

14）「善き市民」として承認される条件は，海外就労という「自己犠牲」（*sakripisyo*）に身を投じ，国家の発展に寄与する一種の殉教者となることである（西尾 2022）

15）　木村幹（2013）は，ディシプリンとの対話のために，地域研究に対して不透明な「名人芸」からの脱却を，と呼びかけている。

引用・参考文献

アガンベン，ジョルジョ（2007）『例外状態』（上村忠男・中村勝己訳）未來社。

井頭昌彦（2023）「KKV論争の後で質的研究者は何を考えるべきか――論争の整理と総括」井頭昌彦編『質的研究アプローチの再検討――人文・社会科学からEBPsまで』勁草書房，45-80頁。

岡崎晴輝（2010）「政権交代の「曲解」？」『レヴァイアサン』47号，170-177頁。

川中豪（2009）「新興民主主義の安定をめぐる理論の展開」『アジア経済』50巻12号，55-75頁。

川中豪（2013）「民主主義政治は誰のために」『図書新聞』 6 月22日。

川中豪（2021a）「支持される権威主義的反動――世論調査から見るフィリピン政治の現在」アジア経済研究所（http://hdl.handle.net/2344/00051931　2023年12月23日閲覧）。

川中豪（2021b）「民主主義の現在を理解するための 3 つの理論」『アジア経済』62巻 1 号，34-49頁。

川中豪（2022）『競争と秩序――東南アジアにみる民主主義のジレンマ』白水社。

ガーツ，ゲイリー，ジェイムズ・マホニー（2015）『社会科学のパラダイム論争――2 つの文化の物語』（西川賢・今井真士訳）勁草書房。

木場紗綾（2022）「フィリピン――共助から公助へ」日下部尚徳・本多倫彬・小林周・高橋亜友子編『アジアから見るコロナと世界――我々は分断されたのか』毎日新聞出版，105-129頁。

木村幹（2013）「『名人芸』からの脱却を――総特集『地域研究方法論』を読んで」『地域研究』12巻 2 号，462-466頁。

キング，ゲアリー，ロバート・コヘイン，シドニー・ヴァーバ（2004）『社会科学のリサーチ・デザイン――定性的研究における科学的推論』（真渕勝監訳）勁草書房。

日下渉（2007）「秩序構築の闘争と都市貧困層のエイジェンシー――マニラ首都圏における街頭商人の事例から」『アジア研究』53巻 4 号，20-36頁。

日下渉（2013）『反市民の政治学――フィリピンの民主主義と道徳』法政大学出版会。

第1部　地域研究と比較政治学の方法

日下渉（2016）「規律と欲望のクリオン島——フィリピンにおけるアメリカの公衆衛生
　　とハンセン病者」坂野徹・竹沢泰子編『人種神話を解体する2——科学と社会の
　　知』東京大学出版会，157-189頁。

日下渉（2018）「国家を盗った義賊——ドゥテルテの道徳政治」外山文子・日下渉・伊
　　賀司・見市建編『21世紀東南アジアの強権政治——「ストロングマン」時代の到
　　来』明石書店，109-147頁。

日下渉（2020a）「ソーシャルメディアのつくる「例外状態」——ドゥテルテ政権下のフ
　　ィリピン」見市建・茅根由佳編『ソーシャルメディア時代の東南アジア政治』明石
　　書店，57-78頁。

日下渉（2020b）「ドゥテルテの暴力を支える「善き市民」——フィリピン西レイテにお
　　ける災害・新自由主義・麻薬戦争」『アジア研究』66巻2号，56-75頁。

日下渉（2021）「公共の権利，日常の尊厳，親密な悲しみ——フィリピンにおける「LGBT」
　　と「バクラ」」日下渉・青山薫・伊賀司・田村慶子編『東南アジアと「LGBT」の
　　政治——性的少数者をめぐって何が争われているのか』明石書店，259-280頁。

日下渉（2022）「「独裁ノスタルジア」の反乱——フィリピン2022年大統領選挙」『世界』
　　959，7月号：19-23頁。

日下渉（2023）「新時代のフィリピン人——なぜ「規律」を求めるのか」原民樹・西尾
　　善太・白石奈津子・日下渉編『現代フィリピンの地殻変動——新自由主義の深化・
　　政治制度の近代化・親密性の歪み』花伝社，8-31頁。

日下渉（2024）「フィリピン——ナショナルの不在と希求」玉野和志・船津鶴代・齊藤
　　麻人編『東南アジアにおける国家のリスケーリング——都市研究と地域研究との対
　　話』ミネルヴァ書房，119-149頁。

久保明教（2023）「質と量はいかに関わりあうか——現代将棋における棋士とソフトの
　　相互作用をめぐって」井頭昌彦編『質的研究アプローチの再検討——人文・社会科
　　学からEBPsまで』勁草書房，241-269頁。

久保慶一（2012）「ディシプリンと地域研究——比較政治学の視点から」『地域研究』12
　　巻2号，164-180頁。

久米郁男（2013）『原因を推論する——政治分析方法論のすゝめ』有斐閣。

佐藤嘉幸（2009）『新自由主義と権力——フーコーから現在性の哲学へ』人文書院。

重冨真一（2012）「比較地域研究試論」『アジア研究』53巻4号，23-33頁。

清水展（1991）『文化のなかの政治——フィリピン「2月革命」の物語』弘文堂。

ジョージ，アレキサンダー，アンドリュー・ベネット（2013）『社会科学のケース・ス
　　タディ——理論形成のための定性的手法』（泉川泰博訳）勁草書房。

末廣昭（2014）「グローバル化とインターネットは地域研究を無用にしたか？——タイ

研究者の視点から」『学術の動向』8月号，70-74頁。

末廣昭（2018）「地域研究の視座から——情報の質を保証し，母集団を確定する」『学術の動向』4月号，14-18頁。

鈴木絢女（2024）「東南アジアの権威主義化——未完の国家建設と取り残された自由主義」『ASEANの連結と亀裂——国際政治経済のなかの不確実な針路』晃洋書房。

高木佑輔（2019）「21世紀フィリピン政治経済の変化と継続——連合政治に基づく一考察」柏原千英編『21世紀のフィリピン経済・政治・産業——最後の龍になれるか？』アジア経済研究所，41-72頁。

高木佑輔（2020）「フィリピンの政治課題と国家建設」田中明彦・川島真編『20世紀の東アジア史III——各国史［2］東南アジア』東京大学出版会，35-78頁。

武内進一（2012）「地域研究とディシプリン——アフリカ研究の立場から」『アジア研究』53巻4号，6-22頁。

田村哲樹（2014）「政治／政治的なるものの政治理論」井上彰・田村哲樹編『政治理論とは何か』風行社，47-72頁。

田村哲樹（2015）「観察可能なものと観察不可能なもの——規範・経験の区別の再検討」『年報政治学』2015-1号，37-60頁。

西尾善太（2022）「再編される親密性——生政治と死政治に引き裂かれる人々」原民樹・西尾善太・白石奈津子・日下渉編『現代フィリピンの地殻変動——新自由主義の深化・政治制度の近代化・親密性の歪み』花伝社，158-175頁。

野村康（2017）『社会科学の考え方——認識論，リサーチ・デザイン，手法』名古屋大学出版会。

原民樹（2023）「2010年代のフィリピン政治をどう理解するか——社会民主主義への転換」原民樹・西尾善太・白石奈津子・日下渉編『現代フィリピンの地殻変動——新自由主義の深化・政治制度の近代化・親密性の歪み』花伝社，32-52頁。

東島雅昌（2021）「多国間統計分析と国内事例研究による混合手法」『アジア経済』62巻4号，49-78頁。

フーコー，ミシェル（2007）『安全・領土・人口（1977-78）』（高桑和巳訳）筑摩書房。

フーコー，ミシェル（2008）『生政治の誕生（1978-79）』（慎改康之訳）筑摩書房。

ブラウン，ウェンディ（2017）『いかにして民主主義は失われていくのか——新自由主義の見えざる攻撃』（中井亜佐子訳）みすず書房。

ブレイディ，ヘンリー・デビッド・コリアー編（2013）『社会科学の方法論争』（原著第2版）（泉川泰博・宮下明聡訳）勁草書房。

ミュラー，ヤン＝ヴェルナー（2017）『ポピュリズムとは何か』（板橋拓己訳）岩波書店。

宮川慎司（2023）「「レッドテープ」からの脱却——法制度と執行体制の整備による非属

人的制度の模索」原民樹・西尾善太・白石奈津子・日下渉編『現代フィリピンの地殻変動——新自由主義の深化・政治制度の近代化・親密性の歪み』花伝社，91-112頁。

ムフ，シャンタル（2006）『民主主義の逆説』（葛西弘隆訳）以文社。

メロ，パトリック・A（2023）『質的比較分析（QCA）と関連手法入門』（東伸一・横山斉理訳）千倉書房。

山崎望（2018）「二一世紀に自由民主主義体制は生き残れるか，再考——正統性の移行と再配置される暴力」『国際政治』194号，14-28頁。

ラクラウ，エルネスト（2018）『ポピュリズムの理性』（澤里岳史・河村一郎訳）明石書店。

リウー，ブノワ，チャールズ・レイガン（2016）『質的比較分析（QCA）と関連手法入門』（石田淳・齋藤圭介監訳）晃洋書房。

Arguelles, Cleve（2019）""We are Rodrigo Duterte"：Dimensions of the Philippine Populist Publics' Vote," *Asian Politics & Policy* 11(3)：417-437.

Aronoff, Myron J., Jan Kubik（2013）*Anthropology and Political Science: A Convergent Approach*. Berghahn Books.

Bello, Walden（2017）"Rodrigo Duterte：Fascist Original," in Nicole Curato ed. *A Duterte Reader: Critical Essays on Rodrigo Duterte's Early Presidency*：77-91. Quezon City：Ateneo de Manila University.

Bevir, M and R. A. W. Rhodes（2016）"Interpretive Political Science：Mapping the Field," in M. Bevir and R. A. W. Rhodes eds. *Routledge Handbook of Interpretive Political Science*：171-185. London and New York：Routledge.

Boix, Carles（2019）*Democratic Capitalism at the Crossroads: Technological Change and the Future of Politics*. Princeton, New Jersey：Princeton University Press.

Curato, Nicole（2016）"Politics of Anxiety, Politics of Hope：Penal Populism and Duterte's Rise to Power," *Journal of Current Southeast Asian Studies* 35(3)：91-109.

Curato, N., and J. Ong（2018）"Who Laughs at a Rape Joke?：Illiberal Responsiveness in Rodrigo Duterte's Philippines," in Dreher, Tanja and Anshuman Mondal eds. *Ethical Responsiveness and the Politics of Difference*：117-132. London：Palgrave.

Dulay, D., A. Hicken and R. Holmes（2022）"The Persistence of Ethnopopulist Support：The Case of Rodrigo Duterte's Philippines," *Journal of East Asian Studies* 22：525-553.

Dulay, D., A. Hicken, A. Menon and R. Holmes（2023）"Continuity, History, and Identity：Why Bongbong Marcos Won the 2022 Philippine Presidential Election,"

Pacific Affairs 96(1)：85-104.

Encinas-Franco, Jean（2022）"The Presidential Kiss：Duterte's Gendered Populism, Hypermasculinity, and Filipino Migrants," *NORMA : International Journal for Masculinity Studies* 17(2)：107-123.

Evangelista, John Andrew（2017）"Queering Rodrigo Duterte," in Nicole Curato ed. *A Duterte Reader : Critical Essays on Rodrigo Duterte's Early Presidency*：251-262. Quezon City：Ateneo de Manila University Press.

Fabros, Alinaya（2016）*Outsourceable Selves : An Ethnography of Call Center Work in a Global Economy of Signs and Selves*. Quezon City：Ateneo de Manila University Press.

Garrido, Marco（2020）"A Conjunctural Account of Upper- and Middle-Class Support for Rodrigo Duterte," *International Sociology*：1-23.

Garrido, Marco（2021）"The Ground for the Illiberal Turn in the Philippines," *Democratization* 29(4)：673-691.

Heydarian, Richard Javad（2018）*The Rise of Duterte : A Populist Revolt against Elite Democracy*. Singapore：Palgrave Pivot.

Huntington, Samuel（1968）*Political Order in Changing Societies*. New Haven and London：Yale University Press.

Joseph, L., M. Mahler and J. Auyero eds.（2007）*New Perspectives in Political Ethnography*. New York：Springer.

Kasuya, Y. and H. Miwa（2023）"Pretending to Support? Duterte's Popularity and Democratic Backsliding in the Philippines," *Journal of East Asian Studies*：1-27 (doi：10.1017/jea.2023.18).

Kusaka, Wataru（2017）*Moral Politics in the Philippines : Inequality, Democracy and the Urban Poor*. National University of Singapore Press and Kyoto University Press.

Kusaka, Wataru（2020）"Disaster, Discipline, Drugs and Duterte：Emergence of New Moral Subjectivities in Post-Yolanda Leyte," in Koki Seki（ed.）*Ethnographies of Development and Globalization in the Philippines : Emergent Socialities and the Governing of Precarity*：71-97. London and New York：Routledge.

Kusaka, Wataru（2022）"Fake News and State Violence：How Duterte Hijacked the Election and Democracy in The Philippines," in R. Ramcharan and J. Gomez eds. *Fake News and Elections in Southeast Asia : Impact on Democracy and Human Rights*：145-165. London and New York：Routledge.

第1部　地域研究と比較政治学の方法

Maboloc, Ryan (2022) *Radical Democracy in the Time of Duterte*. Elzi Style：Cotabato City.

McCoy, Alfred (2017) "Global Populism：A Lineage of Filipino Strongmen from Quezon and Marcos and Duterte," *Kasarinlan：Philippine Journal of Third World Studies* 32 (1-2)：7-54.

Norris, P. and R. Inglehart (2019) *Cultural Backlash：Trump, Brexit, and Authoritarian Populism*. Cambridge：Cambridge University Press.

Ong, J. and Jason V. A. Cabañes (2019) "When Disinformation Studies Meets Production Studies：Social Identities and Moral Justifications in the Political Trolling Industry," *International Journal of Communication* 13：5771-5790.

Ong, J. and R. Tapsell (2022) "Demystifying Disinformation Shadow Economy：Fake News Work Models in Indonesia and the Philippines," *Asian Journal of Communication* 32(3)：251-267.

Pernia, Ronald (2023) "Populists in Power：Trust in Public Institutions and Support for Strong Leadership in the Post-authoritarian Democracies of Indonesia and the Philippines," *Asian Journal of Political Science* 31(1)：63-85.

Ramos, Charmaine (2020) "Change without Transformation：Social Policy Reforms in the Philippines under Duterte," *Development and Change* 51(2)：485-505.

Rhodes, R. A. W. (2016) "Ethnography" in M. Bevir and R. A. W. Rhodes eds. *Routledge Handbook of Interpretive Political Science*：171-185. London and New York：Routledge.

Scott, James C. (1985) *Weapons of the Weak：Everyday Forms of Peasant Resistance*. New Haven and London：Yale University Press.

Scott, James C. (1998) *Seeing Like a State：How Certain Schemes to Improve the Human Condition Have Failed*. New Haven and London：Yale University Press.

Schatz, Edward ed. (2009) *Political Ethnography：What Immersion Contributes to the Study of Power*. Chicago and London：University of Chicago Press.

Theehankee, Julio C. (2016) "Duterte's Resurgent Nationalism in the Philippines：A Discursive Institutionalist Analysis," *Journal of Current Southeast Asian Affairs* 35(3)：69-89.

Thompson, Mark (2016) "Bloodied Democracy：Duterte and the Death of Liberal Reformism in the Philippines," *Journal of Current Southeast Asian Affairs* 35 (3)：39-68.

Webb, Adele (2022) *Chasing Freedom：The Philippines Long Journey to Democratic*

Ambivalence. Brighton, Chicago, and Toronto：Sussex Academic Press.

World Bank（2020）The Middle Class in the Philippines：An Exploration of the Conditions for Upward Mobility.

Yoshizawa, A. and W. Kusaka（2020）"The Arts of Everyday Peacebuilding：Cohabitation, Conversion, and Intermarriage of Muslims and Christians in the Southern Philippines," *Southeast Asian Studies* 9(1)：67-97.

（くさか・わたる：東京外国語大学）

CHAPTER

2

地域研究の常なる変容と複数性
──比較政治学との関係性を考える際の前提として──

佐藤　章［アジア経済研究所］

1　地域研究の多様性と「自分語り」の必要性

　「地域研究と比較政治学」という問題提示の仕方は，両者の関係を考える際の常套的なものだが，並立の表現には，両者の境界を際立たせ，排他的な二項対立の意味合いを意図せず醸し出しもするところがある。地域研究を実践する立場からすると，こうして強調された境界により，地域研究が実際よりも過度に同質的で固定的なものに見えてしまうのではないかとの懸念がある。地域研究者以外の研究者が，そのように過度に同質的，固定的なイメージを抱いて地域研究との関係を考えたり，論じたりすれば，議論は現実とかけ離れたものになってしまいかねない。このような懸念を少しでも払拭することには，両分野の建設的な関係を展望するうえで一定の意義があると考えられる。

　払拭の一つの試みとして，地域研究者の側から，地域研究がどのように捉えられるべきものなのかについて積極的に説明をしてはどうだろうか，というのが本論の問題意識である。地域研究と比較政治学の関係をめぐる日本での研究としては，「方法論からみた地域研究論」を展開した久保（2012）や，「ディシプリン志向のなかでの地域研究のあり方」について中東欧研究の立場から検討を加えた仙石（2006）があり，そこではいずれも地域研究と比較政治学の相互応答的な関係の構築が大きな焦点となっていた。本論は，地域研究と比較政治学の関係を念頭に置いた議論である点でこれら先

33

第1部　地域研究と比較政治学の方法

行研究と問題意識を共有するが，本論の関心は，両者の応答性よりは，地域研究の側にとくに焦点を絞り，その特徴を検討しようとする点に置かれている。

　本論の第1の主張は，地域研究という学術分野に含まれる研究が多様だという点である。多様性の主たる源泉は，対象地域そのものが大きく変容することにより，研究のあり方や内容が常なる変容を遂げることにある。くわえて，異なる地域を対象とする研究者の間では基本的な了解事項にも往々にして違いがあり，その結果，地域研究とは何かという点に関しても認識に一定の差が生まれることがありうる。つまり，地域研究は一枚岩ではなく，複数性を備えたものでもある。地域研究が，このように常なる変容と複数性のゆえに多様であることが本論で主張したい点である。この主張は，「地域研究と比較政治学」という表現の二項対立的な性格を緩和する狙いのもとに提示される。

　本論の第2の主張は，地域研究のあり方をめぐる議論においては，研究を実践するそれぞれの研究者の固有性や独自の経験に照らした反省的な言及，いわば「自分語り」をもっと取り入れていくべきではないかという点である。本来的に多様である地域研究は，特定の誰かが地域研究を代表してそのあり方について語ることにはそもそもなじみにくい性格を持っている。対象地の言語の習得，現地での滞在調査，長期にわたる定点観測，文献やデータの活用，総合的な研究といった手法面での共通性は語りうるものとしても，おのおのの研究者が企て，実践する研究の質的な内容はそれぞれに独自性が高いものであり，一概にまとめることは難しいのである。このような性格ゆえ，各地域研究者がみずからの地域研究を語ることが，地域研究の学術分野としてのアイデンティティを考え，他の学術分野の研究者と意見交換をする上で，核心的に必要ではないかと考えられるのである。本論は，この主張に立った「自分語り」の試みでもある。

　本論では，以上の2つの主張を，以下の4つの節を通して試論的に展開していくことにしたい。まず，第2節では，地域研究がもとより論争的な

34

存在であったことについて述べる。第3節では，研究対象である地域が常なる変容下にあることと，常なる変容下にある地域を研究対象とすることから，地域研究そのものも常に再構築を迫られることを述べる。第4節では，対象地域の常なる変容と地域研究の常なる再構築の必然的結果として，地域研究では，研究のテーマ，内容，スタイルの点で世代間に大きな差異が発生することを指摘する。第5節では，地域研究者が地域研究の持つ地域性を自覚し，乗り越える作業の必要について述べる。ここでいう地域性とは，同一地域を専門とする研究者が共有している暗黙知のことを端的には指している。異なる地域の研究者の対話を促進する際に，暗黙知の差は大きな障害となる。地域研究が比較政治学と建設的な関係を構築していくための条件作りとしては，とりわけこの点が克服されるべき点であると考えられる。これらの試論的考察を踏まえ，第6節では，地域研究と比較政治学の関係について，以上の主張から得られる含意を述べて結論とする。

なお，本論での検討では，筆者自身がよく知る，サハラ以南アフリカ（以下アフリカ）を対象とする地域研究での研究動向を主に紹介することになる。それゆえ本論の主張には，専門地域に由来する偏りがあることになるが，これは，偏りを明示した反省的な自己言及に一定の価値があるのではないかとの意図に基づくことでもある。

2　論争的な存在としての地域研究

（1）「地域研究とは何か」という「繰り返し甦る亡霊」

地域研究の学術分野としての性格をめぐる議論はかねてより繰り返し行われてきた。その様子をみるために，1989年に刊行された『地域研究の現在』（中嶋，ジョンソン編 1989）を取り上げたい。同書は，30人近くの内外の社会科学者が一堂に会し，地域研究とは何かについて討論を交わしたシンポジウム（シンポジウムが開催されたのは1987年）の記録であるが，そこでは，地域研究が科学（社会科学）と呼べるものなのかという問いかけ，

第1部　地域研究と比較政治学の方法

隣接諸分野（歴史学，政治学，経済学，人類学）との関係，地域という概念の妥当性などが主要な論点として取り上げられ，議論された。

　この本の共編者のひとりであり，シンポジウムの実行委員長も務めた中嶋嶺雄は，シンポジウムの総括において次のように地域研究の可能性への期待を述べている。

　　「(……) ディシプリンと地域研究を総合していくことが要請されよう。もとよりディシプリンがなければ地域研究は成り立たないが，しかし同時に，ディシプリンを深めていくと，もう一遍この地域研究というところに進んでいかざるを得ないのではないか。ディシプリンの有効性が地域研究という場において検証されねばならないのだ，とも言えよう。」(中嶋，ジョンソン編 1989：356)

　この発言には，地域研究の可能性に対する中嶋の強い自負を読み取ることができる。とはいえ，このシンポジウムの参加者からは地域研究に対する懐疑的な見解も複数表明されていた。また，地域研究の重要性を認めるにせよ，その定義，方法論，存在意義，研究と教育における制度の問題などに関してシンポジウム参加者の主張はきわめて多様であり，統一的な見解にはけっして到達していない。全体としてこの本は，地域研究について，それがどんなものなのかについて研究者間である程度のイメージが共有されていることを示した一方で，そのあり方をめぐってはきわめて多様な意見が提出されるものであることをまざまざと浮かび上がらせている。学術分野としての地域研究のあり方がきわめて論争的なものであることが，この本から確認できる。

　この本でもう一つ注目される点は，地域研究とは何かをめぐる議論がこのシンポジウムに始まったことではなく，それ以前からも繰り返し行われてきたとの指摘である。このシンポジウムにディスカッサントとして参加した石井米雄は次のように述べている。

「地域研究とは何かを問うシンポジウムに私が参加するのは，これで三度目である。このようなシンポジウムに出席することは，正直に言うと憂鬱である。なぜなら，初めから結論が分かってしまう気がするからだ。つまり議論されることは地域研究の方法論や，地域研究とディシプリンとの関係であり，地域研究は果たして可能かという問題が提起される。地域研究者は可能だと言い，ディシプリンの学者は疑問を投じる。そして確たる結論もなく散会するという状況が見越されてしまうのだ。」（中嶋，ジョンソン編 1989：216）

　地域研究のあり方をめぐる議論が繰り返しなされてきたことは，中嶋もまた認めている。中嶋によれば，1980年に開催されたアジア政経学会の年次大会は「『地域研究』の新しい展開」をテーマとして開催されたという。さらに中嶋は，この大会の司会を務めた永積昭が閉会時に，「数年後には，また（地域研究についての）不安が亡霊のごとく甦ってくるであろう」と指摘したことを紹介している（中嶋，ジョンソン編 1989：372）。永積のこの指摘を念頭に置くとき，議論の繰り返しを嘆く石井の感慨はいっそう生々しく感じられる。

（2）　地域研究の「生まれいずる悩み」

　繰り返し甦る亡霊のごとしと永積が喩えたように，地域研究のあり方に対する関心は一定の期間を置いて改めて高まってくることが確認された。この理由はどこに求めることができるだろうか。

　そもそも地域研究の重要な発信地であったアメリカでは，第二次世界大戦期から冷戦期にかけて急成長をとげたこの学術分野のあり方をめぐり，様々な論争が積み重ねられてきた歴史がある（Wallerstein 1997：195-220）。新たな学術分野として政策的な振興が始まった草創期には，歴史，社会科学の三大主要分野である経済学・政治学・社会学，非西欧を対象としてきた東洋学と人類学といった既存の学術分野との関係について盛んな議論が

第1部　地域研究と比較政治学の方法

なされた。これは，大学におけるカリキュラムや学部組織の編成などの制度化をめぐる予算争いという側面も多分にともなったものだった。既存の学術分野との関係をめぐるこのような論争は，上記の1987年のシンポジウムにおける議論にも通じるものがある。

　地域研究のあり方をめぐるアメリカでの論争では，政策的な振興の背景にある政府との関係や，アメリカ政府の対途上国政策（ときには対ゲリラ活動などの軍事作戦も含む）への協力・動員の是非といった論点もあった（Wallerstein 1997：220-226）。地域研究全体に関わるこのような論争的な状況は，アメリカのアフリカ地域研究の分野でも顕著に観察されたことであった。この分野での中心的な学会であるアフリカ研究協会（African Studies Association：ASA）では，アメリカ政府によるアフリカでの安全保障政策に関してアフリカ研究者が協力するのか反対するのかをめぐる論争が1969年から盛んに行われた。そこでは，南アフリカの白人政権を支持するアメリカ政府の態度を協会として問題にするかしないかという論点と，協会の執行部にアフリカ系アメリカ人が含まれていないという論点が結びつけて論争がなされ，一部の会員の脱退につながる動きにまで発展したという（Wiley 2012）。

　国家的な政策との関係に対して疑念が寄せられるという点は，日本の地域研究にとっても事情は同じである。通産省所管の特殊法人としてアジア経済研究所が創立（1960年）された背景について，同研究所の副所長を務めた川野重任は，「新しい独立国として非常にナショナリズムの機運が強」く，「簡単に外から調査等の手が入るという条件に必ずしもない」アジア地域について，欧米諸国もまた「旧植民地領有国ということでもって反発，排除される」がゆえに情報・資料が収集できないという状況のなかで，日本として「然るべきキチンとした組織を作って調査研究を推進することが必要ではないか，ということで官界ならびに財界の意見が一致」したことがあったとの見解を回顧の中で示している（アジア経済研究所 1990：54）。このような経緯ゆえにアジア経済研究所に関しては，かつて満鉄調査部が担

った政策的な位置づけに類するものだとの批判が当時からあったとされる。このような政策的な背景の存在に関しては，1964年に設置されたアジア・アフリカ言語文化研究所についても指摘されている（真島 2005：265-267）。

　地域研究をめぐってはこのように，既存の学術分野との関係と，国家の政策への関与という点が大きな論点となってきた歴史がある。新しい学術分野として，現代世界の特定の局面を踏まえた政策的な背景のもとで誕生したがゆえの，「生まれいずる悩み」といってもよいだろう。そして，地域研究に従事する研究者の間で，これらの論点に対する対応は必ずしも一様とはいえない。既存の学術分野との共働に肯定的か否定的か，政策的な関与を是認するか拒否するかといった態度は，各人各様である。この点はまず地域研究者の多様性の主たる源泉としてとらえておく必要があろう。

3　対象地域の変容と地域の構築性

　地域研究の歴史的な来歴と関係した多様性について前節で述べたが，地域研究の多様性は，研究対象である地域の変容とも大きく結びついたものである。次にこの点を述べたい。

　対象地域そのものが時代とともに大きく変質，変容することに疑問の余地はないであろう。アジアを例にいえば，第二次世界大戦直後と，アジアNIEsの急成長期と，現在とでは，描かれるアジア像がまったく同じということは考えられない。アジア以外の地域も同様であり，地域を構成する国家，社会，経済，政治は時代とともに大きく変化し，これにともない地域のありようも大きな変化を遂げる。変化はまた，地域を取り巻く国際環境にも生じている。冷戦期と冷戦後とでは国際安全保障の環境は大きく異なる。1980年代以降にはグローバリゼーションが急速に進展し，消費文化，商品経済，政治経済の諸制度などに関して均質化，平準化，標準化などの作用が各地域にもたらされる一方で，各地域でのグローバリゼーションへの反応と受容は地域それぞれの特色あるかたちでなされている。

第1部　地域研究と比較政治学の方法

　近年では，労働移動と難民を主な構成要素とする国際的な人の移動が拡大の一途をたどっており，その側面からも地域の概念は大きく揺さぶられている。世界有数の移民受入地域であるペルシャ湾岸地域には，出身国に残してきた家族との紐帯を維持し，送金を通じて共通の家計に参画している多くのアジア出身の出稼ぎ労働者がいる。本国に帰還できないまま長期にわたり難民として生活する人びとも世界各地に多数存在するが，これらの人びともまた，何らかのかたちで出身地の社会との関係を保っている。ここに誕生しているのは，送り出し側もしくは受け入れ側という既存の社会の視点だけではとらえきれないコミュニティである。

　これらの人びとは，出身国から地理的に切り離されながらも一定の紐帯を維持した社会関係を営んでいる。これらの人びとを基準として考えた場合，国家と社会は，場から切り離された（dislocated）かたち，ないし脱領土化された（deterritorialized）かたちで編成されているとの視点が開けてくる。主要な移民送り出し国の多くで国政選挙への在外投票の制度が導入されていることは，国家が「場から切り離され」「脱領土化された」かたちで編成されていることの証拠としてもとらえうることであろう[1]。

　このような国，地域，国際環境における変化と，国際的な人の移動によって出来した「場から切り離され」「脱領土化された」国家と社会の登場は，地域の概念そのものの大きな変容を端的に物語る。表現を変えれば，地域そのものが常なる再構築の過程にあるのである。この構築的な考え方に立つ場合，地域研究は，地域を何らかの本質的な実態を備えた固有の存在としてとらえ，その解明を図る学問としてではなく，常なる変化と再編の過程にあるものとして地域をとらえ，描き出す学問という性格を持つと言える。地域を研究する学問としての地域研究は，このような劇的な変容に適応するかたちでの常なる再編成が求められている。地域研究とは何かをめぐる問い直しが繰り返し甦るのは，それが現実的な要請であることにも要因があろう。

4　地域研究における大きな世代間の差異

（1）　本質論から構築論への大きな流れ

　次に論じたい点は，地域研究者の世代間で研究のテーマ，内容，スタイルが大きく異なることである。前節で述べたとおり，地域は常なる変容と再構築を遂げているため，どの局面をみるかによって地域の姿は大きく相違する。同じ地域をみる場合でも，異なる世代は異なる時代を同時代として経験するため，その地域観や地域理解には必然的に相違が生まれる。その相違がもととなって世代間では地域研究についてのイメージにも差異が生まれよう。このような世代差ゆえに，地域研究者間での共通了解を再確立するため，地域研究とは何かが一定の時間を置いて繰り返し問われてくる背景になると考えられる。本節では，この世代差の問題を具体的な例を通してみるが，その前提として，地域研究における本質論から構築論への移行という，大きな傾向の変化についてまず簡単に触れておきたい。

　地域研究のあり方に関しては，「地域を地域たらしめている特質」が存在すると措定し，その解明に向けた探究を行うというタイプの研究像が従来は示されてきた。このタイプの代表的な古典的研究として，ルース・ベネディクトの『菊と刀』を挙げることができる（Benedict 1946）。潜在的な敵となりかねない他者（他国民，他民族）について，文化やパーソナリティなどの観点から総合的な理解を図るものであり，冷戦下での国際安全保障や外交上の利害が研究を後押しした背景となった。

　このタイプの研究に対しては，他者を他者として固定化してしまう危険性が指摘されてきた。たとえばこの点は，前述のシンポジウムでは清水透が指摘している（中嶋，ジョンソン編 1989：40-43）。地域研究に対してしばしば向けられてきた「本質論」という批判もこの指摘と通底するものといえる。地域を対象とする研究に潜む「オリエンタリズム」的なまなざしへの批判（サイード 1986）や，調査対象の社会を「客観的」に記述できる

第1部 地域研究と比較政治学の方法

とする考えへの疑義（クリフォード，マーカス編 1996）などの大きな転換を経て，今日では，地域を本質主義的に捉え，提示することについては，多くの地域研究者が慎重になっていると思われる。「他者の固定化」につながりかねない研究への批判も，現在の地域研究者には広く共有されているものと考えられる。本質論から構築論への移行は，20世紀後半に人文社会科学を広く巻き込んで展開した傾向的趨勢といえるが，地域研究もまたこのような変化に影響を受けながら現在に至っているということが，ここであらかじめ確認しておきたい点である。

（2） 同じ対象国の研究者の例

世代を異にする研究者の間でその国や地域の基本的なイメージが大きく相違することについて，ひとつの例を通して論じていきたい。西アフリカのコートジボワールは，1960年の独立以降，いわゆる「慈善的権威主義」（benevolent authoritarianism. Mundt 1995）とも形容された独裁者F・ウフェ＝ボワニ（以下ウフェ）が率いる一党制の下で政治的安定を確立し，かつ小農が主体となって生み出すコーヒーとカカオの生産により，急速な経済成長を実現した国である。1934年生まれのコートジボワール研究者である原口武彦は，1967年の初訪問を皮切りに，この「安定と成長」期のコートジボワールで複数回の長期滞在研究を行った研究者であるが，原口がこの時代のコートジボワールをどこか牧歌的な雰囲気が漂う新興国として捉えていたことは，彼が滞在中に書き綴ったエッセイに漂う優しい雰囲気からありありとうかがえる（エッセイは日本アフリカ協会刊行の『月刊アフリカ』に1982年から1984年にかけて連載され，のちに原口（1985）にまとめられた）。

原口から30年あまり年下である筆者（1968年生まれ）が1994年に初めてコートジボワールを訪問したとき，その前年の1993年に死亡したウフェの後継の座をめぐる権力闘争が激しく展開されており，1990年の民主化からわずか4年というタイミングで与野党間対立もしばしば暴力的な様相を帯

びていた。コーヒーとカカオに立脚した経済は，1980年代から長期の低迷期に入っており，世界銀行とIMFによる構造調整政策や通貨の大幅切り下げもあって，人びとの生活には深刻な打撃が加わっていた。筆者は2001年からコートジボワールで長期滞在調査を開始したが，その翌年の2002年9月には内戦の勃発に遭遇し，この国の政治的不安定さを改めて身をもって体感することとなった。その後の8年以上にわたる移行期のあいだ，コートジボワールは「脆弱国家ランキング」の上位ランクに位置づけられ続けた。

　原口と異なり，筆者には牧歌的な新興国としてのコートジボワールのイメージはない。筆者にとってコートジボワールの基本的なイメージは不安定さである。1990年代以降に顕在化した政治的な不安定さは常態化しており，その不安定さを抑え込むため，歴代の政治的リーダーが例外なく強権化していく。幸いにして，底堅い農業生産力，2000年代に入り本格稼働を開始した埋蔵量豊富な沖合油田，西アフリカの地域ハブとしての機能などを生かして経済は発展傾向にはあるものの，政治的安定が将来的に確立されるのかどうかは依然として不確定なままである。

　基本的なイメージの違いは，この国の歴史的な評価に関しても一定の差異を生み出している。たとえば，原口と筆者では，ウフェが率いた一党制時代（1960〜1990年）に関する評価が異なる。原口は，在任中のウフェがしばしば国民各層の代表を一堂に集める国民対話集会を開催したことについて，「国民の声に耳をそばだてている」ためだと述べたウフェ自身の言葉を引用しながら，肯定的なニュアンスで捉えている（原口 1994：36）。これに対して筆者にとって国民対話集会は，「国民の前に姿をさらし，肉声で語ることによって，カリスマ的な支配者であることを内外にアピールする」「神話化の一部」だと解釈される（佐藤 2022：138）。

　もちろん，筆者は原口の認識を誤りだと批判したいわけではない。原口が同時代的に経験した一党制時代のコートジボワールは，アフリカの多くの国々が政変や内戦に苦しみ，低開発状態に甘んじていた時代にあたって

第1部　地域研究と比較政治学の方法

おり，アフリカ全体に向けられる国際的な注目度はいまよりずっと低いものだった。そのような時代背景に照らしたとき，一党制時代のコートジボワールには，アフリカにはまれな希望や期待の源泉とみなしうるところがたしかにあったからである。他方，筆者は一党制期を同時代としてではなく，ポスト一党制期の自己の体験をレンズとして遡及的に見ることになる。このような立ち位置の違いが認識の差を生み出しているところはあろう。ただ，筆者にとって何より強烈な感想は，ポスト一党制期のコートジボワールでは「安定と成長」の面影がすっかり消え失せてしまっている点にある。一党制期の安定と成長にしっかりとした内実があったのだとしたら，これほどもろく，短期間のうちに崩れ去ることがありえるのだろうか。むしろ，崩壊につながる根源はすでに一党制期に蓄積されていたのではないかと筆者は認識するのである（佐藤 2022：146-147）。

　この話題を挙げた理由をまとめたい。同じ国で長期滞在調査を行い，研究スタイルも似ているにもかかわらず，同時代的な経験の差の違いから相応の認識の差が生まれることを，この例は端的に物語っているといえよう。

（3）　同じ関心領域の研究者の例

　いま挙げた例は対象国が同じ研究者同士での差異の例であるが，もう一つ別の例として，同じ現象に関心を寄せながらも，研究の力点やスタイルに大きな差が生じている例も見てみることにしたい。ここでは，日本のアフリカ地域研究における紛争研究を例にとりあげる。

　アフリカでは1990年代に紛争が多発した。1990年代にすでに研究者として活動していた者の多くは，紛争の多発について，1990年代に同じくアフリカで活発に展開された民主化やアフリカ国家の特質といった側面から捉える傾向が強かった（武内編 2000；武内編 2008；武内 2009；佐藤編 2012；遠藤 2015）。これに対して，2000年代以降に登場した若手研究者のあいだでは，紛争を経験したコミュニティにおける和解に関する研究や，当事者の語りに注目した研究が行われるなど，手法と問題意識に新しい傾向が見

いだされる（阿部 2007；榎本 2007；Enomoto 2011；橋本 2018）。

　これら2つの世代を通して，紛争は持続的な関心の対象ではあるが，具体的な研究テーマは大きく変化しているわけである。先行世代においては，研究のコンテクストをなしたのはアフリカにおける中長期的な政治変動の方にあった。これに対して，若手世代にとってはおそらく，調査地で紛争を直接経験した人びとにインタビューすることが可能であり，その体験が研究意欲を強く刺激したのかもしれない。また研究スタイルの面でも，中央政界の動向をウォッチすることがベースラインとなる前者のスタイルと，政治家の動向よりは市井の人びとの語りの収集を基本とするスタイルには大きな差がある。

　この2つ目の例で言いたいのは，異なる世代のあいだでの研究の内容やスタイルの大きな相違である。このような大きな幅を持つ差異は地域研究ならではの現象ではないかと思われる。比較対象として比較政治をとりあげると，比較政治では，政治を分析するための必須の基本概念がかなり厳密に準備されており，分析はそれを用いて行うのが基本的なスタイルとなるように考えられる。仮に比較政治の立場からアフリカの紛争に関心を寄せた場合には，研究テーマとスタイルの分岐はそれほど大幅なものとはならず，むしろいくつかの主要な論点へと収斂するようにも想像される。

　以上，地域研究における大きな世代間の差異について2つの例を通して検討してきた。対象国や関心領域が同じ研究者のあいだでも，世代の差により，基本的な認識，具体的な研究テーマ，研究スタイルなどが大きく異なることが，地域研究の場合にはしばしば起こるというのがここでの指摘である。

　さて，この世代間の差異を踏まえたとき，さらに次の点を指摘することができるだろう。すなわち，「地域研究とはこうあるべき」ないし「その地域（国）の基本的な姿はこうである」といった，規範的ないし静態的な捉え方は，地域研究の学術分野としてのあり方を考えるうえで限界があるということである。地域研究のあり方を考えるうえでは，このような捉え方

第1部　地域研究と比較政治学の方法

よりもむしろ，地域研究者それぞれの持つ歴史性——おのおのに大きく異なるはずの研究史のバックグラウンド，地域研究者としての訓練を積んだ時期，いま現在のタイミングでどのような問題関心を有しているかといったことなど——を自覚しながら議論することが重要ではないだろうか。同じ地域の，同じ関心領域を研究する地域研究者であっても，研究の中身は大きく異なるわけであり，研究の中身が異なる以上，地域研究とは何か，地域研究者とは誰かに関する考え方も異なると考えるのが自然であろう。

　以上の指摘は，第2節と第3節で展開してきた，「地域研究とは何か」を繰り返し問うことの意義をさらに補強するものともなろう。変わりゆく地域の姿に合わせて，研究者としてのスタイルや基本認識も変わり，研究の内容が大きく変わる。それでもなお，地域研究という枠組みが存続していることのほうがある意味では不思議とも言えるが，現に目の前にある社会的実在としての諸現象をさしあたり地域という枠組みで捉え，各人各様のやり方で体系的把握を図る学術的な営みとして，地域研究は存続しているのだといえる。そこには，学術分野としての自立的な体系が所与のかたちでは存在しておらず，もっぱら現状を追跡するなかで学術実践が動的に再生産されていく姿もまた垣間見える。そのような定まらなさゆえ，地域研究は，学術分野としての自己確認を定期的に行う必要があるのではないだろうか。

5　地域研究の地域性とそれゆえの複数性

（1）　研究者コミュニティ間の対話を妨げかねないもの

　次に論じたい点は，同じ地域を研究する研究者が持っている地域性（provinciality）である。その地域を論じる際の共通了解や文脈を，同じ地域を対象とする研究者同士では共有していることが多い。他方，地域研究者自身は自らの地域性を明示的に自覚していないところが多々あり，他地域を対象とする地域研究者とのあいだで議論が成立しにくい状況が現実に生じ

46

る。地域研究者同士でもそのようなことが起こりうるわけであるから，他の学術分野とのあいだでの議論はなおさら難しいものとなることが懸念される。

　地域性が存在することにより，単に議論が食い違うだけではなく，地域研究とは何かについてのイメージもまた大きく食い違うことが想定される。第4節で分析したとおり，同じ地域を対象とする地域研究者のあいだでは，研究内容や研究スタイルが異なることが現にあるわけだが，地域を論じる際の共通了解や文脈はある程度共通しているため，地域研究についてのイメージにも一定の親近性が保たれるものと想定できる。だが，対象地域を異にする研究者同士の場合，同じく地域研究を標榜していたとしても，地域研究のイメージに無視できない差が生じる可能性があるかもしれない。

　特定の地域を対象とする研究者コミュニティごとに地域性があることは，対象地域を問わないすべての地域研究者のコミュニティで考えた場合には，そこに大きな多様性が立ち現れることを意味する。別の言葉で言いかえれば，地域研究は全体としてはある種の複数性を持つということになる。もちろん，世界には複数の地域が存在しており，地域研究は文字通り複数形で表現されるもの（Area Stud*ies*）であるわけだが，考え方や基本概念に大きな違いが存在するのだとしたら，地域研究者同士の対話は大きく妨げられてしまうに違いない。

　地域研究に携わる研究者が自らの地域性を自覚し，他地域の専門家ないし他の学術分野の専門家に了解してもらえるよう言語化する努力が欠かせないのではないか。それがこの節で主張したい点である。

（2）　アフリカ地域研究者の考える「部族」「民族」

　具体的にどのような点が地域性として現れるかについて，アフリカ地域研究における「部族」「民族」概念の位置づけの問題を例にして述べてみたい。この例は，地域横断的に使用されているにもかかわらず，異なる地域を対象とする研究者のあいだで，基本的な了解内容が異なる重要概念が存

第1部　地域研究と比較政治学の方法

在することを示すものである。

　「部族」という言葉は，英語のtribeの翻訳語として日本のアフリカ地域研究でかつて広く使われてきた言葉であるが，そこにつきまとう侮蔑的なニュアンスを忌避する意識が時代を追って高まり，現在ではほとんど使われることがなくなった。国民とは異なる範疇にある，文化や言語を共有する集団に関して，現在のアフリカ地域研究で使われる一般的な用語は民族である。エスニック集団，エスニック・グループという表現がとられることもある。言語が焦点になっている場合には，言語集団という表現もとられる。

　tribeならびにその翻訳語としての部族の持つ侮蔑的なニュアンスとは，この用語が植民地統治と不可分な関係にあるとの認識を背景として指摘されてきたものである。植民地支配者はアフリカ分割と呼ばれる歴史的出来事を通してアフリカ社会を支配するに至ったが，支配を確立する過程で，支配下の住民を把握する手段として，首長（chief）と部族（tribe）というひと組のセットとなった概念が使用された。行政区画が設定されていない土地の人びとをまず「部族」として分類し，「部族」の統治を代行させる存在として「首長」を見つけ出し，「首長」を支配することによって社会を支配しようとする，というのがアフリカにおける植民地化でみられた基本的なプロセスであった。これは間接統治のシステムとして知られており，その方法を最初にアフリカに適用したのが，イギリス人行政官のフレデリック・ルガードであることもアフリカ近現代史における基本的知識である。ルガードは植民地統治を確立するため，指揮下の行政官たちに「チーフを探せ（Find the chief）」と督励したと言われる。

　英領だけではなく，フランス領でも事情はほぼ同様であった。フランス領に関しては，アフリカの植民地に対してフランス語やフランス文化を積極的に普及させる同化主義政策がとられたとしばしば言われるが，これが該当するのはごく一部の地域と時代に限られている。フランス領においても全般的には，まず支配下におさめた地域の人びとを調べ，現地で使われ

48

ている集団の呼称を収集し，集団の分布を示す地図を作成し，これに沿う
かたちで行政区画が設定された。行政区画の上位階層（県や郡のレベル）
においてはフランス人の行政官が統治を担ったが，そこより下位の階層（複
数村，個別村のレベル）では，現地人の首長が任命された。民族は統治の
手段として調査され，記録され，地図・行政文書・人事などを通して固定
化されたのである。

　主権を有する人民となり得るという意味で民族と位置づけられうる人間
集団に対して，同時代のヨーロッパ人を指す際には使用しないtribe（部族）
という用語を用いることは，社会に対する特定の認識を背景としてこそ正
当化されるものである。それはすなわち，支配する民と支配される民を截
然と区別する認識であり，その区別は一種の身分の差でもあるとする認識
である。植民地住民にはヨーロッパ人とは異なる法（いわゆる慣習法など
と表現されてきたもの）が適用されてきた事実もある。tribeはこのような
植民地的な認識枠組みを象徴する言葉といってよい。

　したがって，アフリカ諸国が独立し，主権を獲得した人びと（国民）が
誕生してからは，tribeという言葉はアフリカの人びとから忌避されること
となり，tribeは悪しき党派性や党派的な争いなどを指す場面においてのみ
もっぱら使われる言葉となった（例「トライバリズム」）。アフリカ人の主
体性回復という新しい局面を受けて，アフリカ研究者のあいだでも，tribe
という用語の使用をやめる動きが高まっていった。日本では部族という言
葉の忌避として現れた。

　これに代わって民族という言葉が使われるようになったことは上述した。
ただ，アフリカ社会の記述において使用される民族という言葉は，当然な
がら，かつて部族という言葉が「発明」されてきた経緯を踏まえた意味内
容を持つものとして使われていることに注意が必要である。その経緯とは
すなわち，植民地統治の過程で，統治の必要上から認識され，分類され，行
政区画の設定やチーフの任命といった制度化も施されたことである。つま
り，民族は，植民地支配という特異な状況のなかで作られた社会的構築物

第1部　地域研究と比較政治学の方法

だとして，主にアフリカ地域研究の場では位置づけられているのである。この点は，「伝統の創造」論が主張される際にも重要な事例として提起された（Hobsbawm and Ranger eds. 1983）。民族の構築性はアフリカ地域研究における共通認識であり，「民族紛争」という表現が不正確なものであることを多くの研究者が具体的に指摘している（栗本 1996；松田 1999：第2章；津田 2003）。民族が所与の実体として何らかの集合行為の主体となるのではなく，むしろ，何らかの政治化の所産として操作され，動員されるなかで，あたかも民族を主体にしたかのようにみえる集合行為が発生しているとする理解が，アフリカ地域研究では一般的である。

　以上をまとめるとアフリカ地域研究において，民族は，部族という用語の忌避にともなう代替語としての側面に加え，植民地支配に由来する構築物という側面がきわめて重視されるかたちで使われてきた。アフリカ現代政治の分析においてもこの認識が引き継がれており，民族は，政治化という側面から語られる傾向を強く持つ概念となっている。

（3）　他地域研究者との意見の食い違いからわかること

　「民族」「部族」という用語に関する以上の認識が，アフリカ地域研究における一定の特色ある捉え方なのだと筆者が認識したのは，中東研究者の考えに触れたときである。2000年前後にアジア経済研究所で，アフリカ以外の研究者も参加する研究プロジェクトが立てられたのだが，そのときにその問題をめぐって議論が交わされた。端的には，中東研究者にとっては「部族」を使用することには問題がないし，意味内容も基本的にアラブ社会における「カビラ」を指すものだということを言われた記憶がある。カビラについては，サハラ以南アフリカでもインド洋岸などで使用されてはいるが，全体としては少数事例であるし，アフリカ地域研究における分析的な用語としてはクランやリネージといった概念でとらえる方が一般的である。アフリカ地域研究で「部族」と呼ばれてきた集団と，中東研究における「部族」は社会的実態としての性格がかなり異なったものである。

50

また，中東においては，文化的な人間集団という意味での民族に近いのはアラブという範疇ということになるが，中東のほとんどの国においてアラブは圧倒的な人口的多数派である。アフリカでも特定の民族が人口的多数派を占める国は存在するが，多くの場合，それぞれの国の社会は多くの民族の存在によって特徴づけられていることが多い。このような社会における意味合いの違いを反映して，同じ「民族問題」という言葉を掲げたとしても，中東とアフリカとでは問題の位相が異なることが確認された。さらにアフリカの民族を考える際にとくに重要な植民地期の構築という側面も，中東地域においてはそれほど重視されている視座ではないこともそのときに指摘をうけた。

　アフリカ地域研究において，「部族」「民族」という用語を的確に使用できるかどうかは，植民地化以降のアフリカの歴史と社会変容を十分に理解しているかどうかに関わる基本的な知識と言ってよい。しかし，中東において，「部族」「民族」は，サハラ以南アフリカとは指示される社会的実態や社会における問題の位相が異なるわけである。「部族」はさておき，「民族」は，地域横断的に使用される研究上の一般的な語彙であるわけだが，その言葉ですらも，イメージされる内容が対象地域を異にする研究者のあいだで異なる可能性があることをこの例は示している。

　研究上の基本的な語彙について，研究者がその語彙の共有された意味内容として了解しているものが，特定の研究者コミュニティでしか通用しない偏りを含んでいるかもしれないわけである。このような偏りは，地域研究が他の学術分野と交流していく際に，議論の円滑な進展を妨げる要因となりうる。くわえて，この偏りによって対話が妨げられかねないのは，対象地域を異にする地域研究者同士でもある。

　このような問題を解消するためにも，地域研究者には，その地域の分析において使用されている基本概念について反省的に再検討し，その特色ある意味内容を言語化し，まずは他の地域研究者に説得的に説明できるようになることが望ましいと考えられる。基本概念をめぐるダイアローグを通

第1部　地域研究と比較政治学の方法

して，対象地域の異なる地域研究者間の対話をうまくかみ合ったかたちで発展させていく糸口がつかめるのではないか。これはいわば，地域研究を比較するという新しい研究の試みといえるかもしれない。[2]

6　「地域研究と比較政治学」への含意

　以上，本論では，地域研究が持つ常なる変容と複数性という性質について指摘し，さらにこの指摘を踏まえ，それぞれの地域研究者の経験に照らした反省的な「自分語り」が地域研究のあり方を地域研究者以外に説明する手がかりになりうることを主張した。本論はまた，この主張に則ってのアフリカ地域研究の立場からの「自分語り」の実践例としても展開された。こうした「自分語り」を通して，対象地域ごとに地域研究が持つ偏りの実例を示し，地域研究の複数性を示すこともまた本論で試みた。

　最後に，「地域研究と比較政治学」というテーマに対して，本論の主張を踏まえて言えることを3点述べて結論としたい。

　第1に，地域研究が比較政治学との建設的な関係を維持していくためには，地域研究者が自らの研究の方法論的側面に関して自覚を高めることが必要と思われる。おそらく多くの地域研究者にとり，研究対象との出会いは偶然に大きく左右されたものであって，偶然の出会いに導かれるがまま研究を続けてきたという経緯をたどるものと思われる。地域研究が得意とする，一国を対象とした長期定点観測は，方法論的な語彙でいえば単一事例研究に該当するものだが，多くの地域研究者にとっては，複数ある方法論の中からどの方法論を選ぶかという選考を経て，単一事例研究を選び取ったということでは必ずしもないと思われる。地域研究者のこのようなよくある成長過程では，自分が実践している方法論を様々な方法論に照らして相対化してみることが欠けがちになるかもしれない。まずはこの点を反省的に自覚することが，比較政治学との建設的な関係のための第一歩ではないだろうか。

第 2 は，地域研究の方法論の中身についてである。もちろん地域研究は，まったく方法論を欠いているわけではない。現地滞在調査，言語の習得，長期定点観測，文献やデータの活用，多分野にわたる総合的な知識の習得などの調査のメソッドが存在しており，研究者それぞれの関心やスタイルに応じて，これらのメソッドを組み合わせるかたちで遂行されるのが地域研究である。[3] 他方，調査から得た情報を研究成果にまとめる際の方法論に関しては，現状では一定の課題が存在するように思われる。

比較政治学との建設的な関係という観点から見ると，筆者の考えは，久米郁男がクリフォード・ギアツの提唱した「分厚い記述」に言及しながら指摘したことに近い。久米の指摘とは，事例研究のような定性的な研究において，「分厚い記述」とは異なるかたちでの，方法論な自覚を持った研究態度が目指されるべきではないかというものである（久米 2013：221）。重厚なモノグラフを目指す上では，「分厚い記述」が地域研究にとって重要な執筆の方法論であることは依然として変わりがない。だが，複数事例間の比較を行いたい場合には，「分厚い記述」の方法論は個人にはとても実践しきれないし，複数人数で分担するにもすりあわせには困難をともなう。また，査読付き学術雑誌を発表媒体として目指すうえでは，紙幅上の制約から，「分厚い記述」を縦横に展開することは望み得ない。査読付き学術雑誌が主たる研究成果の発表媒体になっていることの是非はここでは問わないが，主流として広く受け入れられている発表の場に適した成果をどのように作成するかは，地域研究者にとって戦略的な対処が求められる課題と言える。その際に，比較政治学において探求されてきた方法論の検討は大きな参考になるはずである。

第 3 は，地域研究が変わり続けていることに関してである。地域研究が変わり続けている以上，10年後の地域研究の姿はいまとは様変わりしていることが予想される。変化はまた比較政治学においても生じるであろう。したがって，「地域研究と比較政治学」というテーマをめぐっても，10年後にはまた違ったかたちでの議論がなされることになるであろう。ここから導

第1部　地域研究と比較政治学の方法

かれるのは，問い直しの大切さである。地域研究とは何か，比較政治学との関係はいかにあるべきかというテーマは，今後も繰り返し問われていくべきだと筆者は考える。第2節で紹介した発言において石井米雄は，地域研究について繰り返し問うことに批判的な見方を示していたが，何度でも問うことに意義があると石井に応答してみたいと考える。

　付記：本稿は，日本比較政治学会第26回研究大会（2023年度）の分科会E「比較地域研究の手法と実践」に提出したペーパー「地域研究の複数性と汎用性」を加筆修正したものである。

注
1）　移民の存在が国家や社会を再検討する着眼点となるという考えは，グローバリゼーション，トランスナショナリズム，ディアスポラなどのキーワードのもと，主に社会学の分野で盛んに発展してきたものだが（コーエン，ケネディ 2003；伊豫谷 2007）。政治学の立場からも，今日のグローバル化の進展が，「土地と権力を結合させた領土という考え方に内在する矛盾」をあらわにしているとの指摘がなされる（押村 2013：49）など，政治学にとっても有効な視座だと言える。ディアスポラがまた，本国の政治情勢に深く関与する，現代政治分析にとっても重要な存在であることは，ソマリアやイラクの研究からも示されている点である（山尾 2011；遠藤 2015）。
2）　以上の議論が比較政治学に対してもつ含意についても簡単に触れたい。民族は比較政治学の計量分析でしばしば独立変数として取り上げられる要素であるが，本節で示したとおり，サハラ以南アフリカにおいては民族そのものが何らかの歴史的，社会的な過程の産物である。このことを考慮する場合，サハラ以南アフリカを分析の対象に含め，かつ民族の影響や効果を測定しようとするリサーチデザインにおいては，この社会的構築の問題を統制する必要が生じるのではないか，というのが地域研究の立場からの認識である。久米（2013：185-189）が紹介しているPosner（2004）や，粕谷（2014：64-65）が紹介しているMiguel（2004）のように，民族という要素がもたらす効果が，当該国での民族集団間の相対的な規模や国民統合政策といった諸条件と関係したものであることを示す研究は，民族の構築性について統制を施す手法を考えるうえで参考になる。
3）　地域研究には定性的な調査手法が多いが，数量データを用いた調査・分析もまた地域研究の有効なメソッドである。児玉谷らは，統計的手法について，「一国ごとの特徴を追求する一国地域研究とは対極的なアプローチ」としながらも，「どちらのア

ローチが優れているかというよりも，相互補完的な関係にあると捉えた方が生産的であろう」と指摘している（児玉谷・森口 2021：15）。計量分析を地域の固有性の解明につなげようとする試みについては，今井編（2022）（とくに第6章）が参考になる。

引用・参考文献

〈邦語文献〉

アジア経済研究所（1990）『アジア経済研究所　30年の歩み』アジア経済研究所。

阿部利洋（2007）『紛争後社会と向き合う──南アフリカ真実和解委員会』京都大学学術出版会。

今井宏平編（2022）『教養としての中東政治』ミネルヴァ書房。

伊豫谷登士翁（2007）「方法としての移民──移動から場所をとらえる」伊豫谷登士翁編『移動から場所を問う──現代移民研究の課題』有信堂，3-23頁。

榎本珠良（2007）「「アチョリの伝統的正義」をめぐる語り」『アフリカレポート』第44号，10-15頁。

遠藤貢（2015）『崩壊国家と国際安全保障──ソマリアにみる新たな国家像の誕生』有斐閣。

押村高（2013）『国家のパラドクス──ナショナルなものの再考』法政大学出版局。

粕谷祐子（2014）『比較政治学』ミネルヴァ書房。

久保慶一（2012）「ディシプリンと地域研究──比較政治学の視点から」『地域研究』第12巻2号，164-180頁。

久米郁男（2013）『原因を推論する──政治分析方法論のすすめ』有斐閣。

クリフォード，ジェイムス，ジョージ・マーカス編（1996）『文化を書く』（春日直樹・足羽与志子・橋本和也・多和田裕司・西川麦子・和邇悦子訳）紀伊國屋書店。

栗本英世（1996）『民族紛争を生きる人びと──現代アフリカの国家とマイノリティ』世界思想社。

コーエン，ロビン，ポール・ケネディ（2003）『グローバル・ソシオロジーⅡ　ダイナミクスと挑戦』（山之内靖監訳，伊藤茂訳）平凡社。

児玉谷史朗・森口岳（2021）「地域研究とグローバル・サウス──理論とそのアプローチ」児玉谷史朗・佐藤章・嶋田晴行編著『地域研究へのアプローチ──グローバル・サウスから読み解く世界情勢』ミネルヴァ書房，2-17頁。

サイード，エドワード・W（1986）『オリエンタリズム』（板垣雄三・杉田英明監修，今沢紀子訳）平凡社。

佐藤章（2022）「権威主義体制下の経済発展とクライエンテリズム──一党制期コート

第1部　地域研究と比較政治学の方法

　　　ジボワールを事例に」日本比較政治学会年報第24号『クライエンテリズムをめぐる
　　　比較政治学』，127-150頁。
────編（2012）『紛争と国家形成──アフリカ・中東からの視角』アジア経済研究
　　　所。
仙石学（2006）「中東欧研究と比較政治学──いわゆるディシプリン指向の中での地域
　　　研究のあり方の考察」『スラブ研究』53号，1-25頁。
武内進一（2009）『現代アフリカの紛争と国家──ポストコロニアル家産制国家とルワ
　　　ンダ・ジェノサイド』明石書店。
────編（2000）『現代アフリカの紛争──歴史と主体』アジア経済研究所。
────編（2008）『戦争と平和の間──紛争勃発後のアフリカと国際社会』アジア経
　　　済研究所。
津田みわ（2003）「リコニ事件再考──ケニア・コースト州における先住性の政治化と
　　　複数政党制選挙」武内進一編『国家・暴力・政治──アジア・アフリカの紛争をめ
　　　ぐって』アジア経済研究所，219-261頁。
中嶋嶺雄，チャルマーズ・ジョンソン編（1989）『地域研究の現在──既成の学問への
　　　挑戦』大修館書店。
橋本栄莉（2018）『エ・クウォス──南スーダン，ヌエル社会における予言と紛争の民
　　　族誌』九州大学出版会。
真島一郎（2005）「四〇年後の翻訳論──編者あとがきにかえて」真島一郎編『だれが
　　　世界を翻訳するのか──アジア・アフリカの未来から』人文書院，265-268頁。
松田素二（1999）『抵抗する都市──ナイロビ　移民の世界から』岩波書店。
原口武彦（1985）『アビジャン日誌──西アフリカとの対話』アジア経済研究所。
────（1994）「ウフェ・ボワニ大統領の死」『アフリカレポート』18号，34-37頁。
山尾大（2011）『現代イラクのイスラーム主義運動──革命運動から政権党への軌跡』
　　　有斐閣。

〈外国語文献〉

Benedict, Ruth（1946）*The Chrysanthemum and the Sword : Patterns of Japanese Cul-
　　　ture*. Houghton Mifflin.
Enomoto, Tamara（2011）"Revival of Tradition in the Era of Global Therapeutic Gov-
　　　ernance : The Case of ICC Intervention in the Situation in Northern Uganda,"
　　　African Study Monographs 32(3) : 111-134.
Hobsbawm, E. and T. Ranger eds.（1983）*The Invention of Tradition*. Cambridge :
　　　Cambridge University Press.

Miguel, Edward (2004) "Tribe or Nation? : Nation Building and Public Goods in Kenya versus Tanzania," *World Politics* 56 : 327-362.

Mundt, Robert J. (1995) "Côte d'Ivoire : Continuity and Change in a Semi-Democracy," in J. F. Clark and D. E. Gardinier eds. *Political Reform in Francophone Africa* : 182-203. Boulder : Westview Press.

Posner, Daniel N. (2004) "The Political Salience of Cultural Difference : Why Chewas and Tumbukas Are Allies in Zambia and Adversaries in Malawi," *American Political Science Review* 98(4) : 529-545.

Wallerstein, Immanuel (1997) "The Unintended Consequences of Cold War Area Studies," in N. Chomsky, I. Katznelson, R. C. Lewontin, D. Montgomery, L. Nader, R. Ohmann, R. Siever, I. Wallerstein and H. Zinn, *The Cold War & The University : Towards an Intellectual History of The Postwar Years* : 171-194. New York : The New Press.

Wiley, David (2012) "Militarizing Africa and African Studies and the U.S. Africanist Response," *African Studies Review* 55(2) : 147-161.

（さとう・あきら：アジア経済研究所）

CHAPTER 3

比較地域研究の批判的検討

宮地隆廣［東京大学］

1　比較地域研究への再注目

　比較地域研究（comparative area studies）は近年の人文社会科学分野で密かに復活を遂げた概念である。次ページの図1は，書籍テキストコーパスの検索サービスであるGoogle Ngram Viewerが示した，英語書籍における「比較地域研究」の相対度数である。これによれば，「比較地域研究」の出現のピークは1980年代半ばと2018年に見られる。

　「比較地域研究」が登場する1980年代の書籍や論文の多くは，学生に研究対象として2つの地域の選択を求める比較地域研究専攻を持つデューク大学（Duke University）に言及している（Duke University 2000）。同大学で比較地域研究を学問分野として発展させる持続的な試みはなかったが（Ahram Köllner and Sil 2018b：13），2018年にオクスフォード大学出版局より『比較地域研究——方法論上の原則と地域横断的応用』と題するAhram, Köllner and Sil（2018a）が出版され，同書の引用が増えたことで，「比較地域研究」の頻度も上昇した。以下ではこの書籍を，編者の頭文字を取ってAKSと呼ぶ。その後，米国政治学会（American Political Science Association）の質的・マルチメソッド研究（Qualitative and Multi-Method Research）部会のニューズレター（2020年春号）が比較地域研究に関する特集を設け，日本比較政治学会でも第26回大会にて比較地域研究に関するパネルが設けられるなど，AKSは質的研究を志向する人文社会系の研究者

図1 「比較地域研究」が出現した英語文献の相対度数　1945〜2019年

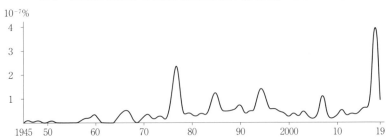

出典：Google Ngram Viewer (https://books.google.com/ngrams/) より2023年10月23日に筆者作成。度数のカウントにあたっては語頭が大文字表記であるか否かを区別しない (case insensitive)。

に一定程度の反響を与えている。

　本稿は比較地域研究について，地域研究に関連の深い比較政治学や文化人類学の知見を参照しつつ，その問題と可能性について批判的に考察する。第2節では，AKSをはじめとする比較地域研究に関する議論を整理し，本稿で検討する比較地域研究とは何かを確定する。第3節では，地域研究の目的の観点から比較地域研究を検討する。地域研究には多様な定義が存在するが，本稿では「ある特定の地域に関する記述や理解，説明の更新を目指す学問領域」という簡易な定義（宮地 2012：377-378）を設定する。第4節では，比較政治学の観点から比較地域研究を検討する。ここで言う比較政治学とは「世界中で生じる国内の政治現象を研究し，そこから普遍的な理論を導き出すことをめざす学問」を指す（久保・末近・髙橋 2016：2）。最後の節はこれまでの議論を踏まえ，比較地域研究の可能性を示す。

2　比較地域研究とは何か

　地域研究という既存の学問領域に比較という言葉を冠する意義は何か。本節はAKSの主張と，その主張に至った背景を確認しつつ，AKSに前後する比較地域研究論を整理する。その上で，次節以後において考察の対象となる比較地域研究の定義を示す。

（1） AKSの比較地域研究

AKSは比較地域研究を，2つのことを行う自覚的な努力を伴うアプローチであると定義する。まず，ローカルなコンテクストへの敏感さを持ちつつ，地域をまたぐ因果的連関を浮かび上がらせる（surface）目的で比較の手法を用いる。そして，社会科学における普遍的な概念や理論を背景に，複数の地域研究の議論に関与する（Ahram, Köllner and Sil 2018b：3）。

このアプローチは，個別事例の理解を目指す研究と，普遍的な主張を追求する研究の中間に位置づけられる。AKSによれば，前者は知見の一般化に開かれておらず，後者は個別事例の多様性を加味していない。各事例のコンテクストを深く理解しながら，複数の事例の説明に資する研究を行うことで，人間社会をより豊かに理解できるとAKSは唱える（Ahram, Köllner and Sil 2018b：3-5；Sil 2018：232-234）。

AKSは比較の方法を，同一の地域内に属する複数の事例を比較する地域内（intra-regional）比較，複数の地域から選択された事例を比較する地域横断（cross-regional）比較，そして地域を単位として比較する地域間（inter-regional）比較に分ける（Ahram, Köllner and Sil 2018b：16-18）。そして，この3つの比較のうち，2番目の地域横断比較に学術的な価値を見出す。地域横断比較は各事例のコンテクストを踏まえつつ，異なる地域の事例を取り上げることで，事例の多様性の尊重も，地域を超えたより広い知見の提供も同時に保証される。無論，事例数を多く設定することはできないため，地域横断比較は少数事例（small-N）に基づく中範囲（middle-range）の理論の提示を目指すことになる（Sil 2018：233）。

これに対し，残りの2つの比較は限界を内包する。まず，地域内比較から得られる知見は，単一事例研究と同様，その地域を超えるものではない。AKSはこれを「たこつぼ化（balkanization）」と表現する（Ahram, Köllner and Sil 2018b：19）。また，地域間比較は地域機構の比較など問題の設定によっては有意義である一方，地域を同質的な特徴を持つものとして捉えるおそれがある（Whitehead 2018：48）。

第1部　地域研究と比較政治学の方法

（2）　AKSの背景とその位置づけ

比較地域研究を唱えるAKSの登場には2つの背景がある。第一に，AKSの発表を推進した欧州を代表するシンクタンクであるドイツグローバル・地域研究所（German Institute of Global and Area Studies：GIGA）をめぐる，ドイツにおける地域研究組織の再編がある。第二に，GIGAに集った研究者が持ち寄った地域研究に対する再評価の流れがある。

GIGAの前身は，アフリカや中東など専門領域を持つ独立性の高い5つの団体の集合体として1964年に発足したドイツ海外研究所（Deutsches Übersee-Institut：DÜI）である。冷戦期西ドイツの地域研究は，その扱う地域によって特徴に差はあるものの，総じて史料の読解から地域の理解を試みる文献学的アプローチが主流であった。また，第二次世界大戦前の地域研究がドイツの植民地主義につながったことや，大戦後に影響力を持った米国地域研究が冷戦の政治戦略と密接に関連していたことを受け，地域研究は政策とは距離を置くものという認識が支配的であった。1980年代より実証志向の社会科学者がより積極的に地域研究に関わるようになったものの，普遍的な社会課題や，分析対象とする地域の外側に向けた関心はDÜIを含め乏しかった（Basedau and Köllner 2006：17；Mielke and Hornidge 2017：9-13）。

2004年，学術評価機関であるライプニッツ協会（Leibniz Gemeinshaft）は，DÜIが人的資源を統合的に運用していない上に，貧困など現代的な課題に向けた実践的な姿勢を欠くという否定的評価を発表した（Leibniz Gemeinshaft 2004；2008）。DÜIはドイツ連邦政府とハンブルグ州から支援を受けてきたが，支援は協会の評価に影響されることから，DÜIは組織改編に着手し，これによってGIGAが発足した。その際，所属の研究員から多様な関心を持つ研究者の連携を示す概念として比較地域研究が提唱された（Basedau and Köllner 2006）。

このように，AKSはドイツの地域研究の組織的事情の産物である。しかし，その内容は，ドイツと米国を中心に生じた地域研究を再評価する議論

を反映していることは見逃せない。第一に，冷戦が終わりを迎え，グローバル化の加速により資本主義と民主制を基本とする秩序が広まることで，世界は平準化されるという見通しに対する懐疑がある。世界各地では紛争や貧困は絶えず，このことは各地の文脈で社会的課題を理解する地域研究の必要性を裏付けるものとされた（Mirsepassi and Weaver 2003；Szanton 2004）。

　第二に，社会科学においてフォーマル理論を用いた一般化志向の強い研究が影響力を持ち始めたことに対する懐疑がある。現地語を用いたフィールド調査に基づく成果を発表してきた地域研究からすれば，数量化が困難な実態や各事例が持つローカルなコンテクストは無視できない（Mirsepassi and Weaver 2003）。これは，過程追跡や質的比較分析（qualitative comparative analysis）など，単一ないし少数の事例で確かな因果的推論を行う手法への関心が高まった比較政治学の研究動向とも符合する。

　第三に，地域研究の分析上の立ち位置に関する自省がある。冷戦期の地域研究に対しては，欧米研究者が非欧米地域を眺める視点に無反省であり，偏った地域イメージを創出しているという批判が出された。中東や東南アジアなど一般に用いられる地域区分もまた，20世紀前半までの植民地主義，あるいは冷戦の文脈で強国によって指定されたものとして問題視されるとともに，グローバル化が進む現在にあっては，地域を固定した単位として理解することにも限界があるとされた。さらには，社会科学の一般化志向もまた，主に米国の学界で発展した「北」の方法論として懐疑の対象となった。そして，普遍性や客観性を装い，地域を記述する視点の政治性を隠蔽するのではなく，研究対象を多声的（polyphonic）に記述するポストモダンな姿勢を地域研究に求める議論も現れた（Mirsepassi and Weaver 2003；Szanton 2004；Mielke and Hornidge 2017）。

　AKSやそれに先立つ編者の著作もまた，地域研究の新たな可能性を再評価するこうした論点を基本的には肯定している（Basedau and Köllner 2006；Ahram 2010；Sil 2010；Ahram, Köllner and Sil 2018b）。とりわけ，

第1部　地域研究と比較政治学の方法

スコチポル（Theda Skocpol）やムーア（Barington Moore, Jr.）など，比較政治学の古典を著してきた研究者が地域横断比較を行ってきたことが指摘されたことを受け（Huber 2003），それを AKS の編者が今後の地域研究の発展可能性に結び付けたことが（Sil 2010），3 つの地域比較の中で地域横断を強調することにつながった。

　ただし，因果推論を追究することには若干の留保がある。近年の計量社会科学でスタンダードになりつつある実験デザインに基づく因果推論に比べると，質的研究に基づく決定論的な因果推論はその確からしさを裏付ける理論的基盤，すなわち内的妥当性の基準が不明確である。実際，AKS は因果的なつながりを「浮かび上がらせる」という言い方をすることで，因果関係の厳密な特定よりも，未知の関係に光を当てることを重視している。AKS に対する評論にもその姿勢を妥当なものとして肯定的に受け止めるものがある（Fisher-Onar 2020；Saylor 2020）。

　さらに，AKS の後に登場した論考の中には，先述の第三の懐疑すなわち分析の前提を厳しく問うものが複数ある。AKS が分析単位として既存の国や地域を想定していることや（Pepinsky 2020），分析者の中立性を疑わないことを批判する議論はその典型であるが（Hsueh 2020；Kiran 2022），こうした姿勢を先鋭化させ，比較の理論的前提である分析単位を揃えること（国どうしを比較するなど）をも相対化する比較地域研究論も登場している。比較文学者である Milutinovic（2020）は，文学作品の分析においては，作品の記述内容と作品に関わる数々の状況や言説のネットワークの間に類似点を見出そうとすると述べる。現実の社会に見られる植民地主義的な人間関係を作品中の登場人物の関係に見出すことがその例である。こうした発想は常に比喩的（metaphorical）であり，厳密に分析単位が同じであることを問わないため，比較地域研究者もまた地域を読み解く手がかりを，既存の分析単位に拘泥することなく，自由に地域の内外に求めてよいと結論する。ここに至って，比較する（compare juxtapositionally）ことはなぞらえる／喩える（compare perspectivally）ことへと意味が転化していると言

える（Schaffer 2021）。

（3） 日本の比較地域研究

　AKSは欧米の地域研究論の中に位置づけられるが，これとは距離を置いた形で比較地域研究にカテゴライズしうる議論が展開された場として日本がある。その中心にあるのが地域研究の代表的研究機関である京都大学に属し，1990年代に地域研究方法論を多数発表した高谷好一と立本成文である。両者の議論において比較は重要なテーマである。

　高谷と立本の地域研究論では3つの強い理論的前提が置かれる。第一に，地域研究は対象となる地域の総合的理解を追求するものであり，現実を断片的にしか分析できないディシプリンに基づく研究はその目的を果たせない。第二に，地域の単位は列強の政治の産物である既存の国境線や地域区分であってはならない。人々の暮らしはそこからはみ出す形で，地形や植生など何らかの生活環境（生態）を基盤に，政治や経済にまつわる集合的な特徴（社会）と言語などの習慣に関わる特徴（文化）を持つ。第三に，既存のディシプリンと地域の枠を超えるには，現地の事情に自らを深く浸し，時に異なる場所に身を置くことで自らの理解を相対化しつつ，さらには異なる事例を広く俯瞰することで，地域の特徴を総合的に捉え，その境界を見出さねばならない。そこに定型的な研究手法はなく，長年の現地経験によって磨かれた感覚こそが必要である（高谷1996；高谷編1999；立本1999）。

　高谷と立本は比較地域研究という用語を使わない。しかし，研究者が深く調査できる地点は数に限りがあることを考えれば，少ない事例を集めて地域の特徴や多様性を見出そうとしている意味で，その作業はAKSの地域横断的比較そのものである。ただし，既存の地域枠組みを否定する一方で，地域を知り尽くした者のみが到達しうる至高の総合的理解を提示する点で，多声的な記述を認めない点は特異である。

　こうした強い前提を緩和し，実証的な社会科学にひきつけた比較地域研究を提唱するのが重冨真一である。重冨は，京都大学や自身が当時属した

第1部　地域研究と比較政治学の方法

アジア経済研究所を中心に根強く追求された総合的理解とは結局，地域に
まつわる事柄全てを固有だと称する結果に終わると批判する。そして，地
域理解を更新することが有意義な地域研究であるとした上で，その方法と
して，同じ目的を持った行為や同じ衝撃によって生じた現象が，国や地域
で異なる現れ方をした時，差を生み出した原因を地域の文脈に求めるとい
う，比較地域研究の手法を提唱する。研究例としては農村部小規模金融機
関の成立やコメの国際価格の急騰に伴うアジア諸国の対応がある。その際，
注目する現象が異なる地域に見られるなら，それもまた研究対象になりう
るとし，地域内比較と地域横断比較の双方に同様の重要性を与えている。

　最近の議論では，児玉谷・森口（2021a；2021b）が地域研究論において
比較地域研究の可能性を指摘している。「南」の視点の重要性や，一国研究
が持つ知見の限定性を指摘するAKSらの問題意識に同意しつつ，いわゆる
非欧米先進国を意味する「グローバル・サウス」発の理論構築こそ，これ
からの地域研究の使命であるとする。その具体的な方法としては，類似し
た事例を比較することで，差異が生じた理由を明確に把握できるという差
異法の発想に基づき，地域内比較を推奨する。また，AKSに触発された舛
方（2022）は，既存の地域研究が特定の地域に閉じた性格を持つという認
識に立ち，環境政策が地域を超えたネットワークの中で形成されることを
事例に，地域の現象をその外側に広がりを持つものとして捉えるのが比較
地域研究であると唱える。これは比較という側面を後退させ，国や地域の
境界性を問うことを優先した主張である。

（4）　本稿が対象とする比較地域研究

　このように，比較地域研究の内実は多様である。とりわけ，実証に対す
る姿勢や分析単位の設定の仕方には論者の間で大きな差があり，本稿が批
判的に検討する比較地域研究もまた，その多様な姿の一部とならざるを得
ない。本稿は比較地域研究を，「複数の事例の比較，とりわけ異なる地域に
属する事例の比較を通じて，全ての事例のコンテクストを踏まえた上で，そ

の共通性や差異を説明する新しい因果関係を明らかにする研究」と定義する。

　本稿冒頭にある通り，比較地域研究は地域研究に比較を冠していることを特徴としている。そして，これまで見てきたように，分析の単位を定め，普遍性のある因果関係の追求に主たる関心を置きつつ，異なる地域にある複数の事例を選択することが比較に対する基本的な理解となっている。普遍の追求を懐疑する，分析単位を否定する，あるいは分析単位をあいまいにするようなネットワークを重視することは，こうした理解に整合しないものと考えられるため，本稿の定義からは外す。本稿の比較地域研究は実証的なものであり，ポストモダニズムを含まない。

3　地域研究から見た問題点

　前節で定義した比較地域研究は地域の理解を深めるという地域研究の目的に資するか。この節では，冒頭に示した地域研究の定義に照らして，その問題点を指摘する。

（1）　地域研究方法論の困難

　前節で述べた通り，比較地域研究は地域研究を再評価する議論の延長線上にある。そして，その具体的な手段として比較，とりわけ地域横断比較という特定のアプローチを取ることを提案している。つまり，比較地域研究は地域研究の方法を論じている。

　一般に，地域研究と方法論は相性が悪い。地域に関する理解の更新を図ることが地域研究の目的であるなら，方法は限りなく多様であるべきで，研究結果が出る前に方法を限定する理由は存在しないからである（宮地 2012）。実際，米国地域研究の開祖として頻繁に引用されてきたHall（1947）は，地域に関する知識がディシプリンによって細分化され，それらを一手に集めて検討できなかったことを問題視し，その解決策として特定の手法を特権

第1部　地域研究と比較政治学の方法

化しない，学際的アプローチを提唱した。

　地域研究はその後，皮肉なことにHall（1947）も含め，現地語の習得や
フィールドワークなどいわゆるローカルな体験を重視する方法論的限定を
課してきた。地域研究論において当然とされるこの限定すら，正当化は容
易ではない。第一に，体験それ自体は地域のより良い理解を何ら保証しな
い。文化人類学で指摘される通り，フィールドワークとは経験的であると
同時に思想的であり，自らの認識の限界を意識し，見えないことや分から
ないことと格闘してこそ新しい理解が開ける[1]（前川 2018：15-29）。自らの
理解にある前提を現実と突き合わせ，そのずれを意識し，前提を打破する
思考を発展させるという遡及的（abductive）な思索がない限り，すでにあ
る理解を正当化するだけの平板な観察と記述が生産されるだけになる。第
二に，今日の研究環境を鑑みれば，SNS上の言説を読み解く，あるいはそ
の大規模なデータを分析することで，その地域の人々の認識や理解を探る
など，調査者の体験に依拠しない情報源も存在する。

　このように，地域研究において特定の方法の優位を掲げることが難しい
ことを踏まえれば，比較とりわけ地域横断比較の優位を唱える比較地域研
究は挑戦的な試みと言える。そして，その試みは以下に述べる通り，成功
しているとは言えない。

（2）　単一事例・地域内研究に対する誤解

　比較地域研究が自らを正当化する根拠として，単一事例研究や地域内比
較がもたらす知見の狭隘さがある。しかし，これが誤りであることは，最
も狭隘な研究である単一事例研究を考えれば明らかである。昨今の比較政
治学では，一国研究の増加が確認されている。ポピュリズムが隆盛したヨ
ーロッパにおいて見られる有権者の態度がラテンアメリカでも確認される
かなど，ある場所で検証された仮説が他の場所でどこまで通用する（travel）
かを問うのがその基本的発想である。これは取りも直さず，世界各地でサ
ーベイに基づく標本の多い（large-N）研究に道が開けたことに起因する

68

（Pepinsky 2019）。つまり，一国研究は，問題意識がその国の属する地域の外側にあれば，地域横断的な性格を持ちうる。

　そして，単一事例の質的研究であっても，同様の理由で地域横断比較をすることは可能である。比較政治学とともに地域研究と関わりの深い学問分野である文化人類学では先述の通り，特定の場を徹底的に観察することを基本的な方法としている。比較地域研究の理解に従えば，文化人類学はたこつぼ的な知識を量産していることになるが，実際はそうではない。その例として，分割不可能な個人（individual）に代わる概念として唱えられた分人（dividual）の概念形成がある。

　人類学では1970年代に米国での研究を踏まえ，人のつながりをサブスタンス（substance）とコード（code）に分ける理解が登場した。前者は血縁関係に代表される生物的なもの，後者は婚姻関係に代表される社会的なものであり，離婚により親権を失っても血のつながった親子関係は変わらないように，両者は互いに独立であるとされた。ところが，この二元論が同じ年代にインドのベンガル地方の研究に持ち込まれると，そこでは両者が一体的に語られている上に，血液から会話内容まであらゆる形態を取りながら，個人が自らの一部を相手と交換していると考えられていることが確認された。つまり，人間とは独立した個ではなく，他者とやり取りされる要素を自らの内部に混ぜ合わせている分割された存在，すなわち分人であるという発想がここに登場した。分人概念の検討は後に応用の対象を広げ，地域や時代によって人間に対する認識がいかに異なるかを論じる参照点となった（中空・田口 2016）。以上の過程はまさに，ある地域で生み出された概念が他の地域に渡ることで，新しい概念が生成され，各地域における人間に対する認識にまつわる理解が進んだ，まさに地域横断比較と言える。[2]

　さらには，比較地域研究を実践したとされる研究においても，単一事例研究が存在する。AKSに所収されているAhmed（2018）は19世紀の欧州諸国と米国における選挙制度導入を論じており，一見するとそのアプローチは地域横断比較である。しかし，論考の主眼は米国での小選挙区制の成

第1部　地域研究と比較政治学の方法

立にあり，欧州諸国は分析対象ではない。その結論は，労働者層の成長を前に比例代表制を導入した欧州の経験を踏まえ，当時の米国政治を支配するエリート層が労働者を基盤とする新党の参入を阻むべく，小選挙区制を導入したというものである。これもまた，単一事例研究が他地域との比較をもとに実施可能であることを示している。

（3）　反射的知見

　このように，単一事例研究や地域内比較に対するたこつぼ化の懸念は的を射ていない。比較地域研究は，地域を超えて通用する因果関係を追求すること，すなわち外的妥当性を求めて，研究者に対して主たる関心ではない地域に踏み込むことを求めるが[3]，地域横断比較を意識して一つの地域の事例研究を行うことは可能である。さらに言えば，日本史研究者に対して，日本以外の事例に妥当するかを検証していないと批判を浴びせることが理不尽であるように，特定の地域の理解の更新を図る地域研究が外的妥当性を追求する積極的な理由もない。

　ただ，以上のことを理由に，比較地域研究が全く無意味だとすることは早計である。比較地域研究が優位な方法を提示できないにしても，研究者が関心を寄せる地域の事例の特徴を，関心を寄せない地域との対比を通じて明らかにするという狙いそれ自体には，新しい知見を生む可能性があるかもしれない。米国での人間理解に関する二元論がベンガル地方の分人論を触発したように，ある地域での知見が増えることで，別の地域を直接研究することなく，その地域の特徴や調べるべき事柄が明らかになることを，以下では反射的知見が増えると呼ぶこととする。

　それでは，比較地域研究は有意義な反射的知見をもたらすであろうか。結論を述べれば，次節で論じる通り，その見通しは楽観的なものとは言えず，場合によってはむしろ誤った知見をもたらす恐れすらある。そして，このことは比較政治学で蓄積されてきた方法論の研究に依拠することで明らかにできる。

4 比較政治学から見た問題点

　先述の通り，比較地域研究の論考は比較政治学に関心を向けてきた。これを踏まえれば，比較地域研究は比較政治学の方法論に沿った，あるいはそれを改善するようなアプローチを有していることが期待される。しかし，比較地域研究はその期待に応えられていない。

（1）　一致法の持つ危険性

　比較地域研究の具体例としてAKSが所収する複数事例の分析例を見ると，差異法（中国とロシアの反汚職キャンペーンの差異とその原因を扱う第8章など），一致法（ポスト冷戦期の民主制定着の条件を地域横断比較で解明する第2章など），あるいは両者を組み合わせたものが存在する。ここで注目したいのは一致法を用いたChen（2018）である。この研究は，中国・温州出身者が世界各地でビジネスに成功する理由を探るべく，中国・温州とイタリア・ミラノの温州人コミュニティを比べ，家族的紐帯の強さとリスク許容的な態度が共通していると結論する。著者は実際にビジネスを立ち上げる過程を一次資料と参与観察で裏付ける過程追跡を行っており，これはコンテクスト重視の比較地域研究に相応しいように見える。しかし，そこには2つの瑕疵がある。

　第一に，一致法では因果的推論における必要条件である説明変数と被説明変数の共変性が確認できないため，説明変数の値が被説明変数の値を決めていることを過程追跡で明らかにする必要がある。しかし，Chen（2018）の過程追跡は，温州での観察をもとに原因を特定した上で，ミラノの温州出身者コミュニティにもその要因があることを確認することで，自説を補強する。言い換えれば，ミラノの分析は温州の分析の安易な反復であり，ミラノ固有のビジネス成功の背景を検討する作業が省かれている。

　さらに，強い家族的紐帯やリスク許容的な態度は文化主義的（culturalis-

第1部　地域研究と比較政治学の方法

tic）な要因，すなわち特定の行動を適当とする行為主体の認識に関する要因である。これが成功の要因なら，温州出身者は場所を問わずビジネスを成功できるが，これを裏付けるには，現在コミュニティを立ち上げつつある事例を観察して，失敗がないことを示す，あるいは温州出身者がビジネスを立ち上げる難しさを考慮せずに移民先を選んでいることを確認せねばならない。しかし，Chen（2018）はこうした問題点に言及しない。

　このように，一致法は過程追跡において論点先取を起こしやすく，しかもそれが文化主義的な仮説と組み合わせられると，コンテクストを重視するどころか，非現実的で単純化された知見を生み出す恐れがある。関心のある地域で見られた現象を無批判に他の地域に見出すだけでは，有意義な反射的知見は得られない。AKSはChen（2018）を比較地域研究の一例として肯定的に評価しているが，これはむしろ批判されるべき研究である。

（2）　差異法の優位と限界

　それでは，一致法よりも差異法の方が有意義な反射的知見を得られると言えるだろうか。AKSには，19世紀後半以後に分離独立を志向する民族運動が発生する条件を論じたSmith（2018）が収められている。そこでは，差異法に基づく地域内比較の後で，その知見を地域外の事例に応用するという手順が取られる。

　Smith（2018）の研究対象は，中東の複数の国家にまたがって在住するクルドである。その運動が発達した国であるイラクとトルコ，そして弱体化した国であるイランとシリアを比較し，農村部にクルド集団の伝統的ヒエラルキーが残存していること，そして都市部のクルド人口が十分大きいことの2つが運動発達の条件であるという結論を導き出す。その後，この知見は中東以外の地域で運動が存在する場合と，存在しない場合に応用される。前者の例は東南アジアのアチェ，後者の例はラテンアメリカである。前者については，現地調査の結果，クルドと同様のロジックがアチェにも見られることを確認する。後者については，ラテンアメリカに分離独立を

志向する民族運動が存在しないのは，ヨーロッパ諸国からの入植者が伝統的ヒエラルキーを破壊し，農村社会に植民者を頂点とする新しいヒエラルキーを確立したからだと推論する。

差異法を取るSmith（2018）は，一致法が行いがちな安易な因果推論には陥っていない。しかし，現在の比較政治学では，一致法と差異法はともに質的研究の因果的推論の方法として十分ではないとする評価が一般的である。変数間の対応関係が分かっても，その変数間のつながりは解明できない上に，異なる要因あるいはその組合せが同一の結果をもたらすこと（等結果性（equifinality））を捕捉できないからである。比較地域研究論者においてこの点を自覚しているのはAKSのみであるが，その内容は，地域研究者が持つコンテクストに関する詳細な知識の活用を期待するとだけ述べるにとどまり（Ahram, Köllner and Sil 2018b：11-12），具体的な対策を提示していない。

（3）　慎重な過程追跡のための方策

比較地域研究が安易な過程追跡を行わない対策としては2つのことが考えられる。第一に，AKSを批判したBrookes（2020）が唱える，原因の分類に意識を向けることがある。先に示したSmith（2018）に即して説明すれば，次のようになる。

Smith（2018）の結論を改めて記せば，農村部における民族の伝統的ヒエラルキーの存在と，都市部における分厚い民族コミュニティの存在が分離独立運動を発生させる。このうち，農村部ヒエラルキーが持続する理由として，アチェの間では農村が経済的に安定している認識が広がっていることが指摘されている（Smith 2018：181）。この要因はSUIN条件の可能性があり，[4]運動発生の必要条件である農村ヒエラルキーの存在がこうした経済的な要因に支えられているのか，そうではない別の動機（例えば，隣接する他の民族集団と土地を争ってきた結果，コミュニティが結束しているなど）が存在するのかを，中東諸国をはじめとする他の事例とも対比し

第 1 部　地域研究と比較政治学の方法

つつ確認する必要性が生じることになる。

　第二の方法は過程を構成する各段階における根拠を評価することである。Beach and Pedersen（2016）はその代表的な研究であり，根拠の確からしさを吟味する必要性を指摘している。例えば，XがYを殺したという殺人事件の仮説について，XとYの人間関係が悪かったことは状況証拠（straw-in-the-wind）に過ぎないが，防犯カメラによる殺害の様子の記録は必要かつ十分な（doubly decisive）証拠である。再びSmith（2018）を例に挙げれば，アチェ農村部の経済的安定を裏付ける証拠はアチェの人々に対するインタビューである（Smith 2018：181）。これに対しては，当時の経済状況に関する計量的な研究など他の証拠を探索することで，証拠の質を高める余地がある。

5　比較地域研究の可能性

　比較地域研究は地域研究の復興を約束するアプローチではない。単一事例研究を含む同一地域内の研究でも地域横断比較は可能であり，特定の地域に関心を持つ研究者に向かって，他地域の研究を行う必要性を唱えることに説得力はない。また，比較を行う際には，ある地域のコンテクストになぞらえて，別の地域のコンテクストを理解してしまう恐れが高い。こうした安易な投影では，有意義な反射的知見は得られない。

　比較地域研究の利点を強いて挙げるとするなら，それは事例選択における意外性にあるだろう。確かな因果的推論を目指すべく，説明変数の厳密なコントロールを優先して，比較の対象をいたずらに狭めるのではなく，比較の可能性を広く開いておくことで思わぬ知見を得られる可能性がある。中東諸国から研究を始めたSmith（2018）がアチェやラテンアメリカの民族運動に反射的知見を提供したことはその例である。

　そして，比較地域研究が事例のコンテクストへの配慮を重視するなら，原因の位置づけと過程追跡の根拠を評価することが必要である。こうした意

識を持つことは，同じ過程をたどっているように見える複数の事例も，子細に検討すれば違うかもしれないという慎重な研究姿勢につながる。有意義な比較地域研究を目指すなら，たとえ結果的に差異を見出すことができなかったとしても，過程の差異を徹底的に追求する姿勢が求められる。

謝辞：本稿は日本比較政治学会第26回大会分科会E「比較地域研究（Comparative Area Studies）の手法と実践」で口頭発表されたペーパーを改稿したものである。改稿にあたっては，分科会の討論者である粕谷祐子会員と仙石学会員，そして2名の査読者より大変有益なコメントを頂いた。この場を借りて，御礼を申し上げる。

注

1）　地域研究論では立本（1999：74-92）も同様の指摘をしている。なお，このことはディシプリンに依拠しない地域研究者の欠点を示唆している。政治学や人類学など，概念の操作性や立場性が常に問われるディシプリンに依拠した分析では，自身の記述の背景にある理論的前提が意識的に見直される。ディシプリンを否定すると，こうした機会が失われ，現地の情報を自分の理解に沿って切り取り続けてしまう恐れがある。

2）　比較政治学で同様の指摘を行ったものとしてFlyvberg（2006）。なお，AKSの編者もまた同様の指摘を示唆する矛盾した記述を残している（Sil 2010：6；Ahram, Köllner and Sil 2018b：9）。

3）　これは，普遍的知見が局所的知見より優位であることを前提にした無用な劣等感の反映とも言える。

4）　SUINは「十分ではないが必要な条件の部分を構成する，十分だが必要ではない（sufficient but unnecessary part of insufficient but necessary set of conditions）」ことを意味する。SUINを含む原因の分類についてMahoney, Kimball and Koivu（2009）。

引用・参考文献

久保慶一・末近浩太・高橋百合子（2016）『比較政治学の考え方』有斐閣。

児玉谷史朗・森口岳（2021a）「地域研究とグローバル・サウス——理論とそのアプローチ」児玉谷史朗・佐藤章・嶋田晴行編著『地域研究へのアプローチ——グローバル・サウスから読み解く世界情勢』ミネルヴァ書房，3-17頁。

————（2021b）「グローバリゼーション時代の地域研究——アフリカ二国比較地域研

究序説」児玉谷史朗・佐藤章・嶋田晴行編著『地域研究へのアプローチ——グローバル・サウスから読み解く世界情勢』ミネルヴァ書房，239-261頁。

高谷好一（1996）『「世界単位」から世界を見る——地域研究の視座』京都大学学術出版会。

高谷好一編（1999）『〈地域間研究〉の試み』上下巻，京都大学学術出版会。

立本成文（1999）『地域研究の問題と方法』増補改訂，京都大学学術出版会。

中空萌・田口陽子（2016）「人類学における「分人」概念の展開——比較の様式と概念生成の過程をめぐって」『文化人類学』81(1)，80-92頁。

前川啓治（2018）「「人類学的」とはどういうことか」前川啓治ほか『21世紀の文化人類学——世界の新しい捉え方』新曜社，13-49頁。

舛方周一郎（2022）「比較地域研究の手法と実践——「グローバル関係学」への評価・接点・課題」グローバル関係学最終報告会，2月21日。

宮地隆廣（2012）「地域研究の対象とアプローチ再考」『言語文化』14(4)，377-400頁。

Ahmed, Ali（2018）"American Political Development in the Mirror of Europe : Democracy Expansion and the Evolution of Electoral Systems in the 19th Century," in A. Ahram, P. Köllner, and R. Sil eds. *Comparative Area Studies : Methodological Rationales and Cross-Regional Applications* : 103-118. Oxford : Oxford University Press.

Ahram, Ariel（2011）"The Theory and Method of Comparative Area Studies," *Qualitative Research* 11(1), 69-90.

Ahram, A., P. Köllner and R. Sil eds.（2018a）*Comparative Area Studies : Methodological Rationales and Cross-Regional Applications*. Oxford : Oxford University Press.

Ahram, A., P. Köllner and R. Sil（2018b）"Comparative Area Studies : What It Is, What It Can Do," in Ahram, Köllner and Sil eds. *Comparative Area Studies* : 3-26.

Basedau, Matthias and Patrick Köllner（2006）"Area Studies and Comparative Area Studies : Opportunities and Challenges for the GIGA German Institute of Global and Area Studies," Discussion paper for GIGA, October.

Beach, Derek and Rasmus Brun Pedersen（2016）*Causal Case Study Methods : Foundations and Guidelines for Comparing, Matching, and Tracing*. Ann Arbor : University of Michigan Press.

Brookes, Marissa（2020）"The Sweet Spot in Comparative Area Studies : Embracing Causal Complexity through the Identification of Both Systematic and Unsystem-

atic Variables and Mechanisms," *Qualitative and Multi-Method Research* 17-18
(1): 20-22.

Chen, Calvin (2018) "Organizing Production across Regions : The Wenzhou Model in
China and Italy," in Ahram, Köllner and Sil eds. *Comparative Area Studies* : 204-
222.

Duke University (2000) "John Hope Franklin Center for Interdisciplinary & Interna-
tional Studies. Concept paper (preliminary)," https://people.duke.edu/~semina
rs/jhfcenter/concept.html（アクセス2023年11月 4 日）

Fisher-Onar, Nora (2020) "Making Sense of Multipolarity : Eurasia's Former Em-
pires, Family Resemblances, and Comparative Area Studies," *Qualitative and
Multi-Method Research* 17-18(1): 15-19.

Flyvberg, Bent (2006) "Five Misunderstandings about Case-Study Research," *Quali-
tative Inquire* 12(2), 117-142.

Hall, Robert (1947) *Area Studies : With Special Reference to Their Implications for
Research in the Social Sciences*. New York : Social Science Research Council.

Hsueh, Roselyn (2020) "Synergies of CAS : New Inquires, Theory Development, and
Community," *Qualitative and Multi-Method Research* 17-18(1): 10-14.

Huber, Evelyne (2003) "The Role of Cross-Regional Comparison," APSA Newsletter,
Summer.

Leibniz Gemeinschaft (2004) "Fit für den internationalen Wettbewerb. Leibniz-Senat
verabschiedet Förderempfehlungen zu sechs Leibniz-Instituten," November 29.

——— (2008) "Stellungnahme zum GIGA German Institute of Global and Area
Studies / Leibniz-Institut für Globale und Regionale Studien (GIGA) Hamburg,"
July 7.

Kiran, Sobia (2022) "The Scope of Area Studies in the Era of Globalization," *Journal
of Humanities and Education Development* 4(2): 76-80.

Mahoney, J., Kimball, E. and Koivu, K. L. (2009) "The Logic of Historical Explana-
tion in the Social Sciences," *Comparative Political Studies* 42(1): 114-146.

Mielke, Katja and Anna-Katharina Hornidge (2017) "Introduction : Knowledge, Area
Studies, and the Mobility Turn," in K. Mielke and A. K. Hornidge eds. *Area
Studies at the Crossroads : Knowledge Production after the Mobility Turn* : 3-26.
New York : Palgrave.

Milutinovic, Zoran (2020) "Comparative Area Studies without Comparisons : What
Can Area Studies Learn from Comparative Literature ?" in Z. Milutinovic ed.

第 1 部　地域研究と比較政治学の方法

> *The Rebirth of Area Studies : Challenges for History, Politics, and International Relations in the 21st Century* : 151-176. London : I.B.Taurus.

Mirsepassi, Ali and Frederick Weaver（2003）"Intrduction : Knowledge, Power, and Culture," in A. Mirsepassi, A. Basu and F. Weaver eds., *Localizing Knowledge in a Globalizing World : Recasting the Area Studies Debate* : 1-21. New York : Syracuse University Press.

Pepinsky, Thomas（2019）"The Return of the Single-Country Study," *Annual Review of Political Science* 22 : 187-203.

────（2020）"What's the "Area" in Comparative Area Studies ? " *Qualitative and Multi-Method Research* 17-18(1) : 22-26.

Saylor, Ryan（2000）"Comparative Area Studies : A Route to New Insights," *Qualitative and Multi-Method Research* 17-18(1) : 1-6.

Schaffer, Frederic Charles（2021）"Two Ways to Compare," in E. Simmons and N. R. Smith eds. *Rethinking Comparison : Innovative Methods for Qualitative Political Inquiry* : 47-63. Cambridge : Cambridge University Press.

Sil, Rudra（2010）"The Status of Area Studies and the Logic of the Comparative Method : The Distinctive Role of Cross-Regional Contextualized Comparison," paper presented at the Annual Meeting of the American Political Science Association.

────（2018）"Triangulating Area Studies, Not Just Methods : How Cross-Regional Comparison Aids Qualitative and Mixed-Method Research," in Ahram, Köllner and Sil eds. *Comparative Area Studies* : 225-246.

Smith, Benjamin（2018）"Comparing Separatism across Regions : Rebellious Legacies in Africa, Asia, and the Middle East," in Ahram, Köllner and Sil eds. *Comparative Area Studies* : 168-184.

Szanton, David（2004）"Introduction : The Origin, Nature, and Challenges of Area Studies in the United States," in D. Szanton ed. *The Politics of Knowledge : Area Studies and the Disciplines* : 1-33. Berkeley : University of California Press.

Whitehead, Lawrence（2018）"Depth Perception : Improving Analytic Focus through Cross-and Interregional Comparisons," in Ahram, Köllner and Sil eds. *Comparative Area Studies* : 45-65.

（みやち・たかひろ：東京大学）

CHAPTER
4

レンティア国家論・石油の呪いから移民エスノクラシー論へ
――地域の固有性を時系列クロスセクション分析に組み込む――

松尾昌樹［宇都宮大学］

1　本稿の目的
――地域研究と時系列クロスセクション分析の果実を得る――

（1）　時系列クロスセクション分析と地域研究

　時系列クロスセクション分析（Time Series Cross Section分析，以下TSCS分析）と地域研究の溝は深い。複数時点の複数国を観察単位とするTSCS分析の多くは，国や地域の特徴を取り去ることで普遍的な法則（分析対象となる現象の世界的な平均的効果）の発見に努める傾向がある。観察対象地域の固有性に基づいて分析する地域研究が，それを捨象しているTSCS分析の手法を受け入れるのは難しい。しかし，TSCS分析に地域の特性を組み込む手法を採用すれば，この溝を埋めることが期待される。

　これまで，定量的研究に対する定性的地域研究の貢献は，当該地域で確認される具体事例の提供にあった。これに対して，本稿で提案するのは地域研究にTSCS分析を導入して地域の特性を分析する手法である。地域研究でよくみられる一国研究では，定量的分析が増えている（Pepinsky 2019）[1]。また近年の因果推論革命や実験手法はエスニック・アイデンティティと投票行動の関係や，COVID-19のような突発的な事象が政権支持態度に与える影響など，局所的な事例を扱うことが多く，一国研究や特定の事例を研究対象とすることが多い地域研究とよく馴染む。地域研究は定性的分析手法の蓄積を活用しながらも，定量的な分析手法を駆使することで新しい研

第1部　地域研究と比較政治学の方法

究領域を開拓する段階に来ている。

　本稿では「レンティア国家論（Rentier State Theory）」と「石油の呪い（Oil Curse）」をとりあげる。この二つの理論は具体的な観察事象や説明枠組みに共通点があるが，前者は定性的分析を用いた地域研究で使用されることが多く，後者はTSCS分析を採用した比較政治学で用いられることが多い。このため，レンティア国家論と石油の呪いは，定量的なTSCS分析を地域研究に組み込む方法を検討するのに適している。なお，レンティア国家論と石油の呪いは，経済成長やジェンダー格差，汚職など多様な現象を取り扱うが，本稿では民主主義の水準に対する負の効果に限定する。[2]

　本稿の構成は以下のとおりである。続く部分ではレンティア国家論と石油の呪いの議論を概観し，両者の間の乖離とその解消方法を確認する。第2節では中東地域でレンティア効果が期限切れになっている可能性を指摘し，あらたな分析枠組みとして民主主義の水準に対する移民の負の効果を生み出す移民エスノクラシーを提示する。第3節では石油の呪い研究で確認されたレンティア効果の一つである支出効果を基本にしながら，移民エスノクラシーの効果をTSCS分析を用いて確認する。第4節では分析結果を現実に適用した解釈を試みる。第5節は結論である。

（2）　レンティア国家論と石油の呪い

　レンティア国家論は中東地域の政治経済現象を説明する代表的な理論の一つである。レンティア国家とは主に天然資源や外国からの財政援助等のレントに依存する国家を指す。税収以外にレントという特殊な財源を得た権威主義的な政府は，減税と支出拡大を通じて民衆の支持を獲得し，権威主義的な統治を継続させる（Beblawi 1987；Luciani 1987；Elbadawi 2016；松尾 2009）。大規模産油国が多い中東では，レント収入は一般に石油・天然ガス収入を指す。中東の産油国は周辺諸国に財政支援を行うことが多く（松尾 2016），財政支援というレントを得た周辺諸国はレンティア国家的特徴を持つ「半レンティア国家（quasi rentier state）」となり，産油国とそ

の周辺一体を含んだ中東地域全体が権威主義的特徴を継続する。近年では
レンティア国家の典型である中東の湾岸アラブ諸国（サウジアラビア，ク
ウェート，カタル，アラブ首長国連邦（以下UAE），バハレーン，オマー
ン）が2011年の「アラブ騒乱」でもその体制を存続させ，レンティア国家
への注目を集めている。

　これに対して，石油の呪いは主に比較政治学で研究されていた「資源の
呪い」（Auty 1990）の一種として発展した。石油の呪いをレンティア国家
論と最初に結び付けたのはマイケル・ロスであった（Ross 2001）。彼は
TSCS分析を用いて石油の富が民主主義の水準に負の効果を持つことを確
認した上で，この効果を発生させる仕組みとして当時想定されていた3つ
の効果である軍事的抑圧効果，近代化抑制効果，そしてレンティア国家論
に由来するレンティア効果（Rentier Effect）を検証し，レンティア効果の
みに有効性を確認した。これにより，レンティア国家論は中東に限定され
ない普遍性を有することが確認された

（3）　石油の呪い研究に対する中東地域研究の反応

　レンティア国家論は，その普遍性が確認されたことでより堅固な基盤を
得るかと思われた。しかし，石油の呪いとレンティア国家論は，唯一石油
のみで中東の権威主義体制の頑健性を説明する単一原因論であり，多様な
地域の現実をスポイルする手法として定性的な中東地域研究から批判され
た（Eibl, Hatab and Hertog 2022）。定性的な一国研究は，中東諸国はレン
ト配分以外にも多様な統治手法を持ち（Herb 1999；2014；Hertog 2011；
Matthiesen 2013），またレント配分が政府批判を生む事例を明らかにした
（Okruhlik 1999；Mitchell and Gengler 2019）。これらの批判は貴重な知見
ではあるが，定量的分析における例外や誤差との区別が困難であり，TSCS
分析に対する有効な批判ではない。単一事例研究ではない比較地域研究ア
プローチもあるが（Ahram, Köllner and Sil 2018），そこでも定性的な手法
が前提とされるため，従来の地域研究の限界——普遍的理論に対する具体

第1部　地域研究と比較政治学の方法

的事例の提示——は否めない。このような問題を乗り越えるためには，地域研究自体がTSCS研究を取り込む必要がある。

　TSCS分析が示すレンティア効果は世界的に平均的な効果であり，具体的な各地域の効果ではないが，これはTSCS分析の限界ではない。例えば，南米地域は民主主義の水準に対する石油の負の効果が発生せず，逆に正の効果が発生することが知られていたが（Dunning 2008)，前述のロスはTSCS分析を用いてこの南米効果を確認した（Ross 2012：98-100＝ロス 2017：123-125)。これは定性的な少数事例で定量的分析を批判する手法とは根本的に異なる。むしろ地域の視点をTSCS分析に組み込むことで，世界中の国を対象とした比較の中で観察対象地域の固有性を抽出・確認する手法である。これを中東地域に対して用いることも当然可能である。

2　中東地域における石油のレンティア効果を検証する

（1）　石油のレンティア効果

　本稿ではロスに倣って中東ダミーとその交差項を投入することで，中東地域におけるレンティア効果の有無を検証する。ロスはレンティア効果を分析した際，徴税効果，支出効果，組織化阻害効果を検証し，その全てに効果を確認した（Ross 2001)。これらの中で中東のレンティア国家論と理論的に結びついているのは徴税効果と支出効果である。徴税効果（taxation effect）は，石油収入という財源を得た政府が減税を実施すると，その政府は国民に対する説明責任を回避し，また国民も納税者としての力を失うので，民主化が抑止されるという想定に基づく。実際に，歳入に占める非税収入割合の増加は民主主義・権威主義を問わず政権維持に効果を持つ（Morrison 2009)。しかし，中東の代表的なレンティア国家であるサウジアラビアやカタルは歳入の内訳を公表していないため[3]，徴税効果から中東地域におけるレンティア効果を推定することは適切ではない。このため，本稿では徴税効果ではなく支出効果を用いてレンティア効果を計測する。

82

支出効果（spending effect）とは，潤沢な石油収入に支えられた産油国政府が支出を拡大させることで国民の支持を調達する効果である。具体的には，公共財の提供や食料・燃料への補助金，公的部門の雇用拡大が該当する。中東では政治エリートが支持者を確保する目的で公的部門の雇用を利用する事例が確認されているが（Blaydes 2011），同時にその効果に限界があることも指摘されている（Springborg 2020；Cammet et al. 2015；Matsuo 2020）。解雇が困難であるために一度採用すると公的部門の雇用は長期的な財政負担となる。また公的部門の雇用の増加が歳入の増加を上回ればその待遇は低下し，支持調達効果が薄れる。中東では人口増加圧力が高く，若者は常に公的部門の職を待ち続けて不満を募らせる（Dhillon 2009）。このような批判はいずれも妥当であるが，もし支出効果が期限切れになっているのだとしたら，なぜ中東で権威主義が維持されているのだろうか。

（2）　移民エスノクラシー

ここで新たに注目されるのが移民の効果である。湾岸アラブ諸国は典型的なレンティア国家であるが，同時に大規模移民受け入れ国家でもある（表1）。外生的な富に依存するレンティア国家では人口の割に経済規模が大きくなるので，労働力需要が高く，非レンティア国家よりも多くの移民をひきつける。移民は受け入れ国の労働市場に影響を与えるので，国民を公的部門で吸収する支出効果との関連においても重要性を持つ。

先行研究では，権威主義体制の持続に対する移民の効果について以下の議論が見られる。ベアースとハトニックは，アセモグルとロビンソンの民主化モデルに依拠しつつ（Acemoglu and Robinson 2000；2001；2006），国民人口が小さい湾岸アラブ諸国では民衆は力を持たないにもかかわらず，支配エリートはなぜ手厚い資源配分を行って民主化を防ごうとするのか，と問うた。その答えは，大量の移民が国民と連帯することで支配エリートの脅威認識に働きかけ，資源配分のインセンティブを高めるという「移民脅威論」である。彼らは国を観察単位とするTSCS分析を行い，移民が民主

第1部　地域研究と比較政治学の方法

表1　人口に占める移民の割合（2020年）

国　　名	移民割合（%）
アラブ首長国連邦	88.1
カタル	77.3
クウェート	72.8
バハレーン	55.0
オマーン	46.5
シンガポール	43.1
サウジアラビア	38.6
ヨルダン	33.9
オーストラリア	30.1
スイス	28.8

出所：United Nations（2020）をもとに，筆者作成。主権国家の海外領土は除外してある。数値には移民と難民が含まれている。移民・難民の定義は典拠資料を参照。

主義の水準に負の効果を持つことを明らかにした（Bearce and Hutnick 2011）。これはアラブ民族主義運動が高まりを見せた1960年代から70年代の湾岸アラブ諸国によく当てはまる。当時の移民労働者の大半はエジプト人で，彼らは革命思想を伝播する役割を担っていた（Alsharekh 2007）。

　これと対照的に，ロングヴァや松尾は移民と国民の間の格差と断絶が権威主義体制の維持に貢献する「移民エスノクラシー」を主張する。エスノクラシー（Ethnocracy）は肌の色や母語，民族的帰属など，後天的に変更不可能な特徴に基づいて支配／非支配の境界が定められる制度である。移民エスノクラシーは国籍に基づくエスノクラシー（Longva 2005）であり，国民と移民の間で支配／被支配の関係が形成される。国籍は帰化によって変更可能であるが，実際には中東ではその条件が厳しく，事実上不可能である。また中東地域では非アラブ系移民の多くは2年程度の就労ビザで短期滞在するので，帰化のインセンティブを持たず，短期滞在に適した生存戦略を選択して同化コストを忌避し，国民との断絶を許容する（細田 2014）。1960〜2010年の湾岸アラブ諸国の労働市場を分析した松尾によれば，おおよそ1970年まで移民は国民と同等あるいはそれ以上の待遇を得ており，両者の格差は小さかった。しかし石油レントの流入によって公的部門を利用した支持調達手法が確立した1980年以降には，公的部門の高賃金職に従事

84

する国民と民間部門の低賃金職に従事する移民の分業体制が完成し，両者の経済的・社会的格差は明白となった（松尾 2013）。支出政策が限界に達し，2000年代以降に公的部門の雇用拡大が困難になっても，移民の賃金を抑えることで民間部門に押し出された国民の賃金を高く維持することが可能となる（Matsuo 2015）。2023年のサウジアラビアにおける国民の平均給与は9922SR（サウジ・リヤル）であり，移民の平均給与はその半分以下の4662SRである（General Authority for Statistics 2023）。中東では，移民を低賃金で雇用することでレント配分政策の限界を乗り越えることが可能となる。

　この議論はメフラムとモエネ，オステンスタドにも共通する。石油収入に依存する権威主義国家では，政治エリートが一部を取得した残りの石油収入が国民に配分されるため，国民は民主化して政治エリートの取り分を分け合うインセンティブを持つ。しかし民主化は国民と移民の平等を促し，両者が等しく石油収入を分け合う社会の到来を意味するので，移民人口規模が一定水準を超えた後に民主化すると，政治エリートの取り分を配分してもなお一人当たりの配分額が減少する。このため，移民人口が一定水準を超えると国民の民主化インセンティブは低下する（Mehlum, Moene and Østenstad 2016）。

　これまでの議論を踏まえると，民主主義の水準に対する移民の効果は逆U字型を描くだろう。移民は革命思想を持ち込み，また国民の貧困層と連携して体制に不満を増大させる。しかし移民人口があまりに増えると「移民エスノクラシー」の利益が生み出され，これが民主主義の水準の上昇を抑えると想定される。

3　分析と結果

（1）　分析方法

前節までの議論から，以下の仮説が提起される。

第1部　地域研究と比較政治学の方法

仮説1　石油のレンティア効果は，中東では他地域よりも強い効果を持つ。

仮説2　移民人口規模は民主主義の水準に逆U字の効果を持つ。

仮説3　移民エスノクラシー効果は，中東では他地域よりも強い効果を持つ。

　仮説検証のために本稿で用いるのは，従属変数を民主主義の水準とし，説明変数を支出効果や移民の規模とする回帰分析である。その理論的背景は，支出効果モデルと移民エスノクラシーに依拠する。民主主義の指標にはPolity2指標（Center for Systemic Peace 2020）を1から10に再指標化したものを使用する。仮説1の検証に利用される説明変数は一人当たりの政府支出額と中東ダミーの交差項である。政府支出額はGDPに占める人口一人当たりの政府支出額とし，その算出にはPenn World Table version 10.0（Feenstra, Inklaar and Timmer 2015）を使用した。中東ダミーに1が記載される国は，アルジェリア，バハレーン，エジプト，イラン，イラク，ヨルダン，クウェート，レバノン，リビア，モロッコ，オマーン，カタル，サウジアラビア，スーダン，南スーダン，シリア，チュニジア，トルコ，UAE，イエメン，北イエメンの21カ国である。仮説2と仮説3は移民エスノクラシーの検証であり，このために仮説1の検証モデルに移民の規模と中東ダミーの交差項を追加投入する。移民の規模は国連人口部門が作成した各国の移民人口を，10万人当たりの人数に換算して使用した（United Nations 2009；2020）。

　本稿ではロスに倣って一人当たりのGDPと石油・天然ガス収入（Ross and Mahdavi 2015）を統制変数に用いた。ただし，ロスの分析（Ross 2001；2012）では一人当たりのGDPと政府支出額との間で強い多重共線性が発生しているので，本稿では一人当たりのGDPの値を中心化して使用した。なお，石油・天然ガス収入，政府支出，移民人口は対数変換した。移民の効果は逆U字型で発生すると想定されるので，移民人口とその二乗項を投入

した。時系列データを扱うにあたって系列相関が疑われるので，従属変数の5年前の値を説明変数に投入した1階の自己回帰法（AR（1））を使用した。さらに，移民人口を除く説明変数を1年のラグとすることで同時性の問題を回避した。ただし移民人口は元々5年ごとで作成されているので，ラグは5年となる。移民データの形式にそって観測値は全て5年ごととし，5年ごとの期間ダミーも投入した。これらの手法は先行研究との比較可能性を確保するために，これまでの分析で使用された手法に準拠した結果でもある（Ross 2001；2012；Bearce and Hutnick 2011）。ただし，ロスの支出効果モデルは変量効果法を使用しているが，本稿ではハウスマン検定の結果に従って固定効果法を選択した。[4]

　本稿で使用する移民人口データの最も古いものが1960年であること，石油・天然ガスデータが2014年までを扱うこと，さらに移民人口データが5年ごとのデータであることに基づき，分析対象期間は1960〜2015年とする。モデルに投入した観察対象国は最大で157カ国，1196件である。回帰分析の実行にはStata17を使用した。

（2）　分析結果

　分析結果を表2にまとめた。モデル(1)は支出効果を確認している。ロスの分析と同様に政府支出に負の効果が現れたが，係数の値は小さく，現実の効果は非常に小さい。また，ロスの分析では石油・天然ガスに負の効果が確認されたが，本稿の分析では現れなかった。ロスの分析を再現してGDPを中心化せずに投入したところ，石油・天然ガスに統計的に有意な負の効果が現れた。これはおそらく多重共線性によって石油・天然ガスの効果が過大に推定された結果である。モデル(1)に政府支出と中東ダミーの交差項を投入したモデル(2)では，政府支出は負の，中東ダミーと政府支出の交差項は正の効果を示した。係数の大きさはほぼ同じで，統計的有意性は10%にとどまった。この結果は支出効果が中東には見られないことを示し，仮説1を支持しない。支出効果は中東地域研究では確認できない。

第1部　地域研究と比較政治学の方法

表2　分析結果

	(1) 政府支出	(2) 政府支出 ×中東ダミー	(3) 移民効果 ×中東ダミー
石油・天然ガス （対数）	0.014 (0.015)	0.014 (0.014)	0.013 (0.015)
政府支出 （対数）	−0.0002*** (0.000)	−0.0002* (0.000)	−0.0002*** (0.000)
政府支出（対数） ×中東ダミー		0.0002* (0.0001)	0.0002** (0.0001)
移民人口（対数）			−0.947 (1.03)
移民人口（対数） の二乗			0.052 (0.687)
移民人口（対数） ×中東ダミー			4.683*** (1.629)
移民人口（対数） の二乗×中東ダミー			−0.281*** (0.101)
中東ダミー		−0.225 (0.435)	−18.512*** (6.270)
観察数	1,196	1,196	1,140
国家数	157	157	137

括弧内は頑健性標準誤差。有意水準：***p＜0.01，**p＜0.05，*p＜0.1

　モデル(3)は仮説2，3の検証のためにモデル2に移民効果を追加したものである。モデル(3)では移民変数とその二乗は共に効果を持たないが，それらと中東ダミーの交差項はそれぞ有意な正の効果と負の効果を示している。すなわち，民主主義の水準に対する移民の効果は中東において逆U字型の効果を持つ。ここから仮説3は支持されるが，この効果は中東に限定されるために仮説2は部分的な支持にとどまる。また，モデル(3)の政府支出と，政府支出と中東ダミーの交差項の係数および符号はモデル(2)と同様だが，その有意水準は向上している。ここから，中東地域とそれ以外の地域における政府支出の対照的な効果は，移民の効果を組み込むことでより明瞭になったと考えられる。以上の分析結果から，支出効果は中東地域の特徴としては確認されず，この地域の権威主義的特徴は移民の効果に由来する可能性が指摘される。移民が民主主義の水準を低下させる効果が中東に限定されるのは，それが中東のように移民が極度に多い地域で発生する

88

4 レンティア国家論・石油の呪いから移民エスノクラシー論へ

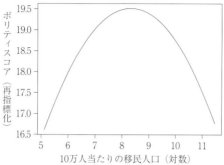

出所：筆者作成。使用したデータについては，本文を参照。

効果であるからだろう。

　我々が確認した移民の効果を図1に示す。この図は，本稿で使用したデータセットに含まれる中東地域の移民の規模として最少の10万人当たり約168人（人口の約0.17％）から，最多の9万4647人（約94.6％）に設定し，モデル(3)で推定された係数を用いて中東地域における民主主義の水準に対する移民の効果を示している。移民人口が増加するにつれて民主主義の水準に対する効果は増加し，対数値で8.3（真数で約4024人，つまり人口の約4％）前後で最大となる。その効果はおよそ19.5であり，中東ダミーの効果（－18.5）の全てを相殺する。ここからさらに移民が増加すると移民の効果は減少に転じ，移民が最も多い状態では最も少ない状態とほぼ同じ効果しか持たない。移民が民主主義の水準を上昇させる効果があるとしても，中東地域では移民人口が極端に多くなるとその効果はほぼ完全に消失する。

（3）　頑健性チェック

　上記3種のモデルの従属変数をV-Dem（Permstein et al. 2023）のリベラル民主主義指標（v2x-libdem）およびポリアーキー指標（v2x-polyarchy）に変更して分析を行ったが，結果に大きな違いはない。また，中東の中でも突出して多くの移民を抱えるカタル，UAE，クウェートをサンプルから

第 1 部 　地域研究と比較政治学の方法

表 3 　頑健性チェック

	v2x_polyarchy	v2x_libdem	サンプル変更
政府支出	−0.000 (0.000)	−0.000 (0.008)	−0.282** (0.144)
政府支出×中東ダミー	0.000 (0.000)	0.0002 (0.0002)	0.0003 (0.0002)
移　民	−0.035 (0.068)	−0.060 (0.057)	0.091 (0.947)
移民の二乗	0.002 (0.005)	0.003 (0.003)	−0.016 (0.063)
移民×中東ダミー	0.243* (0.141)	0.230* (0.118)	4.537** (1.978)
移民の二乗×中東ダミー	−0.015* (0.009)	−0.014* (0.008)	−0.273** (0.126)
中東ダミー	−0.964* (0.530)	−0.916** (0.443)	−17.95** (7.426)
国家数	1,177	1,168	1,118
観察数	140	140	134

括弧内は頑健性標準誤差。有意水準：**p.＜0.05, *p.＜0.1

注：記載しているのはモデル 3 の推定値のみであるが，頑健性チェックは全てのモデル
　　で行い，ほぼ同じ結果が維持されることを確認した。

除外しても，結果に大きな変化はない（表 3 ）。政府支出および政府支出と
中東ダミーの交差項には効果が見られないので，支出効果は中東以外でも
効果を持たないかもしれない。これとは対照的に移民効果は共通して確認
されるので，頑健性を有していると考えられる。

4 　移民効果の検証

（ 1 ） 　サウジアラビアと UAE

　本稿のモデルは現実をどの程度説明するだろうか。ここでは移民効果に
注目し，代表的なレンティア国家であるサウジアラビアと UAE，「半レン
ティア国家」の典型であるヨルダンを例にあげる（図 2 ）。まず，サウジア
ラビアと UAE から確認しよう。1965年時点では，両国の移民人口は小規模
であり，民主主義の水準に対して約19程度の高い効果を持っていた。その
効果が急激に減少するのは UAE で1975年，サウジアラビアで1980年前後で

90

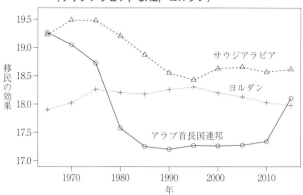

図2　民主主義の水準に対する移民の効果（1965-2015年）
（サウジアラビア，UAE，ヨルダン）

出所：筆者作成。使用したデータについては，本文を参照。

ある。両国の間の移民効果の差は，UAEがサウジアラビアよりも住民の反発を恐れずに政策を実行可能であることを示唆する。例えば，2020年9月にUAEとバハレーンがイスラエルと関係正常化で合意した「アブラハム合意」に対して，アラブ諸国の国民の多くが反発した。ワシントン・インスティテュートが2022年にアラブ諸国の国民を対象に行った世論調査では，「とても否定的」「ある程度否定的」を合わせた反対意見はUAEで71％，サウジアラビアで75％と同程度であった（Kassin and Pollock 2022）。同程度の反対意見が存在するにもかかわらず，UAEはアブラハム合意を維持し，サウジアラビアは締結に踏み込めない。両国が構築してきた外交関係や政策の違いが「アブラハム合意」締結に影響していることは明らかだが，「移民エスノクラシー」もその一つと考えられる[5]。

（2）ヨルダン

ヨルダンでは移民の効果に大きな変動はない。これは，ヨルダンの地政学的・歴史的特徴を反映している。ヨルダンはシリア，パレスチナ，イラクと国境を接し，歴史的に多くの移民・難民を受け入れてきた。特に近年

第1部　地域研究と比較政治学の方法

ではシリアからの移民・難民が急増し，これがヨルダンの移民エスノクラシーを支えている。シリア人難民の流入前後でヨルダン人の雇用状況を比較したファラフとクラフト，ワフバによれば，難民流入にもかかわらずヨルダン人の雇用状況にほぼ変化はなかった。ファラフらはこの現象を，シリア人難民が低賃金のインフォーマルセクターに押し込まれたこと，またヨルダン政府がシリア難民対策で得た国際援助の一部を教育や医療等の公的サービス改善に充て，そこでヨルダン人向けの公的雇用を創出したことで，シリア人とヨルダン人の労働市場での競合が回避されたと説明する（Fallah, Krafft and Wahba 2019）。またハートネットは，難民受け入れの優遇措置を受けた一部のシリア人難民は，フォーマルセクターのエジプト人を代替し，追い出されたエジプト人がインフォーマルセクターに移動することでヨルダン人の雇用が守られたと説明する（Hartnett 2019）。このように，ヨルダンの労働市場では移民・難民は国民の雇用を守るための調整弁として機能しており，湾岸アラブ諸国に見られる「移民エスノクラシー」と同様の状況が確認される。

5　TSCS分析と地域研究の可能性

　本稿の分析を通じて，レンティア効果の一つである支出効果は中東以外では弱い効果を持つが，中東地域では見られないことが明らかとなった。また，本稿の分析は逆U字型の移民エスノクラシー効果も明らかにした。これらの分析結果は，中東地域の権威主義体制の持続を支出効果で説明する従来の見解を棄却すると共に，その真の原因が移民にあることを示している。これらの発見はいずれも，地域研究の関心に基づいてTSCS分析を活用することで得られた成果である。

　石油の呪い研究の多くが採用するTSCS分析は，世界に普遍的（平均的）な効果を推定するため，多くの場合で各地域の現実に適合しない。しかし，その普遍性を明らかにした分析モデルは，各地域で発生している効果を確

認することにも利用できる。むしろTSCS分析は他地域との比較を通じて観察対象地域の固有性を確認するうえで有益である。地域の知見に基づく変数を組み込んで再構成されたTSCS分析は，それぞれの地域の文脈に即した分析成果を生み出すツールである。この手法を用いることでTSCSデータを地域研究の視点から活用し，新たな研究領域を創造することが期待される。

注

1) これは本稿の元となった日本比較政治学会第26回大会の分科会「比較地域研究（Comparative Area Studies）の手法と実践」に対する粕谷祐子先生からの指摘である。ご指摘に感謝申し上げる。

2) ここでは「民主主義の水準」の用語を，「民主化」と区別するために用いている。民主化は権威主義体制から民主主義体制への体制転換を含む概念であるが，民主主義の水準の変動は必ずしも体制転換を意味しない。例えば，石油の富が民主主義の水準に負の効果があることが確認されたとしても，それは民主主義国が権威主義国に体制転換すること（あるいはその逆も）を必ずしも意味しない。

3) 本稿執筆時点では，サウジアラビア政府は歳入と支出を総合統計庁が発行するStatistical Yearbookで公表している。同資料を参照すると，第43号（西暦2007（ヒジュラ暦1427〜28）年）まで石油企業の収益が税収の項目に含まれており，国営石油企業の収益と一般税収の区分がなされていない。カタルについてはAnnual Statistical Abstractに歳入・支出が記載されており，1980年代前半まで歳入は石油・天然ガスとそれ以外の項目に分けられていたが，それ以降は単に「収入」として処理されているため，税収額に関する正確な情報は得られない。

4) これは査読者の一人の指摘に基づいている。ここで感謝申し上げる。

5) 本稿の初稿投稿時には予想されていなかったが，現時点（2024年 2 月）のガザ戦争の状況に鑑みれば，サウジアラビアがアブラハム合意を締結できないのは移民エスノクラシー効果の「弱さ」ではなく，反イスラエル感情がこれまでになく高まっているためであろう。ただし，紛争のような稀な事例を除けば，移民エスノクラシーは為政者により自由な政治運営を可能とさせるだろう。

引用・参考文献

細田尚美編著（2014）『湾岸アラブ諸国の移民労働者──「多外国人国家」の出現と生

第 1 部　地域研究と比較政治学の方法

　　活実態』明石書店。

松尾昌樹（2009）『湾岸産油国——レンティア国家のゆくえ』講談社メチエ。

————（2013）「湾岸アラブ諸国における国民と移民——国籍に基づく分業体制と権威主義体制」土屋一樹編著『中東地域秩序の行方——「アラブの春」と中東諸国の対外政策』アジア経済研究所。

————（2016）「グローバル化する中東と石油——レンティア国家再考」松尾昌樹・岡野内正・吉川卓郎編著『中東の新たな秩序』ミネルヴァ書房。

Acemoglu, D. and J. A. Robinson（2000）"Democratization or repression?" *European Economic Review, Papers and Proceedings* 44 : 683-693.

————（2001）"A theory of political transitions," *American Economic Review* 91 : 938-963.

————（2006）*Economic origins of dictatorship and democracy*, Cambridge University Press.

Ahram, I. A., P. Köllner and R. Sil eds.（2018）*Comparative Area Studies : Methodological Rationales and Cross-Regional Applications*, Oxford University Press.

Alsharekh, Alanoud（2007）*The Gulf Family : Kinship Politics and Modernity*, Al Saqi.

Auty, Richard M.（1990）*Resource-Based Industrialization : Sowing the Oil in Eight Developing Countries*, Clarendon Press.

Bearce, D. H. and J. L. Hutnick（2011）"Toward an Alternative Explanation for the Resource Curse : Natural Resources, Immigration, and Democratization," *Comparative Political Studies* 44(6) : 689-718.

Beblawi, Hazem（1987）"The Rentier State in the Arab World," in H. Beblawi and G. Luciani eds. *The Rentier State*, Croom Helm.

Blaydes, Lisa（2011）*Elections and Distributive Politics in Mubarak's Egypt*, Cambridge University Press.

Cammet, M., I. Diwan, A. Richards and J. Waterbury（2015）*A Political Economy of the Middle East*, Westview Press.

Center for Systemic Peace（2020）"Polity5 Annual Time-Series, 1946-2018," INSCR Data Page（https://www.systemicpeace.org/inscrdata.html　2021年 5 月アクセス）.

Dhillon, Navtej eds.（2009）*Generation in Waiting : the Unfulfilled Promise of Young People in the Middle East*, Brookings Institution Press.

Dunning, Thad（2008）*Crude Democracy : Natural Resource Wealth and Political Re-*

94

gimes, Cambridge University Press.

Eibl, F., S. Hatab and S. Hertog (2022) "Political Economy and Development," in M. Lynch and J. Schwedler and S. Yom eds. *The Political Science of the Middle East : Theory and Research Since the Arab Springs*, Oxford University Press.

Elbadawi, Ibrahim Ahmaed (2016) "Thresholds Matter : Resource Abundance, Development and Democratic Transition in the Arab World," in I. Diwan and A. Gahal eds. *The Middle East Economies in Times of Transition*, International Economic Association, Palgrave Macmillan.

Fallah, B., C. Krafft and J. Wahba (2019) "The impact of refugees on employment and wages in Jordan," *Journal of Development Economics* 139 : 203-216.

Feenstra, R. C., R. Inklaar and M. P. Timmer (2015) "The Next Generation of the Penn World Table," *American Economic Review* 105 (10) : 3150-3182, available for download at www.ggdc.net/pwt.

General Authority for Statistics (Saudi Arabia) (2023) "Labor Market Statistics, KSA, Second Quarter 2023," (https://www.stats.gov.sa/en/814 2023年11月3日アクセス).

Hamanaka, Shingo (2021) "'Rallying round the flag effect' in Islael's first COVID-19 wave," *Israel Affairs* 27(4) : 675-690.

Hartnett, Allison Spencer (2019) "Reflections on the Geopolitics of Refugees and Displaced Persons : the Effect of Refugee Integration on Migrant Labor in Jordan," *Review of Middle East Studies* 52(2) : 263-282.

Herb, Michael (1999) *All in the Family : Absolutism, Revolution, and Democracy in the Middle Eastern Monarchies*, State University of New York Press.

――――― (2014) *The wage of Oil : Parliaments and Economic Development in Kuwait and the UAE*, Cornell University Press.

Hertog, Steffen (2011) *Princes, Brokers, and Bureaucrats : Oil and the State in Saudi Arabia*, Cornell University Press.

Kassin, D. and D. Pollock (2022) "Arab Public Opinion on Arab-Israeli Normalization and Abraham Accords," Firka Forum, Jul 15, 2022 (https://www.washingtonins titute.org/policy-analysis/arab-public-opinion-arab-israeli-normalization-and-abraham-accords 2023年11月3日アクセス).

Longva, Anh Nga (2005) "Neither autocracy nor democracy but ethnocracy : citizenship, expatriates and the socio-political system in Kuwait," in P. Dresch and J. Piscatori eds. *Monarchies and nations : globalization and identity in the Arab*

第 1 部 　地域研究と比較政治学の方法

States of the Gulf, I. B. Tauris.

Luciani, Giacomo (1987) "Allocation vs. Production States : A Theoretical Framework," in Beblawi, H. and G. Luciani eds. *The Rentier State*, Croom Helm.

Matsuo, Masaki (2015) "Authoritarianism and Labor Market : Preference of Labor Policies in the Arab Gulf Countries," *IDE Discussion Paper* 514, Institute of Developing Economies.

Matsuo, Masaki (2020) "Political Economy of the Labor Market in the Arab Gulf States," in I. Masako and N. Hosoda, M. Matsuo, K. Horinuki eds. *Asian Migrant Workers in the Arab Gulf States : The Growing Foreing Population and Their Lives*, Brill.

Matthiesen, Toby (2013) *Sectarian Gulf : Bahrain, Saudi Arabia, and the Arab Spring That Wasn't*, Stanford Briefs.

Mehlum, H., K. Moene and G. Østenstad (2016) "Guest workers as a barrier to democratization in oil-rich countries," in K. Selvik, B. O. Utvik eds. *Oil States in the New Middle East : Uprisings and stability*, Routledge.

Mitchell, J. S. and J. J. Gengler (2019) "What Money Can't Buy : Wealth, Inequality, and Economic Satisfaction in the Rentier State," *Political Research Quarterly* 72 (1) : 75-89.

Morrison, Kevin M. (2009) "Oil, Nontax Revenue, and the Redistributional Foundations of Regime Stability," *International Organization* 63(1) : 107-138.

Okruhlik, Gwenn (1999) "Rentier Wealth, Unruly Law, and the Rise of Opposition : The Political Economy of the Oil States," *Comparative Politics* 31(3) : 295-315.

Pemstein, D., K. L. Marquardt, E. Tzelgov, Y. Wang, J. Medzihorsky, J. Krusell, F. Miri and J. von Römer (2023) "The V-Dem Measurement Model : Latent Variable Analysis for Cross-National and Cross-Temporal Expert-Coded Data," V-Dem Working Paper No. 21, 8th edition, University of Gothenburg : Varieties of Democracy Institute.

Pepinsky, Thomas B. (2019) "The return of the single-country study," *Annual Review of Political Science* 22 : 187-203.

Planning and Statistical Authority (2023) *Annual Statistical Abstract* (https://www. psa.gov.qa/en　2023年11月 3 日アクセス).

Ross, Michael L. (2001) "Does Oil Hinder Democracy?" *World Politics* 53(3) : 325-361.

　　　　(2012) *The Oil Curse : How Petroleum Wealth Shapes the Development of*

Nations, Princeton University Press.（ロス，マイケル（2017）『石油の呪い――国家の発展経路はいかに決定されるか』（松尾昌樹・浜中新吾共訳）吉田書店）

Ross, M. L. and P. Mahdavi（2015）"Oil and Gas Data, 1932-2014," （https://doi.org/10.7910/DVN/ZTPW0Y），Harvard Dataverse.

Shockley, B. and J. Gengler（2020）"Social identity and coethnic voting in the Middle East : Experimental evidence from Qatar," *Electoral Studies* 67, 102213.

Springborg, Robert（2020）*Political Economies of the Middle East and North Africa*, Polity Press.

United Nations, Department of Economic and Social Affairs, Population Division（2009）*Trends in International Migrant Stock : The 2008 Revision*（United Nations database, POP/DB/MIG/Stock/Rev.2008）.

United Nations, Department of Economic and Social Affairs, Population Division（2020）*International Migrant Stock 2020*（https://www.un.org/development/desa/pd/content/international-migrant-stock　2023年11月3日アクセス）.

World Bank（2023）GDP per capita（current US $），World Development Indicators（https://databank.worldbank.org/source/world-development-indicators　2023年11月3日アクセス）.

（まつお・まさき：宇都宮大学）

第2部

事例研究と地域研究・比較政治学

CHAPTER

5

英国地域研究の現代的意義とは
―― 比較野党研究からのアプローチ ――

今井貴子［成蹊大学］

1 問題の所在

　比較政治学において，デモクラシーの発展経路，変容，後退，その存続
の危機は中核をなすテーマであり，デモクラシーの基本原理に挑戦する急
進右派ポピュリスト勢力が主流化する今日，その意義はいやましている。そ
のなかで，地域研究はいかなる貢献ができるのだろうか。本稿はこのよう
な問題意識から出発し，近年のデモクラシー研究がその再興に欠かせない
要素の一つとして注目する野党の機能に焦点をあて，英国の政党政治に関
するいわば微視的な分析から既存の多数決型デモクラシーの理解に新たな
見通しを提供することを目指したい。

　周知のとおり英国は多数決型デモクラシーの典型とされ，このタイプの
デモクラシーは英国議会の所在地にちなんでウェストミンスター・モデル
ともよばれている（Lijphart 1999［2012］＝粕谷訳 2005［2014］）。その主
たる特徴は，多数派による政策決定力の独占，定期的な政権交代である。安
定過半数に達しない政権が成立する，政権交代が長期にわたって生じない，
議会で政府提出法案が繰り返し否決される，といった事象はウェストミン
スター・モデルにも生じるが，それらは往々にして「逸脱」として扱われ
てきた。ところが，英国ではこれらの逸脱がむしろ常態化しているかにみ
える。持続性と安定性から，理想化されさえしてきたウェストミンスター・
モデルの変容はつとに指摘されてきたのだが（近藤 2017），英国の多数決

101

第2部　事例研究と地域研究・比較政治学

型デモクラシーが抱える重大な脆弱性がこの間あからさまに露呈してきているように思われる。

　そこで本稿は，比較政治学ではこれまで相対的に注目度が低い研究対象であった野党に分析の射程をおき，英国のデモクラシーの現在を探究する。それというのも，野党は，デモクラシーが必要とする主体である一方で，逆に安定の前提を覆しその機能をほり崩す存在でもあるからである。従来の理解では，多数決型デモクラシーの野党は議会で強い決定力を発揮することは想定されていない。とりわけ英国では，野党の議会での影響力は目立って弱く，それゆえ対決的な姿勢で審議に臨み，政権交代の担い手たらんとする主体であることがなかば当然視されてきた。しかし，本稿が事例として取り上げる2019年のEU離脱協定の採決過程では，議会における与野党のパワーバランスは逆転し，政府は敗北を続けた。それは例外的な事象というよりもむしろ英国型の内包する脆弱性が集約的に顕在化したケースと捉えるべきではないかと考える。

　以下ではまず，現代における比較野党研究の意義を概括し，野党を比較する枠組みを示す。次に，英国におけるデモクラシーの発展経路から，従来の類型論の有意性を確認したい。その上で，中長期的な変化に複数の次元の条件が相乗することで生じた事象を検討し，より一般的な多数決型デモクラシーの理解にもたらす含意を考察する。

2　比較野党研究の今日的意義

（1）　デモクラシーにおける野党とは

　行論にさきだって，野党研究の今日的意義を確認しよう。野党とは，英語でオポジション，政治学では広く「政府の行為に異議申し立てをしようとする政治体系内」の主体（Dahl 1966：xviii；Dahl 1971＝高畠・前田訳，1981：8）を指す。オポジションは，本来，国政政党ばかりでなく，地方議会の政党，中間組織，あるいは組織化されていない政治運動といった多様

102

な形態の異議申し立てを包含するが（Marcuse 1944/2013＝野口訳 2019：
180；Kolinsky 1987＝清水監訳 1998, Part III；Blondel 1997），ここでは，
国政政党としての野党，とりわけ英国の文脈においては，「大文字で始ま
る」独特の存在として知られる最大野党（Opposition）を分析対象とする。

　ここで野党の存在意義を確認するなら，たとえばダールは，「政権党と競
合する野党を容認すること」は「最も重要，かつ予想外の社会的発見」で
あったとして（Dahl 1966：xvii-xviii），その意義を最大限に強調した。野
党は，議会政治，普通選挙権と並ぶ近代デモクラシーの三大発明と評され
る。平等な参加（包摂性）と「公的異議申し立ての体系が発達し，存続す
る諸条件」（Dahl 1971＝高畠・前田訳 1981：14），つまり反対派の自由の
保障（競争性）こそが，一方の極＝抑圧体制と他方の極＝デモクラシーに
最も近い体制のどのあたりに当該の政治体制が位置するのかを示すメルク
マールとなる（V-Dem Institute 2023：9, 53）。

　もちろん，ひとくちに野党といっても一様ではなく，従来は次のように
大別されてきた。まず，デモクラティックな政治体制に忠誠な野党と，統
治の基本的枠組みを否定し原則に挑戦しようとする「反システム」野党と
は，明確に区別されてきた（Kichheimer 1957；Dahl 1965：19, 20-21）。前
者のシステム内野党は，政府を批判し政権党を代替する現実的な可能性の
ある「古典型」と，イデオロギー的対決色を薄め，与党に接近し和合する
「カルテル型」との2つのタイプに分けられる（Kichheimer 1957：136-139）。

　古典型野党に想定される機能は，さしあたり次の4つに集約できよう。①
政府を批判し説明責任を追及すること，②政府の行動や政策を精査し争点
を明らかにすること，③民意に応答性を示し，政治が民意から離れないよ
うにすること，④政府の代替として代表することである（Kichheimer 1957；
Dahl 1966；Kolinsky 1987＝清水監訳 1998；Helms 2009；吉田 2016）。

　カルテル型は，カッツとメイアによって定式化され，社会から遊離しあ
たかも国家機構の一部となるかのごとく「談合」する排他的な主要政党の
有り様を指す（Katz and Mair 1995）。2つのシステム内野党のうち，キル

第2部　事例研究と地域研究・比較政治学

ヒハイマーやダールがともにデモクラシーを脅威にさらし得るとみなした
のが，このカルテル型であった。

　キルヒハイマーは，野党が幅広い有権者層に支持を訴えるために与党に
接近し，与野党が収斂してしまえば，野党本来の役割を終えてしまうとし
た（Kichheimer 1957：149-155）。ダールは同様の観点から，北欧諸国の例
を念頭に，システム内野党がプラグマティズムを信奉して与党への妥協を
重ねれば，つまり，過度に合意へと傾いてしまえば，人びとの政治的疎外
をまねき，反システム野党がその疎外感を原動力に台頭するとの警醒を忘
れなかった（Dahl 1965：19, 20-21）。

（2）　デモクラシーの衰退と野党

　こうした野党論は，排外主義的志向を持つ反システム的な極右政党が台
頭し，デモクラシーへの挑戦やその危機が盛んに論じられる先進諸国の政
治の現在を読み解くうえで有意な手がかりとなる。

　とりわけ既存の政党間の過剰な合意を表したカルテル型野党への警告は，
いよいよ説得力をます。メイアは，政権担当能力を主張したい主要政党が
こぞって正しいとされる統治のあり方に適合的であることが「責任」ばか
りを強調し，多様な要求を示す有権者への応答性をないがしろにしてしま
うことを強く危惧した。既存の政党が人心から乖離した「責任」なるもの
に収斂してしまうなら，民意は置き去りにされ，不満は募る。不満はやが
て，国の統治システムそのものへの懐疑となって現れる。漏れた民意に
「声」を与えるはずのシステムにかなった野党は不在となり，それこそが反
システム政党が台頭する契機となる，彼はそう剔抉した（Mair 2013：139-
142）。既存の政治への不信や疎外意識が，人びとを反エリート，反移民を
掲げるポピュリスト政党へと向かわせた一因であることは確かである。

　そうしたなか，デモクラシーを「生き返らせ」る主体のひとつとして眼
差しが注がれるのが，「必要なときにはきわめて厳しく政府を批判する一方
で，政府の正当性は否定しない」，デモクラシーの基本原理と手続きに対し

104

て「忠誠なloyal」野党，つまり古典型野党である（Müller 2021＝山岡訳 2022：87, 91-97）。ポピュリズムの本質を反多元主義に見出すミュラーは，デモクラシーの３つの必要要件として自由，平等，制度化された不確実性を再確認し，くじ引きデモクラシーや不服従を重視しつつも，政治的帰結の不確実性の担い手たる野党による代表制デモクラシー再建の可能性を手放さない。

3　野党の比較政治学

（1）　野党を比較する枠組み

このように野党は，今日のデモクラシーを論ずるうえで欠かせない存在であるはずなのだが，比較野党研究は，その重要性に不釣り合いなほど蓄積が薄い。それでもなお，ダールによる1966年の編著書 *Political Oppositions in Western Democracies* 以来，野党の体系的な比較に向けた一定の探究がなされてきた（Kolinsky 1987＝清水監訳 1998；Blondel 1997；Helms 2004；2009；Garritzmann 2017）。以下，それら先行研究に依拠しつつ，レイプハルト（Lijphart 1999 [2012]＝粕谷訳 2005 [2014]）のデモクラシーの二元論にそくして，野党の影響力や行動パタンを検討する。

野党がどの次元でどの程度の影響力を発揮できるかは政治的機会構造に左右される（Kaiser 2009）。ガリッツマン（Garritzmann 2017）は，議院内閣制の21カ国を対象に，２つの次元の政治的機会構造の開放度を定量分析で明らかにした。第一の次元は，野党が政府を制御する機会構造，第二の次元は，政府に代わる選択肢として野党が自らを公にアピールする機会構造である。

第一の政府を制御する機会構造は，政府の政策形成を監視するとともに，影響力を行使する機会から測られる。指標化の対象は次のとおりである。①委員会制度（委員会の数や規模），②委員長職の配分や少数意見の扱い，③非公開の会合など委員会で野党が利用し得る機会，④口頭による質問（政

第2部　事例研究と地域研究・比較政治学

府が質問に回答するまでの日数，質問内容をめぐる討論機会，事前予告の
ない質問の可否など），⑤議会でのアジェンダ設定の機会（アジェンダ設定
への直接的な影響力，金銭法案に関する制限の有無，野党による議事妨害
に対する政府の阻止規定の有無など）（Garritzmann 2017：10-16）。

　第二の政府の代替勢力として明示する機会構造は，たとえ政府と同じ目
標であっても異なる政策や手段を提示し，政府の選択肢であることを公に
アピールする機会である。指標化されるのは，①政府への文書での質問，②
首相への口頭質問（代表例は英国のPrime Minister's Questions：PMQs），
③一般有権者に公開される政府への異議と批判の場である（Garritzmann
2017：7, 20）。

　2つの次元からみると，野党の影響力が最も強いのは北欧諸国であり，次
にドイツ，カナダと続き，英国は下位から7番目に位置する。政府を制御
する力が最も強いのはフィンランド，スウェーデン，ノルウェーであり，英
国はヨーロッパで最弱となる。逆に，代替勢力として自らを顕示する力で
は英国は最上位となる。英国に続くのは，アイルランド，ドイツ，デンマ
ークである。

　表1は，ガリッツマンの測定結果を，レイプハルトの類型論による2つ
のタイプのデモクラシーと，デモクラシーのタイプ別に見られる野党の異
なる行動様式に当てはめたものである。

（2）　デモクラシーの多様性と野党の分岐

①多数決型デモクラシーにおける野党

　ここで表1に沿って野党を比較してみよう。まず多数決型デモクラシー
を特徴づける政府・政党次元の5つの要素とは次のとおりである。①議会
における二党制を人工的に生み出し得る相対多数（manufactured majorities）
による単純小選挙区制，②単独過半数内閣への行政権の集中，③議会に対
する内閣の優越，④単一国家と中央集権制，⑤一院制議会への立法権の集
中（Lijphart 1999［2012］＝2005［2014：2-16］）。なかでも小選挙区単純多

106

表1 デモクラシーのタイプ別にみた野党の影響力と行動様式

	多数決型デモクラシー	合意型デモクラシー
選挙制度	単純小選挙区制	比例代表制
政党システム	二党制 （大政党に集約する傾向）	多党制
野党が政府を制御する 機会構造	閉鎖的	開放的
政権の代替勢力として アピールする機会構造	開放的	開放的（ドイツ，北欧）
行動様式	対　決	妥協・協力

出所：Lijphart（1999［2012］=2005［2014］），King（1976），Garritzmann（2017）をもとに筆者作成。

数代表制は，極右政党をはじめ全国的な小党にたいする国政への高い参入障壁になってきた。

多数派である政権党が（凝集性を保っている限りは）政策決定力を独占するため，野党は拒否点となり得ない（Helms 2004：27；Kaiser 2009：15）。要するに，野党は議会で「弱い」存在に甘んじざるを得ない。

多数決型デモクラシーで少数派の排除の軽減と権力制御が為されるためには，つまり民主的であるためには，多数派と少数派との間での政権交代が必須条件となる（Lijphart 1999＝粕谷訳 2005［2014：15］；高安 2018）。したがって，野党に課せられた機能は，政権与党の代替勢力として政党間競争において強くあることである。ゆえに，多数決型では，最大野党には政権党と「ほぼ互角」（Blondel 1997：486）の存在感を示すための政治的機会構造が開かれている。

権力制御の観点からは，たとえ選挙ごとに政権交代が生じなくても，政権与党に次の総選挙で立場が逆転するかもしれないとの認識を持たせることで，権力者の自己抑制が促される。野党には，議場において対抗する勢力として，説明責任を果たさせ権力を監視する，法案の欠陥や不十分性を批判し，民意とかけ離れた政策効果をもたらす可能性を糺す，といった役割を果たすことが求められる。必然的に，野党の行動様式は対決的となる（King 1976）。

第2部　事例研究と地域研究・比較政治学

　ただし，多数決型が安定的に継続する条件はもう一つある。それは，社会が甚だしく分極していないこと，二大政党の政策距離が大きく懸隔していないことである（Lijphart 1999［2012］＝粕谷訳 2005［2014］：26）。北アイルランドが端的な例になるように，大きく分断された社会で多数決の原則を貫けば，少数派との苛烈な対立につながり得る。あるいは，近年の英国やニュージーランドのように，政権交代の周期が長期化する場合，多数派と少数派の選好が相容れないほど乖離していれば，少数派は長きにわたり排除される。少数派に固定化されてしまった人びとは疎外感を募らせ，結果的に政治や社会が不安定化するリスクが高まる。逆に，両者が接近していれば，少数派の利益は「それなりに」政策に反映され，多数派は「人民のための政府」たり得ることになる（Lijphart 1999［2012］＝粕谷訳 2005［2014］：26）。したがって，このタイプのデモクラシーの安定には，与野党間の距離が中長期的に大きく分極することも，著しく接近することもない，主要政党による慎重な位置どりが求められるわけである。

②合意型デモクラシーにおける野党

　次に合意型デモクラシーの野党をみてみよう。合意型デモクラシーを構成する政府・政党次元の5つの要素は，①比例代表制，②多党制，③幅広い連立内閣による行政権の共有，④均衡した行政府・議会関係，⑤妥協と協調を目指したコーポラティズム的利益媒介システムである。野党の典型的な行動は妥協，合意の模索である（Lijphart 1999［2012］＝粕谷訳 2005［2014］：2-6, 25-38）。

　合意型が採られる国の特徴は，言語，宗教などのサブカルチャーによる分裂と対立の要因を抱えていることであり，だからこそ紛争を惹起させずに政治的安定を図るため，各集団の自律性を前提に，エリート間の妥協が重視される。このタイプのデモクラシーでは，政策決定過程において野党は議会で拒否権プレイヤーとなり得るため，与野党間では相互に妥協を引き出す交渉がなされ，両者の差はかなり曖昧になる。ただし，エリート間

の閉鎖的な利益媒介システムや決定過程は，有権者が分配の不十分性や応答性の欠如に不満を抱けば大きな反動をまねき，ポピュリズム政党の挑戦を受けやすい。

　野党の影響力をみると，たとえばドイツでは，州政府の代表によって構成される連邦参議院（上院Bundesrat）において，総得票数の過半数以上を成立要件とする重要法案（同意法律）では野党との交渉が欠かせない（Helms 2004：30-31）。同意法律をめぐって上下院で不一致が生じれば，法案審議合同協議会に持ち込まれ，修正案を作成，採決にかけられる。その政治的コストを回避するため，与野党では事前の合意形成に向けた交渉が行われる（吉田 2016：143-144）。

　スウェーデンでは，政策位置や主張の異なる政党や利益団体など多様な主体を政策過程に取り込み，合意や妥協を優先する制度整備が蓄積されてきた。合意それ自体を目的とするものではないものの，野党は，審議会（重要な政治課題について，専門家の知見を取り入れつつ，関係団体，政党間の意見を事前に調整する制度），レミス（法案に関係する各省庁，利益団体などが意見書を提出する慣行）といった場で意見を提示し，それが紛争につながらないようにと，調整が行われてきた（渡辺 2002）。社会民主党の一党優位が長く続いたが，不信任の議決がないことをもって議会の信任とみなす消極的議院内閣制のもと少数与党政権が頻繁に現出した。少数内閣は，野党の主張を取り込んで議決に持ち込もうとするがゆえに，野党の影響力が強くなる。

　選挙レベルでは，穏健多党制のもと左右の政党間で大きなブロック政治が展開され，議場での野党との交渉が定着していたが，近年では，ブロック内で選挙前に事前に文書を取り交わす契約主義的な連携体制へと変化した。背景には，第一に予算編成制度の変更がある。政策分野ごとの積み上げ方式から一括採決方式への変更は，野党の影響力を強め，政権を担う勢力は他党とあらかじめ連携して安定多数を確保する必要が高まったのである。第二に，急進右派ポピュリスト政党の支持拡大によって既存政党だけ

第2部　事例研究と地域研究・比較政治学

では政権を獲得することがいよいよ難しくなったことがある。

　以上が，既存のデモクラシー類型論にもとづく2つのタイプの野党の理念型である。次節以降では，事例研究として英国の野党の制度化と歴史的経緯，その変容の検討を通じて，多数決型デモクラシーの民主的正当性のあり方，今日顕在化したその脆弱性，それが従来のデモクラシー類型論，およびそれに依拠した野党の理解をもたらす含意について考察する。

4　英国の最大野党の経路

（1）　対決型野党の制度化と強い政党間競争

　英国は，歴史的に政治的反対勢力を政体の一部に位置づけ，反対派への寛容を制度化してきた。その憲政史上の起源は，1660年4月，異議表明dissentを初めて合法化したブレダ宣言に見出される（Potter 1966：5）。自由化が選挙権の拡大に先行したのである。19世紀以降，デモクラシーへと向かう道程において「平和的な」体制を壊さない野党を公式の存在として保障するようになった。

　1832年の第一次選挙法改正を経て，デモクラシーの文脈で画期となったのは，ヴィクトリア女王が，有権者の意思が表明された選挙結果を重んじて，野党保守党による組閣を認めた1841年の総選挙であった。野党には，憲政における公認の存在であることを表す呼称「国（女）王陛下に忠誠な野党」のもと，民意に奉じ，政治制度の一部を成す責任ある主体であることが保障された（Bagehot 1867＝小松訳 2011；Helms 2004：26）。かくして，政権与党と公認の最大野党で機能分化が進行し，選挙政党として政権交代のルールのなかに取り入れられた（篠原 1986）。

　最大野党の制度化の進展として次に着目されるのが，男女の普通選挙権が確立した1928年からほどなくして導入された野党日である。これにより野党は，定められた日数で，議会の審議内容を決められるようになった。1937年には，最大野党の党首に対する法定の特別歳費の支給も始まり，公

式野党の地位保障が本格化した。戦後に整備された公式野党に特化した制度を挙げるなら，現内閣のミラー・イメージとなる影の内閣の編成，野党に特化した政党助成金（ショート資金），総選挙前の高位官僚との秘密接触（ダグラス＝ヒューム規則）などがある（今井 2018）。一連のポジティヴ・アクションとともに必須とされてきたのが，有権者が与野党のどちらが政権に相応しいかをいつでも判断できる仕組み，つまり立法過程における答責性と透明性の徹底である。このように政党間の強い競争を担保する制度が継続的に整備されたわけだが，それは，行政の権力と責任を集中させる多数決型デモクラシーが民主的であり続けるために必要な手段であった。

みてきたように，英国の野党の制度化は，デモクラシーを強めるように進展してきた。政策決定力を独占する一党単独政権と，議会では「弱い」けれども選挙レベルで与党に屹立する最大野党との間での政党間競争と政権交代，これが第二次世界大戦後，1970年代まで，一時の例外を除いて継続した。もちろん，純粋な二党制は神話にすぎないのだが，その経路が明らかにするのは，英国の多数決型デモクラシーが成り立つ大前提が，議会における二大政党制の安定におかれていることである。ヘルムスは，英国型の野党モデルが適切に機能するための必須条件は，交互に一党単独内閣を形成できる二大政党の存在だという。それゆえ，政党制こそが，英国の政治システムの潜在的なアキレス腱となるわけである（Helms 2004：29）。

（2） 議会における野党の行動──対立と統合のあいだで

次に，英国における最大野党の議会での行動パタンを確認しておこう。上述のとおり多数決型デモクラシーにおける野党の行動は，選挙時はもとより議会でも対決的，これが一般的な理解である（Dahl ed. 1966：340）。たしかに，議会での政党間関係の特徴は，概して「反対モード」，つまり対抗的な競合だとみなされてきた（King 1976：17）。

とはいえ，政策決定力を持たない最大野党は，議場での対決姿勢をあらわにするとしても，議決に際し常に反対に徹するわけではない。むしろ最

第2部　事例研究と地域研究・比較政治学

終的な合意に結果する統合志向にもとづく投票行動が確認される。戦後の庶民院では，提出された法案の4分の3が野党からの明確な抵抗なしに可決されてきた（van Mechelen and Rose 1986）。政府提出案の成立率はおおむね80%以上であり，100%近い会期もある。もちろん，野党が審議過程で一方的に譲歩するのではなく，与党の側も野党との協議と関係づくりを重んずる。じっさい，与野党の院内幹事らは「通常のチャンネル」とよばれる非公式な協議の場で，採決に先立って合意点や妥協点を探りながら大筋の話し合いを行っている。[2) システム内政党としての野党の統合志向，そして与党の自制的統治の相互作用の現れだといえよう。

　とはいえ，野党にしてみれば，政府提出法案に結局のところ賛成するにせよ，表立って協力してしまえば，政権党に代わる選択肢としてのアピール力を弱めるジレンマに陥る（Helms 2009）。かくして，最大野党は，対決と統合のあいだのバランスを戦略的に模索することになる。

　なお，野党の議会での行動について，至極当然ではあるからこそあえて強調すべき留意点がある。それは，内閣の優越は安定多数と政権与党の党規律の維持に依存しているがゆえに，その前提が崩れれば，とたんに政府提出法案の議決の不確実性が高まる脆さを抱えていることである。政権与党が安定多数を欠く状態で，造反した平 議 員（バックベンチャー）が対決的な最大野党と投票行動をともにすれば，他国に比べて政府を制御する力が「弱い」はずの英国の最大野党は，一転して政府を繰り返し敗北させる「強い」存在となる。じっさい，過半数をわずかに下回っていたウィルソン労働党政権，キャラハン労働党政権，メイ保守党政権下では，政府提出法案が，それぞれ25回，34回，33回否決された。内閣の優越の前提が崩れればたちまち，多数決型は安定どころか容易に機能不全に陥ってしまう。したがって，政権与党にとっての議会運営の主眼は，党内関係（intra-party mode）におかれることになる。党議拘束に挑戦する派閥を抱える場合，党内規律の維持は，野党からの攻撃をかわすよりもはるかに重い意味を持つのである（King 1976：15-18）。

以下では，議会における従来の与野党関係の力学を揺るがす中長期的な変化を，選挙レベル，議会レベルから検討する。

5　多数決型デモクラシーの変容
――選挙レベルの変化――

（1）　二党制から交代的一党優位政党制への移行

近年確認される英国の多数決型デモクラシーの特筆すべき変化とは，長期にわたる政権交代の不在が常態化したことである。それは，政権交代は生じるものの，二大政党のうちいずれか一方が長期にわたって政権を独占する状況が間断なく継続する「交代的一党優位政党制alternating predominant party system」への移行であった（Quinn 2013；Helms 2004）。起点となったのは，サッチャー率いる保守党による政権交代が生じた1979年である。2024年11月現在まで，政権交代が生じたのは，1997年，2010年，2024年のわずか3度にとどまり，与野党関係は長期にわたって固定化されるようになった。

なぜ政権交代が起こらないのか。そのメカニズムを解く鍵は，政党間競争の変容にある。1979年から2000年代にかけては，二大政党がイデオロギー的に分極化し，第一党と敗者となる第二党の得票率の差が著しく拡大した。その結果，第一党の過剰多数による単独長期政権が続いた。2010年代以降は，逆に二大政党の政策距離が接近し，地域政党やニッチ政党――とりわけ排外主義的な反EUを掲げる急進右派ポピュリスト政党・英国独立党（UKIP）――が大政党からの離反票の受け皿となった。第一党への批判票が分散し，第二党に不利に働いた。二大政党の政策が再分配などで収斂したわけでは必ずしもないのだが（今井 2018），経済政策ではグローバル化の中で裁量の余地が縮小する一方，社会政策では同性婚の容認といったリベラル化の傾向を強め有権者にとっては選択肢がなくなった。加えて，時代をまたがって共通するのは，下野した政党への信頼の失墜が甚だしいこ

第2部　事例研究と地域研究・比較政治学

とにある。有権者が投票に際して，政権党としての資質，「ふさわしさ」の慎重な評価に依拠する傾向が強まると（Clarke 2009），最大野党はいったん失った信頼の回復に相当な時間を要するようになった。

　2010年代以降，これら政党間競争に関わる要因とともに，選挙レベルで生じた変化から第一党が安定多数に届かない状況が続き，議会での与野党関係の前提が大きく揺らいだ。そこで次に，英国の多数決型を変容させた社会的要因と制度的要因をみてみよう。

（2）　多元化するクリーヴィジと投票行動の流動化

　第一に挙げられるのが，社会のクリーヴィジの多次元化である。1970年代以降，社会の成熟，グローバリゼーション，サービスと金融を中心とした資本主義経済への転換が進むと，階級投票は減退し投票行動が流動化するとともに，社会文化的なアイデンティティにもとづくクリーヴィジが前景に現れた（Sobolewska and Ford 2020）。

　非物質的な要素に基づく社会文化的対立軸は，従来の物質的要因による経済政策軸と交差し，有権者の分布を複雑化させた。政党選択の決め手として比重が増したのは社会文化的価値観の対立軸であり，社会の開放性と多元性の重視する立場と，排外主義を厭わない権威主義，自国民第一主義を重視する立場とのあいだに分断を生んだ。特定の政党への忠誠がますます薄れ，対立軸が多次元化したことで，個人レベルの変易性が急激に高まった。経済状況とアイデンティティがステイタス不安を結節点として相互に連関するなかで，二大政党は，2つの対立軸のいずれかを横断して支持を広げなければ政権獲得を実現できなくなっている。

（3）　選挙レベルでの多党化・小選挙区制の機能低下

　第二に，選挙レベルの多党化である（Bértoa 2024）。きっかけは，スコットランド，ウェールズ，北アイルランドへの権限委譲後の領域別議会議員選挙，および欧州議会議員選挙での比例代表制に類する選挙制度の導入

であった。単純小選挙区制の国政選挙では存在感を示し得なかった小党が，これら二次的選挙で有意な選択肢として有権者に認識されるようになったのである。ほどなくして，二次的選挙での投票行動は国政レベルへと波及し（Best 2013），政権党への批判票が二大政党以外の複数の政党に流れた。もはや，政権党への批判票が野党第一党に集中し，政権党を追い落とすという従来の政党間競争の構図が成立しなくなった。

　既成の大政党への不信，リベラル志向の政策への反動の受け皿として大躍進を遂げたのが，UKIPであった。2009年欧州議会議員選挙では労働党を抑えて第二党となり，2014年には第一党となった。翌2015年総選挙では，得票率を前回選挙の3.1％から12.64％にまで伸ばし，得票数は388万に達したものの，小選挙区制の効果で獲得議席はわずか1にとどまった。

　選挙レベルでのもう一つの変化は，小選挙区制の機能の低下である。小選挙区制では，接戦区（勝利政党と第二位の政党の得票差が5％未満の選挙区）が第一党にプレミアム（得票率に対する議席の過大配分）をもたらし，議会での安定多数に結果してきた。ところが，近年，接戦区が急減し，勝利政党が容易に安定多数に達し得なくなった（Curtice 2010；2020）。明確な勝者の不在は，2010年，2015年，2017年と総選挙で3度続けて生じた。2017年総選挙では，メイ保守党が少数内閣に陥落した。もっとも，Brexit選挙と呼ばれた2019年12月の総選挙では，EUとの協定を締結せずに強硬に離脱することさえ辞さないジョンソン首相率いる保守党が歴史的大勝を遂げた（650議席中365議席を獲得）。この結果を受けて，小選挙区制の機能の回復かと論じられもしたが，選挙研究を牽引してきたカーティスによると，接戦区の減少に目立った変化はみられなかった（Curtice 2020）。本稿執筆時2024年4月現在では，カーティスの見立てどおり小選挙区制の機能が「平常化」していないなら，クリーヴィジの多次元化にともなう投票行動の流動化，選挙レベルの多党化と相まって，今後も英国型の想定から逸脱する状況，すなわち交代的一党優位政党制の継続，安定多数を欠く政権の成立の可能性が残る[3]。

第2部　事例研究と地域研究・比較政治学

（4）　国民投票と英国の政党制

　2016年，これら一連の中長期的な要因に新たな特殊条件が加わった。2016年6月23日に実施されたEU離脱・残留を問う国民投票での，離脱支持の勝利である。それは，議会の多数派の意思に反する結果だった。2015年国民投票法には投票結果が議会を拘束するとの規程が明文化されていなかった。しかし離脱派勝利の意思を尊重するとの政治判断が議会に持ち込まれると，議会は大混乱に陥った。

　人民主権の論理に親和的な国民投票と英国の憲政の原則である議会主権との本質的な不整合性は，かねてから指摘されてきた（中村 2020：58-59）。中村は，議会を主権者とし，かつ成文憲法のない英国では，「国民投票は法的意義に乏しく，政治的には危険であることが多い」と論ずる（中村 2020：59）。じっさい，全国規模の国民投票は1975年のEC加盟継続の是非を問う国民投票まで前例がなく，違法とすらみなされてきた。ところが1975年の国民投票以降，政治の実践として，1990年代後半からレファレンダム（国民投票もしくは領域における住民投票）が多用されるようになった。ボグダノールは，レファレンダム自体は議会主権に反しないとの立場から，すでに憲政の一部を成しているとみなす（Bogdanor 2020）。

　だが，国民投票は次の3つの側面から，多数決型が想定していない事態を生じ得る。ひとつには，多数決型デモクラシーが多数派の一元的集中を前提するのに対し，国民投票はもうひとつの異なる多数派を形成しもする。1975年（EC残留支持の勝利），2011年（国政選挙の選挙制度変更への反対派が勝利）に実施された国民投票では，たまたま投票結果が議会の多数派と一致したに過ぎない。

　二つには，国民投票の実施自体が，二大政党の凝集力を弱め，政党システムを著しく流動化させてきたことである（Bogdanor 2020：14；Sobolewska and Ford 2020）。国民投票は二者択一で総論を問い，投票者の意思が結果に直接反映される。二分法による対立は政党間をまたがって刻印され，本来的に間口の広い大政党に妥協し難い対立点をもたらす。上述のとおり，多

数決型は社会における対立をいっそう深刻化し得る。

　過去のレファレンダムの例をみてみよう。1975年国民投票結果は議会の多数派と一致していたが，労働党内ではヨーロッパをめぐる対立が激化した。党の左傾化に反発した親欧州の右派が離党，新党結成にいたった。保守党でも欧州懐疑派と親欧州派のあいだの内紛は，党勢を著しく弱めるにいたった。2014年のスコットランドの独立を問う住民投票では，独立反対派が55％を占め勝利した。だが，住民投票を機に独立支持派の勢いが増し，二大政党のスコットランドでの発言力拡大に距離を置く声とあいまって，民族政党・スコットランド国民党（SNP）が，2015年の総選挙で大躍進を遂げた。SNPは，域内59議席中56議席を獲得，域内第一党であった労働党は，40議席減のわずか1議席に終わり，大票田からあえなく追いやられた。かくしてスコットランドの政党システムは一変した。

　2016年国民投票は，国中を巻き込んだアイデンティティ対立から，離脱派と残留派のあいだの情動的な分極を決定づけた（Hobolt, Leepar and Tilley 2021；Sobolewska and Ford 2020：11）。二大政党の支持層は再配置され，保守党内では党内野党というべき非妥協的な強硬離脱派の発言力が増した。それでは，一連の選挙レベルでの変化は，議会政治にいかなるインパクトをもたらし，英国の野党モデルをどう変容させたのだろうか。

6　多数決型デモクラシーの変容と野党の役割
——議会レベルの変化——

（1）　議会における与野党関係

　議会では，交代的一党優位制への移行と時期を同じくして，集権性をあえて弱め分権へと向かわせる改革が進展した。具体的には，最高裁の議会からの独立（2009年），委員会制度改革（特別委員会の委員長選出方法の改革，省庁別特別（調査）委員会の行政監視力の強化），解散権を制限する議会任期固定制（2011年制定，2022年3月に廃止）などである。一連の改革

第2部　事例研究と地域研究・比較政治学

は，指導者に対して外からの制約を加え，透明性を高める，「マディソン主義的」志向を表したと評される（高安 2018）。それは，政権交代に代わる権力の制御の仕組みを新たに埋め込むための，ウェストミンスター・モデルの自己改革であったといえよう。

　議会での野党の行動パタンにも明らかな変化が生じた。対決的行動を特徴としてきた最大野党は，政権与党の議員と連携する超党派の行動を通じて議会での影響力を強めていった。いわゆる政党間横断モードの浸透である（Russell and Gover 2017；阪野 2019）。庶民院の委員会や上下院間で，政権与党の平議員と野党の平議員，ときには有力議員とが連携し，与野党が一丸となって政府に対峙するようになった。政党間横断モードが，安定多数を欠く政権のもとで展開されるなら，内閣の自律性は揺らぐ。ここに，かつてキングが指摘した「党内モード」が大きな意味を持つ状況が現出した。そこで次節では，2019年のEU離脱協定の議決をめぐる最大野党の対決モードと政党間横断モードの結合が，多数決型の前提を反転させた状況を検討する。

（2）　「非常に強硬な」離脱のパラドクス？

　2017年2月8日，英国議会では，リスボン条約50条にもとづいてEU離脱通知法が制定され，メイ首相は同年3月29日に欧州理事会に対して離脱の意向を通告した。これを受け，同年6月からEUとのあいだで離脱協定交渉が開始され，11月25日に協定案が妥結された。EUからの離脱は，協定内容によって国民の権利義務，法的地位を激変させかねない（中村 2020：105）。そこで，2018年制定のEU離脱法は，離脱協定案が批准される条件を，通常の条約交渉や締結以上に厳格に定めた。その一つが，離脱協定は庶民院で将来枠組みとセットで一決議によって承認されなければならないとした規定である。高いハードルが設けられたEU離脱協定の批准にいたる過程で，議会は前例のない混乱に陥った。

　2019年1月15日，メイ政権は，庶民院にEU離脱協定案を採決にかけた

ものの，大差で否決された（UK Parliament, 16 January 2019）。普通選挙制が導入されて以来最大規模の政府の敗北であった。その後，議会はいよいよ紛糾し，混迷が深まった。[4] 協定案の承認を得られず追い詰められたメイは，窮余の策としてEUに対して3月29日の離脱交渉期限の延長を2度も申し出ざるを得なかった。協定案は3月29日まで3度否決され，あえなく潰えた（Russell and James 2023）。

　しかしながら，議会でことごとく否決された比較的穏健なメイの協定案は，じつのところ当時の議会の多数の意思に最も近かったとみられる（Rutter and Menon 2020；Quinn, Allen and Bartle 2022；庄司 2019）。対照的に，5月に辞意を表明したメイの後継に選出されたジョンソンのもと翌2020年1月に実現したEUからの完全離脱は，「非常に強硬」な協定によるものであり（Rutter and Menon 2020），少なくとも2019年1月の議会の多数意思が受け入れられるそれではなかった。ジョンソンは，メイの協定案の要となっていた「北アイルランド安全策」を協定から削除しない限りは，無協定による強硬離脱をも辞さないと明言した。だが，ジョンソンもまた無協定離脱を認めない議会に解散総選挙を幾度も迫ったものの，同年11月にようやく解散に漕ぎ着けるまで，議会任期固定法を盾とした議会に阻まれ続けた。

　2019年1月時点に話をもどそう。庶民院の与野党含めた多数派は残留支持であり，強硬離脱を支持していたのは推計でせいぜい25名の少数派にすぎなかった（Quinn, Allen and Bartle 2022：11）。その中心をなしたのが保守党の強硬離脱を主張する派閥，欧州研究グループ（ERG）であった。少なくとも数のうえでは，多数決型デモクラシーが「正常に」機能していたならば，メイの穏健な協定が葬り去られる状況ではなかった（表2）。一連のメイの離脱協定の議決を観察した庄司（2019）は，「合理的に考えるならば，［保守党内の穏健離脱派と労働党］両者にとっては，離脱協定を承認して『合意なき離脱』を回避し，移行期間中に将来関係協定の交渉で代案を主張して実現すればよいことになる」と疑問をなげる（庄司 2019：164）。

第2部　事例研究と地域研究・比較政治学

表2　英EU合意をめぐる英国庶民院の主要勢力の立場（2019年1月15日時点）

イギリス下院総議席数650	英EU合意	保守党（317議席）		労働党
		強硬離脱派（約100人）→34名まで減少*	穏健離脱派（約200人）	
北アイルランドの安全策（バックストップ）	発動されても一時的だが，期限設定なし（見直しにはEUの同意が必要）	発動されるならば永久に続く可能性があるため，反対	将来関係協定を優先し，その中で解決する	将来関係協定を優先し，その中で解決する
将来関係協定の内容	単一関税領域英国によるEU規制への整合・ハイテク技術活用による税関検査の回避	カナダ・モデル（包括的な自由貿易協定）ハイテク技術活用による税関検査の回避	ノルウェー・プラス・モデル（単一市場と関税同盟に残留，人の自由移動を容認）など	トルコ・プラス・モデル（包括的な関税同盟）単一市場アクセスの確保
合意なき離脱の是非	回　避下院が不承認ならば容認	容　認	回　避	回　避

＊注：表5を参照。
出所：庄司（2019）p.163，図表5-6に一部加筆。

　なぜメイの離脱協定は，議会の承認を得ることができなかったのか。メイの離脱協定をめぐる政治過程が浮き彫りにしたのは，多数決型ゆえのパラドクス，つまり政権与党の造反派閥と結びついた対決的野党が発揮する決定力である（Quinn, Allen and Bartle 2022；Russell and James 2023）。あくまでも結果論ではあるのだが，メイ案に一貫して反対した最大野党労働党は，自らの選好とは隔絶していたはずの強硬離脱派の政治目標の達成を促してしまった。2019年1月時点では30人に満たない少数派閥にすぎなかった保守党の強硬離脱派，そして2017年総選挙で獲得議席ゼロに終わったUKIPの念願が，2020年1月31日，EUからの離脱，しかもかなり強硬な離脱として成就したのである。

（3）　Brexit議会における多数派の逆転

　そこで，メイの離脱協定をめぐるいわばBrexit議会の過程を検討しよう。2016年7月，国民投票での敗北を機に辞任したキャメロン首相の後継となったメイは，安定多数を目指して総選挙にうってでた。2017年6月8日の

表3　2017年総選挙結果

議席数	650
保守党	317
労働党	262
SNP	35
自由民主党	12
DUP	10
SF	7
PC	4
緑の党	1
議長・独立	各1

注：SNP［Scottish National Party］：スコットランド国民党
　　DUP［Democratic Unionist Party］：民主統一党（北アイルランド）
　　SF［Sinn Féin］：シン・フェイン（北アイルランド）女王（国王）への宣誓を拒否し議会へ登
　　院していない。
　　PC［Plaid Cymru］：ウェールズ党
出所：House of Commons Library, *General Election 2017*, 2nd edition, Briefing Paper, Number
　　CBP 7979, Updated 29th January 2019をもとに作成。

投開票で保守党は予測に反する過半数割れを喫した。メイは10議席を獲得した北アイルランドの民主統一党（DUP）に閣外協力を求めるほかなかった（表3）。

　たいする労働党では，党内最左派の党首コービンの本来の立場は欧州懐疑主義者であったが，国民投票では党内の説得を受けて残留に投じた。国民投票後は，再国民投票の方針でも決断を遅らせ，曖昧な態度を続けた（Pogrund and Maguire 2020）。もっとも，庶民院の労働党議員のうち国民投票で離脱に投票したのは10名にとどまる。議員の過半数が再国民投票を支持し，これに反対したのは「赤い壁」と呼ばれる，イングランド中部及び北部の労働党の歴史的な岩盤選挙区から選出された穏健離脱を支持する少数の議員であった。なお，2017年に労働党に投票した有権者のうち離脱支持は3分の1にとどまった（Quinn, Allen and Bartle 2022：11）。とはいえ，労働党議員の大半は国民投票の結果にしたがいEUを離脱すること自体は受け入れていた。2017年のEU離脱通知法案の採決では162名の労働党議員が賛成に投じ，同案は難なく可決されている（賛成494，反対122）。

　メイの離脱協定法案の採決では，保守党の造反議員とDUPが反対に回っ

第2部　事例研究と地域研究・比較政治学

表4　EU離脱協定法案の議決
（2019年1月15日）

賛　成	202	反　対	432
保守党	196	保守党	118
労働党	3	労働党	248
無所属	3	SNP	35
		自由民主党	11
		DUP	10
		無所属	5
		PC	4
		緑の党	1

出所：UK Parliament, *Votes in Parliament*, European Union（Withdrawal）Act main Motion（Prime Minister），Division 293：held on 15 January 2019をもとに作成。

表5　EU離脱協定法案の議決
（2019年3月29日）

賛　成	286	反　対	344
保守党	277	保守党	34
労働党	5	労働党	234
無所属	4	SNP	34
		自由民主党	11
		DUP	10
		無所属	16
		PC	4
		緑の党	1

出所：UK Parliament, *Votes in Parliament*, United Kingdom's withdrawal from the European Union, Division 395：held on 29 March 2019をもとに作成。

たため，可決に持ち込むためにメイに残されていたのは，労働党との超党派的な合意であった。しかしながら，メイはコービンとの交渉のタイミングを遅らせ，コービンもメイとの協議を拒否し政府案に反対し続けた（Russell and James 2023：349）。保守党内では，採決のたびごとに賛成にまわる議員が増え，3月29日の3度目の議決では，造反は34名にまで減じた。しかし，労働党が対決姿勢を貫いたことで否決に終わった（表4，5）。

　労働党がメイの協定案に反対し続けたのには，残留を強く支持する若者を多く含むコービン党首の熱心なサポーター群，支持層のうち再国民投票賛同派，「赤い壁」を中核とした離脱支持の労働者層，これら分断を抱えた支持層のあいだで身動きが取れなくなり，対決を貫くほかなかったと解釈することもできる。もちろん，このパラドクスを解明するには，労働党にとってメイ案に賛成票を投じることがどこまで現実的な可能性としてあったかが精査されなければならないし，リーダーのパーソナリティを含め複合的に検討する必要がある。だが，結果だけに着目するなら，この時点の最大野党の行動からは，従来の統合志向が後景に退いていたといえよう。

　すでに述べたように，少数内閣を野党が対決的行動で追いつめる事態は

幾度も現出してきた。しかし，こと欧州問題に関していえば，最大野党は対決よりも統合を優先する行動を選択してきた。欧州問題は，政府が平議員の全面的な支持が得られない事態がつきものとなる争点であった（Riddell 1994：53）。それゆえ，最大野党の行動が鍵を握ることになるのだが，従来は，統合モードが優先されてきた。1971年のヒース政権下では，労働党のEC支持者が加盟に向けた政府案に協力姿勢を示し賛成票を投じた。1993年7月，メイジャー政権はマーストリヒト条約の批准に必要な社会条項をめぐる採決で，保守党からの大量造反によって敗北に追い込まれた。しかし，労働党のスミス党首は，保守党のEU懐疑派の造反議員とともに政府を窮地に追い込んだものの，最終的には，条約を支持する立場から，批准を妨げることはなかった（Riddell 1994：51-53）。

　そこで，メイの離脱協定案が否決され続けた要因として注目されるのが，議会の政党制である。クインらは，中庸の選択肢を採り難い二党制ではなく，多党制であったならば，強硬離脱に近い最終協定案に逢着することはなかったのではないかと論じる。政権の足もとが脆弱なら，与党の派閥の存在，そして最大野党の戦略次第で結果が左右されるのだとする（Quinn, Allen and Bartle 2022）。

　両者の結合をもたらした背景には，議会における政党間横断モードに，国民投票と議会任期固定制という二つの条件が加わったことがある。国民投票の結果生まれた分極化は，二大政党に深い分断を刻印し，政権与党内に野党のごとく行動する派閥を台頭させた。ここに，アキレス腱といわれる議会での安定した二党制が瓦解した。ごく少数の議員による派閥と，対決的な野党とが組み合わさることになり，議会は機能不全に陥った。解散権が制限されたメイは，かつてヒースがそうしたように，議会に解散の可能性を振りかざすことで賛成票をまとめる選択肢を持ち得なかった。同様の制約はジョンソンにも当てはまった。[5]

　一連のBrexit議会の状況は，英国政治の逸脱事例とみなされるだろう。しかしながら，ウェストミンスター・モデルは「分解」（近藤 2017）とすら

第2部　事例研究と地域研究・比較政治学

表現されるほど変容をとげている。ゆえに，与党の派閥と最大野党の連携による議会での決定力の反転が，今後も起こる可能性は否定できないだろう。最大野党の役割からみれば，統合か，対決か，その選択が従来以上の重みをもつことになる。

7　英国の事例研究からの試み

みてきたように，デモクラシーの存立基盤としての野党の存在意義がますます際立つ現在，その影響力，行動様式にあらためて目を向けることが求められるだろう。本稿ではデモクラシーの類型論に依拠しつつ，野党の対照的な特質，そして制度化の発展経路を概観し，従来の枠組みが理念型というよりもそれぞれのデモクラシーを正当化させる必要条件を示していたことをみた。英国における野党の制度化の目的は，強い政党間競争と政権交代を担保することで多数決型の民主的正当性を保障することにあった。本来の機能を果たすべく，野党を制度的に強めることではじめて民主性が保たれてきたことは，政党デモクラシーの再建が提唱される今日，改めて着目されてよいだろう。

それでは本稿で示した多数決型デモクラシーの脆弱性とそれが生み出すパラドクスは，従来の比較政治学の理解にどのような意味を持つのか。あくまでも試論ではあるものの，次の点を挙げておきたい。英国型デモクラシーにおいて，安定多数の政権が常態ではなくなったり，政権党の凝集性が著しく弱まったりするなら，従来の英国政治理解は反転し得る。政権与党の造反議員と政権に対決的な野党議員による政党間横断モードは，条件次第で議会のパワーバランスを逆転させることができる。選択肢は否決という手段に限られるものの，最大野党が政策決定力を握るわけである。

本稿では議会と内閣の優越性の逆転が生じた2019年のBrexit議会における野党の事例研究から，多数決型デモクラシーが容易に機能不全に陥るメカニズムを解き明かそうとした。比較政治学の仮説立証や理論と，個別事

124

例の研究のあいだに齟齬が生じることは珍しくないが，両者間が生産的に相互参照する方途はいく通りもあるはずである。デモクラシーが不断の運動であるとするなら，それ自体が社会の変容に応じたアップデートが要請される。個別事例が示す新たな視点もまた，比較政治学のアプローチの問い直しやアップデートに貢献し得る。少なくとも，英国の野党研究は，従来は有効であったウェストミンスター・モデルの深甚な変容にともなって，想定を逸脱する事象が度々生じるにいたった現在，その根本的な見直しが必要となる可能性を示唆しているのではないだろうか。

注

1）　本論文は，2023年度比較政治学会（第26回大会）共通論題「地域研究と比較政治学」に提出したペーパーを大幅に修正したものである。貴重なコメントを頂いた討論者，久保慶一会員，外山文子会員，司会者・企画委員長の近藤康史会員，報告者として登壇された日下渉会員，山尾大会員に心より感謝したい。またペーパーにコメントをくださった年報編集委員会の匿名の2委員，成蹊大学政治学研究会の皆様にこの場を借りて御礼申し上げる。いうまでもなく，本論の誤りや不十分さの責任はすべて筆者に帰する。

2）　なお，院内幹事によって非公式に調整された与野党2議員間の合意のもと，一方の議員が欠席する場合，反対の立場にあるもう一方の議員も同時に欠席することにより，欠席の影響をなくす慣習もある。これを「ペアリング」という。

3）　2024年7月に実施された総選挙では，スターマー労働党が414もの大量議席を獲得し政権交代を実現した。わずか121議席にとどまった保守党の歴史的惨敗である。接戦区を得票差10ポイント未満まで広げてみると223にのぼり，過去70年来最多となった。接戦区は増加したものの，有権者行動の流動化，二大政党からの票の分散による多党化は加速度的に進展しており，英国政治は再編の局面にあるとみるべきであろう。大勝したはずの労働党の選出議員のうち，104名が接戦区での辛勝によるものであり，新政権の基盤は薄氷である。現況に照らした試算では，二大政党間での4.5ポイントの票の振れで労働党は少数与党に陥る。

4）　英国－EU間での離脱協定の交渉で，最後まで難航したのが，協定に附帯される「北アイルランド議定書」の内容であった。両者が最優先事項としたのは，南北アイルランド間の凄惨な武力衝突を終結させた1998年の包括的和平合意を反故にしないために，アイルランド島に物理的な国境を復活させないことであった。メイがEUと

第2部　事例研究と地域研究・比較政治学

　合意に達した離脱協定には，アイルランド島に税関国境が復活することを回避する「安全策」が盛り込まれた。安全策とは，英国とEUとのあいだで通商協定がまとまらなかった場合，英国全土がEUの関税同盟に残り，なおかつ「公平な競争条件」，すなわち，環境規制，労働者保護，税制などに関するEUのルールを適用することだった。安全策は，一方的な終了は認められないが，いずれか一方による単独の状況評価で行うことができ，係争が生じた場合は，独立の調停機関が裁定することになっていた。メイの離脱協定は，比較的緊密な貿易関係を確保するなど，至難と思われていた目的の多くを達成できるはずであった（Rutter and Menon 2020）。労働党の2017年の選挙公約と比べてみても，「単一市場と関税同盟の恩恵を保持する」とした方針とも重なる。

　北アイルランドを英国本土から切り離す措置は，英国の首相ならば到底受け入れられないとしたメイは，協定にこの基本原則を埋め込んだのである。ところが，メイの後継首相ジョンソンは，安全策をあっさり覆した。北アイルランドを除く英国がEUの関税同盟からも単一市場からも脱退し，グレートブリテン島と北アイルランドとの間の海峡に通関手続きを必要とする貿易上の境界線が設けられた。北アイルランドは，「特区」となって単一市場に事実上残留する。なおかつ，移行期間の終結間際の2020年12月に締結された自由貿易協定は，強硬離脱派にとって十分に歓迎できる内容だった。英国−EU間の関税ゼロを実現した上に，「公平な競争条件」からも脱したからである。かねてから「公平な競争条件」からの除外を含む離脱を主張していた元UKIP党首のファラージは，一連の決定を大いに歓迎した。

5）　ジョンソンは，不本意ながらも，無協定離脱を回避しEUとの交渉期間を延長することをコービン労働党党首に約したことと引き換えに，早期議会総選挙法案を可決させ，2019年12月12日に総選挙が実施された。

引用・参考文献

Bagehot, Walter (1867) *The English Constitution*, London：Collins.（バジョット，W.（2011）『イギリス憲政論』（小松春雄訳）中央公論新社）

Best, Robin (2013) "How Party System Fragmentation has Altered Political Opposition in Established Democracies," *Government and Opposition* 48(2)：314-342.

Blondel, Jean (1997) "Political Opposition in the Contemporary World," *Government and Opposition* 32(4)：462-486.

Bogdanor, Vernon (2020) *Beyond Brexit : Towards a British Constitution*, London：I.B. Tauris.

Casal Bértoa, F. (2024)：Database on WHO GOVERNS in Europe and beyond, PSGo （whogoverns.eu　最終アクセス2024年 4 月19日).

Clarke, Harold D. (2009) *Performance Politics and the British Voter*, Cambridge：Cambridge University Press.

Curtice, John (2010) "So What Went Wrong with the Electoral System? The 2010 Election Result and the Debate About Electoral Reform," *Parliamentary Affairs* 63(4)：623-638.

Curtice, John (2020) "A Return to 'Normality' at Last? How the Electoral System Worked in 2019," *Parliamentary Affairs* 73(1)：29-47.

Dahl, Robert ed. (1965) "Reflections on Opposition in Western Democracies," *Government and Opposition* 1：7-24

Dahl, Robert ed. (1966) *Political Oppositions in Western Democracies*, New Haven, CT：Yale University Press.

Dahl, Robert (1971) *Polyarchy : Participation and Opposition*, New Haven CT：Yale University Press.（ダール，ロバート (1981)『ポリアーキー』(高畠通敏・前田脩訳) 三一書房)

Evans, Geoffrey and James Tilley (2017) *The New Politics of Class : The Political Exclusion of the British Working Class*, Oxford：Oxford University Press.

Garritzmann, Julian L. (2017) "How Much Power Do Oppositions Have? Comparing the Opportunity Structures of Parliamentary Oppositions in 21 Democracies," *The Journal of Legislative Studies* 23(1)：1-30.

Helms, Ludger (2004) "Five Ways of Institutionalizing Political Opposition：Lessons from the Advanced Democracies," *Government and Opposition* 39(1)：22-54.

Helms, Ludger (2009) "Studying Parliamentary Opposition in Old and New Democracies：Issues and Perspectives," in his ed. *Parliamentary Opposition in Old and New Democracies*, Abingdon：Routledge.

Hobolt, Sara B., Thomas J. Leeper and James Tilley (2021) "Divided by the Vote：Affective Polarization in the Wake of the Brexit Referendum," *British Journal of Political Science* 51(4)：1476-1493.

Kaiser, Andre (2009) "Parliamentary Opposition in Western Democracies：Britain, Canada, Australia and New Zealand," in Ludger Helms ed. *Parliamentary Opposition in Old and New Democracies*, Abingdon：Routledge.

Katz, Richard S. and Peter Mair (1995) "Changing Models of Party Organization and Party Democracy：The Emergence of the Cartel Party," *Party Politics* 1(1)：5-28.

第2部　事例研究と地域研究・比較政治学

Kichheimer, Otto（1957）"The Waning of Opposition in Parliamentary Regimes," *Social Research* 24（2）：127-156.

King, Anthony（1976）"Modes of Executive-Legislative Relations：Great Britain, France and West Germany," *Legislative Studies Quarterly* 1（1）：11-36.

Kolinsky, Eva（1987）*Opposition in Western Europe*, New York：St. Martin's Press.（コリンスキー，E.（1998）『西ヨーロッパの野党』（清水望監訳）行人社）

Lijphart, Arend（1999）*Patterns of Democracy : Government Forms and Performance in Thirty-Six Countries*［（2012）2nd edition］, New Haven CT：Yale University Press.（レイプハルト，アレンド（2014）『民主主義対民主主義——多数決型とコンセンサス型の36カ国比較研究［原著第2版］』（粕谷祐子訳）勁草書房）

Mair, Peter（2013）*Ruling the Void*, London：Verso.

Marcuse, Herbert（1944/2013）"Policy toward Revival of Old Parties and Establishment of New Parties in Germany," in Raffaele Laudani ed. *The Secret Reports on Nazi Germany : The Frankfurt School Contribution to the War Effort*.（ラウダーニ，R. 編，マルクーゼ，H. 著（2019）「ドイツにおける旧政党の再建と新党の立ち上げについての政策」『フランクフルト学派のナチ・ドイツ秘密レポート』（野口雅弘訳）みすず書房）

Müller, Jan-Werner（2021）*Democracy Rules*, Farrar, Straus and Girou.（ヤン゠ヴェルナー・ミュラー（2022）『民主主義のルールと精神——それはいかにして生き返るのか』（山岡由美訳）みすず書房）

Potter, Allen（1966）"Great Britain：Opposition with a Capital "O"," in Dahl, Robert-ed. *Political Oppositions in Western Democracies*, New Haven, CT：Yale University Press.

Pogrund, Gabriel and Patrick Maguire（2020）*Left Out : The Inside Story of Labour Under Corbyn*, London：Bodley Head.

Quinn, Thomas（2013）"From Two-Partism to Alternating Predominance：The Changing UK Party System, 1950-2010," *Political Studies* 61（2）：378-400.

Quinn, Thomas, Nicholas Allen and John Bartle（2022）"Why Was There a Hard Brexit? The British Legislative Party System, Divided Majorities and the Incentives for Factionalism," *Political Studies*, online（2022）, on print（2024）, 72（1）：227-248.

Riddell, Peter（1994）"Major and Parliament," in Dennis Kavanagh and Anthony Seldon eds. *The Major Effect*, London：Macmillan.

Russell, Meg and Daniel Gover（2017）*Legislation at Westminster*, Oxford：Oxford

University Press.

Russell, Meg and Lisa James（2023）*The Parliamentary Battle over Brexit*, Oxford：Oxford University Press.

Rutter, Jill and Anan Menon（2020）"Who killed soft Brexit?" *Prospect*, November 9, 2020.

Sobolewska, Maria and Robert Ford（2020）*Brexit Land*, Cambridge：Cambridge University Press.

UK Parliament, *Hansard*（https://hansard.parliament.uk　最終アクセス2024年 4 月19日）．

UK Parliament, *Votes in Parliament*（https://votes.parliament.uk　最終アクセス2023年12月23日）．

van Mechelen, Dennis and Richard Rose（1986）*Patterns of Parliamentary Legislation*, Aldershot：Gower.

V-Dem Institute, University of Gothenburg（2023）*Structure of V-Dem Indices, Components, and Indicators*.

今井貴子（2018）『政権交代の政治力学──イギリス労働党の軌跡　1994-2010』東京大学出版会。

近藤康史（2017）『分解するイギリス──民主主義モデルの漂流』ちくま新書。

阪野智一（2019）「イギリス議院内閣制の変容──『政党横断モード』の浸透と議会の影響力強化」佐々木毅編『比較議院内閣正論──政府立法・予算から見た先進民主国と日本』岩波書店。

篠原一（1986）『ヨーロッパの政治──歴史政治学試論』東京大学出版社。

庄司克宏（2019）『ブレグジット・パラドクス──欧州統合のゆくえ』岩波書店。

高安健将（2018）『議院内閣制──変貌する英国モデル』中公新書。

中村民雄（2020）「英国の国家主権・国会主権・人民主権とEU──Brexitが露呈した不文法体制の混迷」『早稲田法学』95（2）：51-123頁。

吉田徹（2016）『野党論──何のためにあるのか』ちくま新書。

渡辺博明（2002）『スウェーデンの福祉制度改革と政治戦略──付加年金論争における社民党の選択』法律文化社。

（いまい・たかこ：成蹊大学）

CHAPTER 6

イギリスにおける欧州懐疑主義と利益団体との関係
――狂牛病問題をめぐるメイジャー政権の対応を事例に――

安田英峻 ［神戸大学］

　本稿が検討するジョン・メイジャー保守党政権は，欧州統合をめぐる党内対立を抱えながらも，欧州問題については融和的な路線を政権成立時から維持してきた。しかし，その外交方針は，1996年3月に浮上した狂牛病問題によって転換を余儀なくされ，イギリスは英国産牛肉の禁輸措置に直面した。これに対し，メイジャー政権は，EUに対して「非協力政策」を打ち出す対決的路線に転換した。

　本稿は，農村コミュニティの利益を代表する全国農業組合（National Farmers' Union）による議会保守党への働きかけに注目し，なぜ保守党政権が欧州政策をめぐり強硬路線へと転換したのかを明らかにする。英国産牛肉の輸出禁止措置を受けた保守党政権と全国農業組合は，EUの政策決定に対する拒否権の行使や法廷闘争に持ち込み，両者の提携は強化された。その結果，政権の屋台骨を支えてきた統合推進派の閣僚や議員らは，狂牛病問題が浮上して以降，全国農業組合の意向に引き寄せられた場当たり的な防疫対策を繰り広げるようになっただけでなく，元々EUの規制政策に反対してきた統合懐疑派との間で自由貿易路線の重視という観点から結託，イデオロギー的転向を遂げた。

　本稿は，議会執行部に対する中間レベルの圧力によって，メイジャー政権の欧州政策は，欧州懐疑主義に反転するに至ったばかりか，政権与党として掲げる重要政策も二転三転を余儀なくされたことを指摘する。

第2部　事例研究と地域研究・比較政治学

1　欧州懐疑主義と利益団体

　イギリス保守党は，欧州統合をめぐり統合推進派と統合懐疑派の対立を
繰り広げてきた。しかし，欧州統合に対する保守党の態度はブレグジット
に至るまで消極的態度であった。なぜ保守党は欧州懐疑主義に引き込まれ
たのか。本稿では，その事例としてジョン・メイジャー保守党政権を分析
する。

　1980年代から90年代にかけてのイギリスは，経済障壁を取り除いた単一
市場を形成し，やがて通貨統合などを認めた政治統合について議論してき
た。この時，政権を担っていたのがメイジャーである。メイジャーは，政
権成立時から「ヨーロッパのまさに中心にイギリスが位置することを望む」
という融和的立場を示しつつも，党内の懐疑派議員の反発を踏まえるかた
ちで，単一通貨や社会憲章の適用除外を勝ち取るという折衷的な立場を維
持した (George 1998：231-274；Gowland and Turner 2000：275-309；力
久 2003：50-74)。

　しかし，保守党政権がEUに対する態度を転換させる出来事が発生した。
それが狂牛病（BSE）問題である。1996年3月20日，政府はヒトがBSEに
感染した牛を食べた場合，脳症を引き起こすとともにやがて死に至る旨を
発表した。この発表は世界に震撼を呼び，EUは英国産牛肉とその関連品
目の輸出禁止を即時決定した。禁輸解除に向けた政治過程の中，メイジャ
ーは「非協力政策」を発表し，閣僚理事会を始めとする加盟国の全会一致
を必要とする議決に拒否権を行使する方針を決定した。この時に，行使さ
れた拒否権は70件以上にも及び，狂牛病をめぐるイギリスとEUとの関係
は牛肉戦争と評されるほど悪化した (George 1998：270-271；Gowland and
Turner 2000：310-321；力久 1996：393-394)。

　欧州統合をめぐって融和的な姿勢を維持してきたメイジャー政権は，な
ぜ狂牛病問題において対決路線に転換したのか。本稿は農業畜産系の利益

団体である全国農業組合と保守党政権との関係に注目した検討を行う。な
ぜなら，利益団体は自己の便益のため，自らの要望を政策決定者，官僚，政
党，政府審議会などに伝達することで利益代表を行う役割があるためであ
る。

　グラントによると，とりわけイギリスのアグリビジネスは保守党と密接
な関係にあると言う。全国農業組合の関連で言えば，組合員の1名か2名
は内閣に属し，組合員の圧倒的多数は保守党に投票していると言う（Grant
1997：343）。しかし，この狂牛病問題の浮上に伴って，組合関係者からの
圧力を受けた同組合の執行部は，メイジャー政権の打ち出した補償政策，防
疫政策，牛の屠畜計画の狂牛病対策における行政不作為に批判姿勢を徐々
に強め，そのことが保守党の低迷を加速させたと既存研究では指摘される
（Woods 2005：93-97, 137-144；Packer 2006：189）。

　だが，多くの既存研究は，メイジャー政権の狂牛病対策の内容とその政
策過程，そして行政不作為に伴う政権の信頼低下に関する検討に留まる。こ
のため，全国農業組合がメイジャーの外交戦略にいかなる影響を与えたの
かについて充分検討されていない。もっとも，BSEを背景とした農村コミ
ュニティが直面した窮状，全国農業組合がBSEをめぐって政策過程に介入
していく様相を検討した研究もある（Weir and Beetham 1999：282-289；
Howkins 2003：207-234；星野 1999）。だが，そうした研究でも全国農業
組合の分析は，BSEが発見された80年代〜96年3月前後の分析に留まり，ど
のように保守党と組合が歩調を合わせ，それが政策決定や党内政治にいか
なる影響を及ぼしたかは検討されていない。

　また，イギリスの団体政治という広い文脈から見た場合，モランによる
と，最も有名な利益団体であるイギリス産業連盟ですらも内部対立の歴史
を持ち，強力なロビーをなしていたかどうかをめぐり強い疑問が表明され
てきた（モラン 1988：153）。だが，90年代から進むイギリスの分権改革を
鑑みると，上記見解は改められる必要がある。なぜなら，中間組織の影響
力が強まった場合，与党の方針も変化が伴うと考えられるからである。し

第2部　事例研究と地域研究・比較政治学

かし，比較政治学の領域において，地方新聞や政党文書などの史料入手の
点で制約があり，一次資料に基づく分析は発展途上の課題がある。

　本稿は，利益団体と政党政治の関係というミクロ分析を行うことを通し，
保守党政権の外交戦略が地域社会からの圧力によって制約される様相を明
らかにする。

2　保守党と全国農業組合の抵抗

（1）　全国農業組合と保守党との関係

　全国農業組合はいかなる政治的位置を占めているのか。全国農業組合に
注目する理由は，1960年代から1970年代にかけて影響力を保持してきた労
働組合等は，サッチャー・メイジャー政権を経て中央省庁の政策過程から
排除されるも（Seldon 1994：156-157），同組合は中央省庁との関係を維持
できた団体だったからである。だが，そうした協調関係は決して自明でな
く，とりわけ80年代においては全国農業組合と保守党政権が対立関係に陥
った経緯もあるため，詳しく確認してみたい。

　イギリスにおける農業従事者の割合は1.8％であるものの，全国農業組合
の影響力は無視できないと指摘されてきた。それは，組合が農業従事者の
９割を傘下に収めているという理由に留まらない。1908年の創設以来，同
組合は，農水食料省や自治体と協働しながら，食料増産運動，公衆衛生や
環境などの監督規制，農場開発，動物福祉，農産物価格の決定，第１回EEC
加盟申請の政策決定に影響力を行使してきたからである（Lieber 1970：48-
50, 85-86, 122-124, 130-132；Weir and Beetham 1999：279-282；田中
1983：272-274）。

　その組織体制として，1998年の時点で12万人の組合員によって組合は支
えられており，姉妹団体のスコットランド全国農業組合，ウェールズ全国
農業組合とも行動を共にしている（Grant 2000：4-6；田中 1983：276）。政
党選択においては，同組合は不偏不党の方針ではあるが，農家の多くは地

主の党としての歴史を持つ保守党を支持する傾向が根強い（Lieber 1970：46-47；Howkins 2003：227）。実際，保守党は1992年総選挙，歴史的大敗を喫した1997年総選挙のいずれにおいても，農村地域における得票率・議席数は他党と比べて高いとされる（Woods 2005：97）[1]。

　だが，歴代政権が必ずしも組合と協調できたわけではなく，対立に陥ることもあった。その典型が共通農業政策（CAP）であり，サッチャーとはCAP改革をめぐり特に対立した。CAPは，農業基盤の弱い加盟国や農業従事者の所得支援を目的としている。これにより，生産者の受け取る市場価格がECの共通価格を下回った場合，ECが買い上げることで価格維持される。だが，CAPは大陸国家の過剰生産を招いた上，EC予算額の7割近くがCAPに費やされた。また，70年代から80年代のイギリスは英国病の最中にあり，予算問題を尚更無視できなかった。このため，サッチャーは，補助金を受け取る農業従事者の反対を押し切りCAP改革を行った（田中1983：274；遠藤 2013：117-119, 144-149；池本 2019：216-219；Woods 2005：93）。

　しかも，サッチャー時代になると，保守党と農業従事者との関係は，CAP問題以外にも軋轢を生んだ。なぜなら，サッチャーが進めた民営化・規制緩和によって金融・サービス業や中産階級は優遇されるも，政府からの農村地域の開発支援・投資，サービス維持面で軽視されたからである。加え，公共部門の多くが民営化されたことにより，事業のために大量消費される水道，ガス，電気，土地の維持費も増加した。他方，農業従事者の苦境をすくい上げてきた自治体は，歳出制限のため事業者向けの支援を渋らざるをえず，サービス提供者としての業務・裁量権も縮小傾向にあった（Bell and Cloke 1989：6-13；Cloke 1990：309-314）。

　だが，メイジャー政権に入ると，雇用，住宅，公的サービス，環境保全，交通を始めとする農村地域の生活の質向上や持続可能な農場開発のため，政府，自治体，農業事業者，企業，地域住民の協調に基づく地域再生の計画白書や立法措置が90年代に相次いで提起された。メイジャー政権では農

第2部　事例研究と地域研究・比較政治学

村チャレンジ（Rural Challenge）の下，住宅支援，政府補助金の創設，地域企業・商店の税控除，雇用創出に関する助成金制度が整備された（Gilg 1999：6-9, 117-130；Woods 2005：17, 93-94）。こうした90年代以降の地域政策の変化は都市再生の分野で指摘されてきたが，地域再生も保守党の政策課題に含まれるようになった。

　では，全国農業組合との協調関係を取り戻した保守党は，狂牛病をめぐりどう対応したのか。以下で検討したい。

（2）　輸出禁止措置の発動と政権の認識

　1996年3月18日，ドレル保健相とホッグ農相は国内で蔓延するBSEが10名に感染した事例を確認したことを閣僚会議で共有し，2日後の3月20日にドレルが下院でその旨を公表した（Seldon 1998：639-640；池田 2002：48）。この報告により，EUが正式に輸出禁止をイギリスに課すまでに14カ国の加盟国が輸入禁止を行った（星野 1999：21）。特に，フランスによる輸入禁止措置をめぐり，農相は輸入禁止措置を「全く不必要であり恐らく違法である」との認識を示し，テディ・テイラーを始めとする懐疑派議員も「フランスの行動は違法」と同調した（Press Association, 21 March 1996）。

　しかし，3月25日，欧州常設獣疫委員会は英国産の生体牛，牛肉，精液，受精卵，ウシ由来の医薬品や化粧品などの輸出禁止を決定し，その後欧州委員会の議決を経て27日に輸出禁止が発動された（星野 1999：22；中嶋 2002：87[2]）。この決定にメイジャーは「ジャック・サンテール欧州委員会委員長に激怒」したとされ，ドレルも言語道断な決定とEUに抗議した（Major 2000：651；Herald (Glasgow), 1, 26 March 1996）。なぜなら，感染リスクとなる牛特定動物臓物の食用利用は，89年に禁止されていたためBSE感染の危険はなく，また月齢30カ月未満の牛はBSE発症が低下する理由から，禁輸は不当と政権は考えたからである（Seldon 1998：640-641；van Zwanenberg and Millstone 2005：201；池田 2002：46-47）。

　だが，理由はこれに留まらない。なぜなら，政権は禁輸措置が自国の経

136

済主権を侵害していると考えたからである。例えば，クリストファー・ギルのような懐疑派議員は「欧州委員会が選挙で選ばれたウェストミンスター議会の頭越しに行動する憲法的な不当性」を伴う措置と捉えており（Gill 2003：186），主権問題は狂牛病問題をめぐり終始争点となった。

また，輸出禁止措置に対する怒りはユーロ導入を支持する統合推進派の閣僚にも及んだ。その典型であるヘセルタイン副首相も，「ヨーロッパ［による］禁止令はきわめて保護主義的であり，政治的動機に基づくもの」と非難し，後の非協力政策では分担金の保留も含めた報復措置を提起した（Heseltine 2000：505；Packer 2006：180）。

輸出禁止措置をめぐり，なぜ統合推進派が統合懐疑派との間で認識が一致したのか。

農村地域からの支持調達も理由の1つだが，最大の理由は統合推進派も自由貿易を推進している点にある。なぜなら，統合懐疑派はEUを超えた世界規模の市場取引を重視するハイパーグローバリストである一方，統合推進派は欧州域内との市場取引が国益に叶うと考えており（Baker, Gamble and Seawright 2002），経済では市場重視路線という合意が存在したからである。実際，クラーク財相も保守党が重視する減税政策や支出抑制の観点から屠畜数を縮小したいと考えており（*Guardian*, 6, 26 March 1996；*Independent*, 1, 26 March 1996），彼も自国経済を優先していた。なお，全国農業組合の会長を務めるデイヴィッド・ナッシュも「BSEが発生した集団における乳牛の広範な屠殺計画に対する『断固たる反対』を繰り返し述べ」ており，政権と組合の間で経済的損失をできる限り縮小する合意ができていた（*Birmingham Daily Post*, 23, 11 April 1996）。[3]

その意味で，同床異夢の側面が強いとはいえ，輸出禁止措置は自国の市場取引の機会を損ねるという点で，派閥を超えて禁輸は不当という認識を構築していた。

第 2 部　事例研究と地域研究・比較政治学

（3）　全国農業組合の見解と要求

では，輸出禁止措置をめぐり，全国農業組合はいかなる見解を提示し，それに保守党はいかなる外交・防疫政策を打ち出したのか。

ホッグ農相は，感染リスクが高いとされた月齢30カ月以上を対象とした30カ月スキーム（Over Thirty Month Scheme：OTMS）の実施を3月24日に示唆し（*Financial Times*, 1, 25 March 1996），4月3日に導入された。また月齢6カ月以上のウシの頭蓋は舌を除き除去，BSE蔓延の要因となった肉骨粉の農地肥料の利用も禁止された（van Zwanenberg and Millstone 2005：200；池田・東郷 1996：60-61；星野 1999：27；中嶋 2002：87）。OTMSは組合会長のナッシュやスコットランド全国農業組合のサンディ・モール会長からも提案・支持された趣旨であったため（*Herald (Glasgow)*, 1, 27 March 1996；*Times*, 27 March 1996），メイジャーは異論なく受け入れた。

だが，OTMSをめぐり組合側が統一見解を持っていたわけではなかった。まず，切歯が1対以上ある動物は月齢30カ月以上として屠殺されるが，それより若い未経産牛にも2対以上の切歯が現れることも多いという見解である。さらに，ごく最近まで未経産牛の生年月日を記録することがなかったため，実年齢証明が困難になる懸念があった（*Times*, 12 April 1996）。その上，牧草牛や乳牛もOTMSに含まれており，肉骨粉を利用しなかった農家にとって割に合わない措置であった（*Press Association*, 23 April 1996；*Herald (Glasgow)*, 1, 30 April 1996）。

特に，事業者間におけるEU感情として無視できないのは，禁輸措置とそれに伴う防疫対策が事業維持にとって壊滅的だった点である。組合の推定によると，Somersetのような地域は，地元経済の70％を農家収入や牛肉関連企業に依存しており，農民の経済的苦境を悪化させる懸念があった。このため，左派系のメディアである*Observer*紙も「狂った牛では決してない」という記事の下，政権の不作為を批判するとともに，EUの求める禁輸解除の条件によって苦境に立たされる畜産事業者に同情を示した（*Observer*,

28, 19 May 1996)。左派系メディアもEUの措置を疑問視する中, 下院の委員会でも, OTMSの範囲をめぐり, 現行規制でもBSEを排除でき, EUの措置を含めて不当との認識が広がっていた。例えば, 4月18日における農業・保健特別委員会に参加した食肉卸売連合会は,「月齢30カ月〜42カ月の牛, 精肉牛, 子牛を屠畜するという農水食料省と全国農業組合の提案は, 不必要で経済的に壊滅的」との見解を示したことに現れている (AHSC 1996：117)。

　同様に, 政策執行に関わるアクターがEUの求める措置を不当だと認識していた理由に, 政権と組合が, 第三国を含む輸出禁止措置は厳しすぎるとの認識を持っていた点である。特に, WHOも危険度が低いと答申したゼラチン, 獣脂, 精液は, 禁輸解除されるべきとの意見が全国農業組合を筆頭に相次いでいた (日経メディカル 1996：106-107；Major 2000：652)[4]。当然, 懐疑派議員たちは, 禁輸措置も含め「間違いなく法廷で争われるべき」であり,「科学的根拠に基づき禁輸は必要でなかったと信じる理由が増えている」との立場を崩していない (*Birmingham Daily Post*, 23, 11 April 1996)。

　こうした議会内外の動向を踏まえ, 保守党政権と全国農業組合は統合懐疑派の主張する法廷闘争に同調するに至った。4月16日, メイジャーは「我々はこの完全に不当な英国産牛肉の禁輸に法的措置を講じるべきだと決定した」と答弁し, 欧州裁判所に提訴した (*Press Association*, 16 April 1996)。その後, 4月25日, 同組合は禁輸措置の違法性を争うため農水食料省と税関庁を高等法院に提訴, 高等法院は「議論の余地がある訴訟」として欧州裁判所に付託した (*Press Association*, 24 April 1996；*Guardian Weekly*, 9, 5 May 1996)。この経緯を鑑みると, 保守党と組合が政策過程で共同できていたことが分かる。

（4）　非協力政策に至る過程
　だが, 保守党政権は禁輸措置の解除に向けてEUと交渉を進めるも, そ

第2部　事例研究と地域研究・比較政治学

の政治的妥結を得られなかった。これを受けて，メイジャーは拒否権の発動という形でEUの政策決定を妨害する戦略を取った。

　5月8日，欧州委員会はBSEのリスクが低いとされたゼラチン，獣脂，精液の禁輸解除を勧告した。農業担当欧州委員のフランツ・フィッシュラーは「これ［派生品目の厳しい処理条件］が整備・監視されれば，禁輸解除される可能性がある」と回答した（*Guardian*, 2, 9 May 1996；*Times*, 9 May 1996；Major 2000：652）。だが，加盟国の多くは禁輸解除に反対，特にドイツは禁輸解除に強く反対した。4月29日，コール首相はメイジャーと首相官邸で会談するも，「英国産牛肉は安全だと宣言することは難しい」との立場を崩せなかった（*Guardian Weekly*, 9, 5 May 1996；Seldon 1998：649）。このため，議会保守党の陣笠議員で構成される1922年委員会は，メイジャーに「欧州政策について強硬姿勢を取るよう奨励」し，タブロイドから畜産事業者に至るまで，反ドイツ・反EU感情が5月を境に噴出した（*Scotsman*, 1, 6 May 1996；Gowland and Turner 2000：314-315[5]）。

　そのことは，5月に開催されたスコットランド保守党年次党大会におけるメイジャーの演説からも確認でき，後の非協力戦略に直結した。

　　牛肉をめぐる欧州の禁輸は不満と怒りを引き起こしている。農家の間だけではなく全ての人の間で。確かに，ここスコットランドでは，スコットランド産牛肉は品質の代名詞である。禁輸は全く不当だ。それはパニックの結果であり科学でない。……中略……来週，欧州では禁輸解除に向けた最初の一歩が議論される予定だ。私は進捗が見られることを願っている。なぜなら，この禁輸は［欧州］委員会により導入されたからだ（Major 1996a[6]）。

　では，全国農業組合は首相演説をどう理解したのか。モール会長は，党大会の後，「欧州閣僚理事会の動きが鈍いのは，政府の責任とは言い難い」と政権を擁護した。これにより，メイジャーは狂牛病をめぐる責任をEU

に転嫁できた（*Scotland on Sunday*, 3, 12 May 1996）。またリフキンド外相も，5月12日，フランスのシラク大統領に「保守党は禁輸措置が不当であるという点で完全に団結していると警告」し（*Press Association*, 13 May 1996），類例を見ない強硬外交が取られた。

　だが，首相と外相の発言は脅しではなく現実の行動となった。5月20日，欧州常設獣疫委員会は，派生品目3種を含む禁輸解除を特定多数決に基づき否決した。加盟国のうち，7カ国が反対，賛成した加盟国は5カ国だった。この否決は「牛肉の安全性に関する科学的合意が存在しないため禁輸措置は継続されるべきだ」というドイツの立場に影響された結果であった。部分的な禁輸解除に賛成したデンマークですら「牛肉の安全性を確保する措置を講じる必要がある」と主張しており（Miller 1996：18），保守党はこの結果を招いたEUとドイツに激怒する程であった（Seldon 1998：649；Major 2000：653）。

　5月21日，メイジャーは同年11月を禁輸解除の目標に設定するとともに，下院で閣僚理事会を始めとする加盟国の全会一致を必要とする全ての政策に拒否権を行使することを表明した（Miller 1996：7-8；Seldon 1998：650；Major 2000：654-655）。この時，メイジャーは「段階的な禁輸解除につながる合意がない限り，我々はEUで他国の合意を必要とするものに協力できない」姿勢であった。サンテール委員長は「イギリスの非協力戦略は人質取り」と非難するも（Williams 1998：158），6月下旬のフィレンチェ合意に至るまでの間で75件もの議決に拒否権が行使された。拒否権が行使された政策の中には，政権が重視してきた政策も含まれていた。一例として，単一市場において適用される法律・規制の簡素化，EU行政間の協力，法と秩序などが含まれており（Miller 1996：10, 27-30），国益に叶う政策領域にも拒否権は行使された。

　保守党が強硬措置を取れた背景として，ユーロ導入に賛成するクラーク財相も同意したことが大きい。5月22日，BBCのラジオ番組においては，「ドイツは科学的証拠が我々にある事実を直視すべきだ。これは正当化され

第 2 部　事例研究と地域研究・比較政治学

ない」と主張し（*Press Association*, 22 May 1996），政権の屋台骨を支えて
きた統合推進派の閣僚も強硬姿勢を求めた。

　一方，全国農業組合の立場は必ずしも非協力戦略に乗り気ではなく，「EU
の意思決定を遅らせようとする政府の動きは危険である」という立場であ
った。なぜなら，組合が優先したことは禁輸解除であり，外交関係の悪化
によって交渉が遅れる事態を避けたい思惑があったからである。だが，組
合の立場としては，外交関係を改善させることも要ではなかった。そのこ
とは，メイジャー政権が非協力戦略を取った 5 月21日，全国農業組合が政
権の動きに足並みを揃える形で，「訴訟の全容が審理されるまでの間，ゼラ
チン，獣脂，精液，そして可能なら第三国への英国産牛肉の輸出禁止を即
時，または一時的に停止するよう欧州裁判所に求める」取り消し訴訟を追
加で求めた点に現れている。組合事務総長のリチャード・マクドナルドは，
この決定に際して，「［欧州委員会における禁輸措置解除の］進捗状況は非
常に遅く，非常に苛立たしいものである」との対抗姿勢を表明した（*Finan-*
cial Times, 10, 22 May 1996；*Press Association*, 22 May 1996）。その点で，[7]
組合の姿勢は政権の立場と変わりなかったのである。

（5）　タイムテーブルなき合意としてのフィレンチェ合意

　フィレンチェ合意が取り決められる10日前の 6 月11日，欧州委員会はイ
ギリスに課していた禁輸品目であるゼラチン，獣脂，精液について，一定
の条件を満たした場合にのみ解除することを決定した（池田・東郷 1996：
61-63）。だが，EU の歩み寄りはなく，全面解禁に至らなかった。

　フィレンチェ合意では，5 つの条件が満たされた場合のみ禁輸が解除さ
れるとの合意が示された。それは，①1989年 7 月から1993年 6 月までに生
まれた感染牛と同じコーホートにいた牛を選別屠殺する，②パスポート制
と呼ばれる個体識別登録を行い，追跡システムを改良する，③肉骨粉を飼
料工場や農場から撤去するための法制化，④OTMS の効果的履行，⑤枝肉
から特定危険部位を除去するであった（van Zwanenberg and Millstone

142

2005：202-203；中嶋 2002：87-89）。だが，上記条件を満たしても禁輸解除の期日は定められず，解禁は「公衆衛生と客観的な科学的基準に基づき行われる」との合意であった。95年6月の党首選の候補者であったレッドウッドの言葉を借りれば，政権は「タイムテーブルなしの合意は上手くいかない」状況を招いた（Grant 1997：347；Seldon 1998：652；*Scotsman*, 1, 28 May 1996）。

メイジャーは帰国後，禁輸解除の期日を定められず，また本来想定されていなかった屠畜対象牛を6万7千頭も増やしたと非難されることになった（Seldon 1998：652；Gardiner 1999：54）。なぜなら，元々の目標は，①輸出禁止の即時解除，②生後30カ月以上の牛4万2千頭を屠畜する，③禁輸解除されるまで非協力政策は継続するとの方針であり（*Guardian*, 1, 20 June 1996），明白な外交的敗北を意味したからである。

このため，「牛の屠殺に関する譲歩の怒り」という記事の中で，組合は「BSE根絶計画の一環として，さらに牛を屠殺しなければならないという欧州委員会の提案は多くの農家にとって壊滅的ニュースだ」との見解を表明した（*Manchester Evening News*, 6, 20 June 1996）。

特に，この合意に「がっかりした」のがスコットランド全国農業組合のモール会長であった。なぜなら，スコットランド産牛肉は肉骨粉を利用せず牧草で育ててきた経緯があり，禁輸解除が早期に決まる期待があったためである。だが，合意では屠畜方法を始めとする環境整備やパスポート制の導入などが含まれたため，狂牛病の汚染リスクの低い地域から段階的に禁輸措置を解除する余地が生まれなかった。このためモールは，「禁輸解除のタイミングに関する合意の重要な部分を遅らせることの意味を指摘するまでもない」と述べ，速やかな禁輸解除を改めて強調した（*Aberdeen Press and Journal*, 18, 19 July 1996）。

だが，政権が「公衆衛生と客観的な科学的基準に基づいて行われる」という条件を満たした場合，目標であった1996年秋頃の輸出解禁は可能性として残されており，挽回のチャンスがあった。なぜなら，新たな科学的根

第2部　事例研究と地域研究・比較政治学

拠が発見された場合，フィレンチェ合意はその新たな根拠に基づく規制措置の変更を認めていたからである（*Guardian*, 2, 21 September 1996）。だが，上記の文言は禁輸措置の延長を決定付けることとなる。

3　ゴールポストを動かされる保守党

（1）　保守党政権と全国農業組合の防疫対策の見直し

フィレンチェ合意以降，保守党政権は様々な規制立法を整備するも，EUに対する被害者意識は党内で残り続けた。

なぜなら，フィレンチェ合意は禁輸解除の目処のない追加規制に他ならなかったからである。また，禁輸解除に反対するドイツは，6月上旬に部分的解除を申し渡した派生品目について，母子感染の可能性を踏まえ再度の禁輸措置を取るようEUに求めた。ドイツの農相は，8月2日，「牛肉，および牛派生品目の禁輸の復活」を求め，イギリスは「より厳しい措置」を課される恐れに直面した。フィッシュラー農業担当欧州委員も「ダグラス・ホッグ農相に宛てた書簡で，イギリスに『屠畜計画の拡大の必要性を検討する』よう要請して」おり，ドイツの意見が通った場合，殺処分数が予定されていた14万7千頭から17万7千〜19万7千頭に増加する公算があった。このフィッシュラーの書簡に対して懐疑派議員は，「［政府は］非協力戦略を再考するべき」，または「もし我々が国内全ての牛を殺したとしても，フィッシュラーは満足しないだろう」などと主張した。こうした動きに加え，イギリス獣医学会（British Veterinary Association）も，ドイツの要請は「科学的正当性はない」との批判声明を発表し，懐疑派議員に同調する動きが8月上旬にかけて国内で広がった（*Financial Times*, 3 August 1996；*Press Association*, 3 August 1996；*Scotsman*, 1, 3 August 1996）。

こうした中，保守党に禁輸措置の早期解除のチャンスが8月29日に訪れた。それが，『ネイチャー』に掲載されたアンダーソン論文と呼ばれた成果である。この論文では，BSEの流行はピークを過ぎており，屠殺処分が実

施されずとも2001年までにはBSEはほぼ消滅すると述べられていた（Grant 1997：347；Packer 2006：194-195）。もし，EUが上記論文を受け入れた場合，計画されていた12万頭の屠畜予定牛は３分の１に削減されることになり，政権にとって嬉しい誤算であった。このため，農水食料省の広報担当官は「我々は，当初，科学的根拠に基づき殺処分数を推定していた。そのため，新しい科学［的根拠］が登場すれば，その数を見直すのは当然だ」との路線転換を示唆した（*Press Association*, 10 September 1996）。

　では，保守党議員と全国農業組合はいかなる認識だったのか。懐疑派議員は，殺処分計画の転換を無論要請した。例に，サッチャー政権で閣僚を務めたジョン・ビッフェンは「提案されている追加殺処分は感情的・政治的理由で課されており科学的裏付けがない」との立場であった（*Herald (Glasgow)*, 1, 11 September 1996）。だが，統合推進派も同様の論陣を張っており，その１人が農業特別委員会に参与したウィリアム・パウエルである。彼は90年の党首選挙でヘセルタインに投票した屈指の統合推進派であり，VAT増税案や死刑再導入にも反対した社会リベラルな議員である（Waller and Criddle 1996：227-228）。だが，そうした人物でさえ，早期の禁輸解除に向けてドイツ批判を次のように主張した。

　　政府がネイチャーで示唆される助言に従った場合，完全に健康な家畜を屠殺するのは馬鹿げていると考える保守党議員，農民，非農民などの有権者に歓迎されるだろう。……中略……ドイツ人は科学が何であれ，再び輸出を許可しないと明言している。そうであるのに，なぜ一部の無知なドイツ人が政治を何より優先させようとするからといって，BSEを根絶する利点もないのに莫大な対価を払い思慮のない屠殺を行う必要があるのか（*Herald (Glasgow)*, 1, 11 September 1996）。

　パウエルは，なぜ対立関係にあった統合懐疑派と同様の立場を取るように至ったのか。その背景にあったのが，イングランド最南西部にある地元

第2部　事例研究と地域研究・比較政治学

選挙区Corbyの動向である。Corbyは主要産業の1つとして畜産業が盛んであり，狂牛病問題の打撃を受けた地域であった。だが，96年9月上旬になると，感染牛の屠畜処分が進捗せず，廃棄を待つ事業者で溢れるようになっていた。事業者は屠畜を待つ間，売り物にならない牛を飼育し続けることになるため，Corbyで大きな負担となっていたのである。こうした背景から，パウエルは「屠殺される動物の数を減らすこと」を政権に要求するとともに，禁輸解除に難色を示すEUに批判を強めるようになった（Herald (Glasgow), 15, 12 September 1996 ; *Press Association*, 13 September 1996）。

　では，組合は，政府方針の転換をどう受け止めたのか。ナッシュ会長，スコットランド全国農業組合のモール会長とジョージ・ライアン副会長は，この路線転換を以下の通りに支持表明した（*Birmingham Daily Post*, 32, 5 September 1996 ; *Scotsman*, 2, 13 September 1996）。

　　ナッシュ　ヨーロッパ中の科学者がこの証拠を受け入れれば，殺処分される動物を大幅に減らすことができる。選別屠殺が提案されて以来，私は一貫してそれが科学的根拠に基づいているとは信じられないと言い続けてきた。これはヨーロッパの他の加盟国を満足させるための政治的方便である。
　　モール　　スコットランドの農民は昨日の閣議決定を喜んでいる。近い将来の禁輸措置の解除を実現するため，我々は今メイジャーに期待しており，これはスコットランド牛肉産業が将来にわたり存続するための最優先事項だ。
　　ライアン　我々は，ジョン・メイジャーが［フィレンチェ］合意に立脚するとの決定を歓迎するが，状況を注意深く見守っていく。

　こうした組合の期待も踏まえ，メイジャーはアンダーソン論文を欧州委員会に提出することを9月12日に閣議決定した（*Scotsman*, 2, 13 September 1996)。その後，9月16日から17日にかけて，ホッグ農相はアンダーソン論文を踏まえたフィレンチェ合意の修正を加盟国農相が集まる農相理事会で求めた（*Scotsman*, 1, 17 September 1996；*Guardian*, 2, 17 September 1996；*Herald (Glasgow)*, 1, 17 September 1996）。そして，欧州委員会は，18日にアンダーソン論文を踏まえた選別屠殺に関する専門家会議の開催を決定するとともに，メイジャーはフィレンチェ合意に含まれる追加屠畜の一時停止を19日に決定した（Major 1996b；Grant 1997：347；Packer 2006：195）。

　以上を鑑みると，保守党は禁輸措置の早期解除や殺処分数の縮小という観点から，組合との連携に基づく政策決定を重視したと言える。

（2）　ゴールポストを変える全国農業組合

　だが，以下で検討する通り，屠畜計画の変更が欧州委員会によって拒否されたことから，組合は態度を軟化せざるをえなくなった結果，一層の妥協をEUはイギリスに要求するという確信を党内に根付かせた。では，保守党はいかなる政策展開を進めたのか。

　9月17日，欧州委員会は「最新の科学的研究を再検討すると同意」するも，屠殺数削減については消極的だった。フィッシュラー欧州農業担当委員は，「輸出禁止を解除するには追加の屠畜処分が不可欠」と述べ，ホッグは「フィレンチェ合意を守れ」と言われる始末となった（*Grocer*, 51, 21 September 1996）。また，感染が疑われない認定牛として国内で承認されたスコットランドや北アイルランドの牧草牛も，パスポート制の導入が完了していないことから合意の履行を国内全土で行うよう促された（*Herald (Glasgow)*, 1, 17 September 1996；*Scotsman*, 1, 17 September 1996）。会合では，以前から禁輸解除に反対していたベルギーの農相も「イギリスが合意を遵守しない場合，財政措置を含む全ての措置を講じる必要はない」との方針を示した（*Herald (Glasgow)*, 2, 18 September 1996）。禁輸解除にあたり，欧州常設獣疫委員会，欧州委員会，閣僚理事会の同意が必要で

第2部　事例研究と地域研究・比較政治学

あるため，この方針は政権の目標であった秋頃の禁輸解除が頓挫すること
を意味した（*Guardian*, 2, 21 September 1996）。この方針に，農業特別委
員会委員長を務めるサマセットを地盤とする統合推進派のジェリー・ウィ
ッギンは「ヨーロッパ人は本件について偽善的で二面性があり，我々が何
をしても彼らは自分たちの態度を変えない」との批判をBBCのラジオ番組
で述べるとともに，ナッシュ会長も「EUの農業大臣らの態度は信じられ
ない」との不満を示した（*Press Association*, 17 September 1996 ; *Herald
(Glasgow)*, 2, 18 September 1996）。

　だが，組合は，欧州委員会の頑なな方針を受けて，これまで要求してき
た屠殺予定数の縮小という路線を転換することになった。なぜなら，加盟
国の納得がなければ禁輸解除に至らないとの認識に至ったからである。

　このため，屠畜数の縮小化という組合の方針は，9月下旬を境に改めら
れた。全国農業組合の地域書紀は「フィレンチェ［合意の］決定は科学的
根拠に基づいていなかったが，屠畜処分が早ければ早いほど我々はヨーロ
ッパに牛肉輸出を再開できる」との方針を示した（*Dumfries and Galloway
Standard*, 6, 20 September 1996）。その後，モール会長も「政府はフィレ
ンチェ合意の約束を守り，選別屠殺の計画を実施しなければならない」と
の書簡を首相に送付する形で態度を軟化させた（*Scotsman*, 1, 17 Septem-
ber 1996 ; *Herald (Glasgow)*, 1, 19 September 1996）。

　一方，欧州委員会が「最新の科学的研究を再検討する」ことに前向きだ
ったため，メイジャーはイギリス全土の同時禁輸解除ではなく地域別で禁
輸解除を模索していくことになった（*Herald (Glasgow)*, 1, 19 September
1996）。なぜなら，欧州委員会が地域別で禁輸解除に踏み切った場合，組合
が元々要求していた禁輸措置の解除が部分的に残されていたためである。実
際，狂牛病の汚染リスクの低いスコットランドにおける電話調査によると，
「McDonaldとBurger Kingは英国産牛肉の禁止を解除すべきか？」という
世論調査の結果，1894人が解禁を支持，解禁に反対したのは32人であり，少
なくともスコットランドでは牛肉の消費者信頼感が回復し，狂牛病をめぐ

148

る混乱はある程度沈静化していた（*Aberdeen Press and Journal*, 9, 5 June 1996）[9]。言い換えれば，保守党が欧州委員会や加盟国を説得できた場合，スコットランドから禁輸措置が段階的に解除される公算が政権にあり，秋頃の禁輸解除という目標も一先ず守られることを意味したのである。

だが，合意が求めていたのは，イギリス全土における合意の履行であり，ここにEUとイギリスの認識相違があった。こうした保守党による誤った期待感に基づく政策転換は，禁輸措置の延長につながった上，党内の反EU感情を強める結果となっていく[10]。

（3） 保守党政権のＵターンと欧州懐疑主義へのシフト

以上，全国農業組合の方針転換に至る経緯を提示するとともに，政権が早期の禁輸解除をEUに要請する過程を検討した。では，なぜ保守党党内で反EU感情が残り続けたのか。以下では，1996年10月に開催された保守党大会から12月の禁輸措置延長に至る過程を検討することを通し，党内が欧州懐疑主義で団結していた点を明らかにする。

10月8日から10月11日の間，保守党は党大会を開催した。この党大会の最中，全国農業組合はホッグ農相の不信任決議を10日に採択した。この不信任決議は，イングランドとウェールズに点在するDevon, Cornwall, Somerset, Dorset等を筆頭とする72の組合支部により決定され，農相に対する不信任決議は1987年以来だった。「同大臣はEUにおけるイギリスと農産業の利益を代表していない」，「傲慢で無関心」などと議決されており，党大会では500名の組合関係者が農相辞任を求めるデモを繰り広げた（*Financial Times*, 3, 11 October 1996；*Press Association*, 7 October 1996；*Western Daily Press*, 19, 11 October 1996）。

しかも，当時報道によると「デモは，この危機が解決しない限り，この地域[Dorset]で最大8議席が危険に晒される」というSouth East Cornwall管内で選挙区を持つロバート・ヒックスの警告を受けて行われたとされる。その上，党大会における抗議デモに併せて，ヒックスは「何の落ち度もな

第2部　事例研究と地域研究・比較政治学

いのに屠畜対象動物が農場に残っていることに気付いた農家を罰しないよう期待する」との書簡を首相に送りつけた (*Herald (Glasgow)*, 6, 8 October 1996)。元々，ヒックスは，サッチャー政権のヨーロッパ政策に，何度も造反行動を取った統合推進派であった (Waller and Criddle 1996：231)。だが，彼も事業者からの圧力を受けて，抗議デモの加熱化とEUの要請を骨抜きにする言動を取るに至った。

　一方の党大会では，選挙区協会から厳しい欧州外交を求められた。選挙区協会はポンド廃止反対，議会主権やイギリス法の優越，欧州裁判所の権限拡大に反対，EUにおけるイギリスの地位をEFTAの時代に戻すべきなどを旨とする動議を相次いで党大会で提起した。また，農業分野では，「EUにより不当に課された英国産牛肉の世界的な禁輸措置の背景にある商業的な利己主義を非難する」という動議も提起され (CCO 1996：37-40, 40-54)，メイジャーに残された選択はEUの妥協をもぎ取る以外に残されていなかった。

　その要求が際立ったのが，11月13日の下院における2つの投票だった。1つは，政府の禁輸解除の失敗を非難する野党動議であり，もう1つは畜産事業者に対する追加補助金を盛り込んだ政府側の修正法案であった。いずれも保守党は1人の造反者を出さずに勝利を収めたが (*Press Association*, 13 November 1996)，統合推進派も禁輸を不当と主張していた。

　メイジャーによると，その代表が統合推進派のジム・スパイサーだったと言う (Major 2000：657)。なぜなら，彼の選挙区Dorsetは狂牛病問題の打撃を受けた地域であった上，同地区の組合支部もホッグの辞任要求に賛同した経緯があったからである (*Herald (Glasgow)*, 6, 8 October 1996)。そのため，統合推進派として首相に反目しなかった議員も「仮に禁輸が解除されても，大陸諸国はあらゆる手段を講じて我々の牛肉製品を禁止し続けるのではないか？」と答弁をしており (*Hansard HCD* 13 November 1996, Vol.285, c.407)，EUに対する融和姿勢は党内ではほぼ放棄されていた。

　その後，12月16日，欧州委員会は禁輸措置延長を決定した。このため，ホ

ッグ農相を始めとする執行部は，一時停止していた約10万頭に及ぶ屠畜処分の再開を同日中に表明するという「Uターン」を余儀なくされ（*Scotsman*, 1, 17 December 1996；*Times*, 17 December 1996），ここに保守党の外交的敗北が確定した。

4　地方から翻弄される保守党

　欧州統合をめぐり融和姿勢を維持してきたメイジャー政権が，なぜ強硬外交に転換したのか。本稿は中央省庁と協調関係を維持してきた全国農業組合が果たした役割に注目した。もっとも，その協調関係は自明ではなく，サッチャー政権とは対立した経緯もあったが，90年代になると地域政策の転換も進んだため，保守党は再び同組合との協調や利益を重視するようになった。

　こうした中，狂牛病問題が浮上した。同組合と保守党は，一連の政治過程で共同戦線を構築できた。この協調が可能になった背景に，統合推進派も禁輸措置を保護主義的な決定と解釈したことが，同じく自由貿易路線を重視する統合懐疑派との結託を可能にさせた。

　だが，BSE対策をめぐり，保守党の政策展開は場当たり的だった。なぜなら，保守党が組合の要望を鵜呑みにしすぎた上，フィレンチェ合意の履行可否をめぐり農村コミュニティの影響を受ける議員の圧力もあって一貫性を欠く政策展開となったからである。ホッグ農相も「農業界の多数意見が選別屠畜を支持するよう転換したのは昨年末になってからであり，我々と同様に，どんなに嫌であっても選別屠畜がなければ，禁輸措置を解除する見込みはないと結論付けた」と答弁しており（*Hansard HCD* 17 February 1997, Vol.290, c.637），全国農業組合の意向が政策変更を促していた点が強調されている。すなわち，保守党（またはイギリス）の外交政策は，中央政治の論理だけでなく，地方の論理からも翻弄される可能性がある。とりわけ，欧州懐疑主義の伸張という問題を分析する際は，分析の射程を地

第 2 部　事例研究と地域研究・比較政治学

方に拡張した史料ベースのミクロ分析が必要であると言えよう。

　　謝辞：本稿は，2024年 3 月 9 日イギリス政治研究会における報告内容の一部を加筆修正
　　　　したものであり，参加された数多くの先生方から貴重な講評を頂きました。加えて，
　　　　本稿の投稿に際しては，匿名の査読者の方々からも重要なアドバイスを賜りました。
　　　　この場を借りてお礼申し上げます。

注

1 ）　また，組合員が保守党の党地方組織にあたる選挙区協会の議長や候補者として選
　　ばれることも多い。実際，協会議長の 9 ％は農業従事者とされ，候補者のうち 7 ％
　　が農業従事者であると指摘する研究もある（Butler and Pinto-Duschinsky 1980：
　　194）。

2 ）　EUが輸出禁止を課した理由に，迂回輸入の阻止を求めるドイツの意見が通ったも
　　のであった（星野 1999：22）。

3 ）　なぜなら，ウイルス性の口蹄疫とは異なり，BSEは特定危険部位の混入や肉骨粉
　　により曝露する病理であるため，健康な牛も屠殺される恐れがあったためである。ま
　　た，乳牛について， 6 月12日に開かれた農業・保険特別委員会に参加した全国農業
　　組合の幹部と乳牛製品を取り扱うミルク・マルク社は，「牛乳はBSE―狂牛病から安
　　全であると主張し，生産性の高い乳牛の屠殺に反対した」と報じられている（*Bir-
　　mingham Daily Post*, 32, 13 June 1996）。

4 ）　ゼラチンや牛脂は，農業・保険特別委員会でも質疑されており，実際，保守党の
　　議員は委員会に出席した科学者からゼラチンの安全性は担保されているという答弁
　　を引き出している。当該委員会に参加した議員の 1 人であるエドワード・リーは「こ
　　れ［ゼラチン］は輸出禁止の一部だが，たとえそれが感染していたとしても，製造
　　過程により感染物質は害のない状態になると断言されている。……中略……もし，
　　我々が新聞で読んだ内容に基づいて一般的認識から逸れたり外れたりし，特別委員
　　会がそれに基づき勧告を行うことはとても危険と思わないだろうか？」と出席した
　　科学者に答弁を求めた。これに，科学者は「私もあなたに同意する」と肯定した
　　（AHSC 1996：134）。

5 ）　1922年委員会は，全ての一般議員が議会活動や政策に関わる議論を行うことを目
　　的にした常設の総会である。委員会では，政党指導部に不満・意見を伝達したり，党
　　内委員会で合意に至らなかった争点を議論したりする役割を担う（Norton 1994：
　　105-112；梅川 1997：149, 271-272）。なお，1922年委員会の議長がメイジャーに強

硬路線を取るように奨励した際,「彼ら［ヨーロッパ］が牛肉をめぐりどのように行動しているかを理解すれば,彼らがそもそもパートナーであるかどうかを疑問視するには十分である。首相がイギリス国民の憤りや怒りを理解するという我々の全面的承認を得ている」と主張した（*Scotsman*, 1, 6 May 1996）。

6）　また,メイジャーは牧草牛も禁輸解除の交渉を行うと約束した（Major 1996a；*Scotland on Sunday*, 3, 12 May 1996）。

7）　なお,この禁輸措置の留保は,1996年7月12日にイギリスの敗訴で確定している（*Herald (Glasgow)*, 4, 13 July 1996）。

8）　ウィッギンは,アパルトヘイトをめぐる南アの制裁問題や法と秩序について社会保守の立場であったが,89年党首選挙ではアンソニー・メイヤーという傍流の統合推進派を支持した人物である。しかし,狂牛病問題を嚆矢として,「NFU北西サマセット支部の会員がジェリー・ウィッギンと町［Weston-Super-Mare］の選挙事務所で会う際は,血統書付きの乳牛も連れていかれる」ほどの抗議を受けたと報じられている。なお,ラジオ番組には,マーストリヒト条約批准法案をめぐり三度の造反したビッフェン,1995年党首選挙で懐疑派議員のレッドウッドを支持したポール・マーランドも出演した。彼らも「膨大な数の牛をたき火に送るのは科学的とは言えない」と同様の見解を示した（*Press Association*, 15 April 1996；*Press Association*, 17 September 1996；Waller and Criddle 1996：367, 742-743, 901；Stanley 2014：52, 59）。

9）　なお,記事では,「P&J読者は英国産牛肉を使ったバーガーBarを欲しがっている」との見出しを掲載しており,EUの措置は不当との認識が地方紙でも拡散されていた。

10）　なお,スコットランドの民族主義者は,スコットランドが独立国家であれば,EUによる禁輸措置は下されなかっただろうと主張していたとされる（Grant 1997：350-351）。

引用・参考文献

Agriculture and Health Select Committees（AHSC）（1996）*Bovine Spongiform Encephalopathy (BSE) and Creutzfeldt-Jakob Disease (CJD): Recent Development [Minutes of Evidence]*, HC-331, London：House of Commons.

Baker, D., A. Gamble and D. Seawright（2002）"Sovereign Nations and Global Markets：Modern British Conservatism and Hyperglobalism," *British Journal of Politics and International Relations* Vol.4(3)：399-428.

Bell, P. and P. Cloke（1989）"The Changing Relationship Between the Private and Public Sectors：Privatisation and Rural Britain," *Journal of Rural Studies* Vol.5

第2部　事例研究と地域研究・比較政治学

(1) : 1-15.

Butler, D. and M. Pinto-Duschinsky (1980) "The Conservative Elite 1918-1978 : Does Unrepresentative Matter?" in Z. Layton-Henry ed. *Conservative Party Politics* : 186-209. London Macmillan.

Cloke, Paul J. (1990) "Community Development and Political Leadership in Rural Britain," *Sociologia Ruralis* Vol.30 (3-4) : 305-322.

Conservative Central Office (CCO) (1996) *113th Conservative Conference 1996 : Conference Motions*, NUA 2/2/59c—Conference Motion [1996], Bodleian Library.

Gardiner, George (1999) *A Bastard's Tale : A Political Memoirs of George Gardiner*. London : Aurum.

George, Stephen (1998) *An Awkward Partner : Britain in the European Community*, 3rd edition. Oxford : Oxford University Press.

Gilg, Andrew (1999) *Perspectives on British Rural Planning Policy, 1994-1997*. Aldershot : Ashgate.

Gill, Christopher (2003) *Whips' Nightmare : Diary of a Maastricht Rebel*. Spennymoor : Memoir Club.

Gowland, D. and A. Turner (2000) *Reluctant Europeans : Britain and European Integration*. London : Routledge.

Grant, Wyn (1997) "BSE and the Politics of Food," in P. Dunleavy, A. Gamble, I. Holliday and G. Peele eds. *Developments in British Politics 5* : 342-354. London : Macmillan.

Grant, Wyn (2000) *Pressure Groups and British Politics*. Basingstoke : Macmillan Press.

Heseltine, Michael (2000) *Life in the Jungle : My Autobiography*. London : Hodder& Stoughton Ltd.

Howkins, Alun (2003) *The Death of Rural England : A Social History of the Countryside since 1900*. London : Routledge.

Lieber, Robert J. (1970) *British Politics and European Unity : Parties, Elites, and Pressure Groups*. Berkeley : University of California Press.

Major, John (1996a) *Mr Major's Speech at the 1996 Scottish Conservative Party Conference-11 May 1996* (https://johnmajorarchive.org.uk/1996/05/11/mr-majors-speech-at-the-1996-scottish-conservative-party-conference-11-may-1996/ Accessed : 19 September 2023).

Major, John (1996b) *Mr Major's Statement on BSE-19 September 1996* (https://

johnmajorarchive.org.uk/1996/09/19/mr-majors-statement-on-bse-19-septem
ber-1996/　Accessed：19 September 2023）.

Major, John（2000）*John Major : The Autobiography*. London：Harper Collins Publishers.

Miller, Vaughne（1996）*The Policy of Non-Cooperation with the EU（Research Paper 96/74）*. London：House of Commons Library.

Norton, Philip（1994）"The Parliamentary Party and Party Committees," in A. Seldon and S. Ball eds. *Conservative Century : The Conservative Party since 1900* : 97-144. Oxford：Oxford University Press.

Packer, Richard（2006）*The Politics of BSE*. Basingstoke：Palgrave Macmillan.

Seldon, Anthony（1994）"Policy Making and Cabinet," in D. Kavanagh and A. Seldon eds. *The Major Effect* : 154-166. London：Macmillan.

Seldon, Anthony（1998）*Major : Political Life*. London：Phoenix.

Stanley, Luke（2014）*The 'Dispossessed', the 'Never-Possessed' and the 'Bastards' : Debunking Major's Myths of Eurosceptics*. London：Bruges Group.

Waller, R. and B. Criddle（1996）*The Almanac of British Politics*. ［*Fifth edition*］. London：Routledge.

Weir, S. and D. Beetham（1999）*Political Power and Democratic Control in Britain*. London：Routledge.

Williams, Hywel（1998）*Guilty Men : Conservative Decline and Fall 1992-1997*. London：Aurum Press.

Woods, Michael（2005）*Contesting Rurality : Politics in the British Countryside*. Aldershot：Ashgate.

van Zwanenberg, P. and E. Millstone（2005）*BSE : Risk, Science, and Governance*. Oxford：Oxford University Press.

池田一樹・東郷行雄（1996）「BSEをめぐる情勢」『畜産の情報（海外編）』94巻，56-80頁。

池田正行（2002）『食のリスクを問い直す──BSEパニックの真実』ちくま新書。

池本大輔（2019）「欧州統合の再出発──単一欧州議定書とマーストリヒト条約，一九八四〜一九九三年」益田実・山本健著『欧州統合史──二つの世界大戦からブレグジットまで』ミネルヴァ書房，196-227頁。

梅川正美（1997）『サッチャーと英国政治1──新保守主義と戦後体制』成文堂。

遠藤乾（2013）『統合の終焉──EUの虚像と論理』岩波書店。

第 2 部　事例研究と地域研究・比較政治学

田中俊郎（1983）「国内利益集団と欧州共同体──英国の場合」『慶應義塾創立125年記
　　念論文集（法学部政治学関係）』259-284頁。

中嶋康博（2002）「イギリスにおけるBSE根絶対策」『農業と経済』68巻 2 号，86-92頁。

日経メディカル（1996）『狂牛病のすべて──ファクト・ブック』日経BP社。

星野中（1999）「「狂牛病」紛争の起点──英国─欧州連合関係の視点から」『金沢経済
　　大学論集』33巻 2 号，17-35頁。

モラン，マイクル著／犬童一男監訳（1988）『イギリスの政治と社会』晃洋書房。

力久昌幸（1996）『イギリスの選択──欧州統合と政党政治』木鐸社。

力久昌幸（2003）『ユーロとイギリス──欧州通貨統合をめぐる二大政党の政治制度戦
　　略』木鐸社。

〈新聞資料・議会録〉

Aberdeen Press and Journal, Birmingham Daily Post, Dumfries and Galloway Standard, Financial Times, Guardian, Guardian Weekly, Grocer, Hansard House of Commons Debates, Herald (Glasgow), Independent, Observer, Manchester Evening News, Press Association, Scotland on Sunday, Scotsman, Times, Western Daily Press.

（やすだ・ひでたか：神戸大学）

第 3 部

計量テキスト分析と地域研究・比較政治学

CHAPTER 7

ポスト紛争国におけるサービスの提供者と不安定化
──計量テキスト分析からみる政府と人々の認識の乖離と抗議行動の拡大──

山尾　大［九州大学］

1　ポスト紛争国が不安定化するのはなぜか
──問いと分析枠組み──

　ポスト紛争国の国家建設において，しばしば紛争が再発したり，政治社会が不安定化したりするのは，なぜなのだろうか。それにはもちろん，エリート間の利権対立や資源をめぐる競合，外部介入といった様々な要因がある。本稿は，すでに指摘されているこれらの様々な要因に加え，政府と「人々」の間で国家建設に必要な治安維持という基本的なサービスの提供者に対する認識が乖離した結果，政府に対する抗議運動が広がったことが，政治社会の不安定化をもたらした，と主張する。

　国家建設が頓挫する契機の一つは，選挙の導入である。もとより，紛争後の平和構築や国家建設支援では，民主体制の確立が所与の前提とされてきた。つまり，国家機構を再建し，ガバナンスを向上させ，経済発展を進め，民主的な選挙を行うことで政府が正当性を獲得する必要がある，と考えられてきたのである（Paris 2004；Lidén 2021）。こうした前提はリベラルなポスト紛争論（liberal post-conflict theory）として知られている。とはいえ，このリベラルなポスト紛争論に基づく国家建設は，しばしば暗礁に乗り上げてきた。アフガニスタンやイラクでは民主化に伴う選挙の導入が紛争を再燃させた（山尾 2013；2021；Rubin 2006；Dodge 2021）。選挙の導入が，エリートの権力闘争や利権をめぐる争いを加速させ，かえって

159

第3部　計量テキスト分析と地域研究・比較政治学

紛争を再発・激化させた事例は，枚挙に暇がない（Mansfield and Snyder 2005）[1]。

　民主化のための選挙に加え，紛争後の政治社会の不安定化をもたらす要因として指摘されているのは，治安やインフラ整備，公衆衛生や教育といった国家建設の基本的かつ重要なサービス提供の失敗である。リベラルなポスト紛争論では，こうしたサービスの提供者は政府に限定されてきた。政府は正当性を獲得し，政治社会の安定を実現するために，サービス提供の能力を高めなければならない（Brinkerhoff ed. 2007）。これに対して，政府以外のローカルな指導者などの非国家主体によるサービスの提供に着目し，「パフォーマンスとしての正当性」（performance legitimacy）を評価する議論もある（Dagher 2021）。

　ポスト紛争社会では，政府は基本的なサービスを提供する能力を持たないことが多いものの[2]，公共財やサービスの配分の重要性は著しく高いため（Menocal 2013），政府も非国家主体も，その後の住民の支持獲得のために，積極的にサービスの提供者となることを希求する。政府がサービスを提供する能力を高めるならば，反乱軍の暴力が減退し（Berman, Shapiro and Felter 2011），政府への支持が増大することになる（Lyall, Zhou and Imai 2020）。反対に，反乱軍がサービスを提供するならば（Mampilly 2011），反乱軍の民族・部族アイデンティティが強くなる傾向がみられる（窪田 2021）[3]。このように，誰がサービスの提供者になるのかによって，その後の国家建設の行方が左右される。また，サービスの提供者が正当に評価され，サービスが適切に提供されるなら，政治社会は安定に向かう（Dagher 2021）。

　こうした紛争後社会の安定とサービスの提供をめぐる研究の論点は，次のように整理できるだろう。第1に，ポスト紛争国の政治社会的な安定には，治安や公衆衛生といった基本的サービスの提供が重要であるという点，第2に，サービスの提供者が誰であるかという認識も，同様に重要だという点（Dagher 2021），そして第3に，サービスの受け手が提供者を評価し，受け入れている場合には，サービスの提供者は正当性を獲得し，政治社会

の安定化を実現することができる，という点である。政府がこれらのサービスを提供し，人々が政府を支持する場合には，政府は正当性を獲得し，政治社会の安定を実現できる。非国家主体が提供者であっても，人々がそのアクターとサービスを支持すれば，安定した領域統治が生まれる可能性が高まる。反対に，サービスの提供者のパフォーマンスが悪い場合や，人々がその提供者を脅威とみなす場合には，人々の不満や批判が蓄積し，それが抗議行動を引き起こす主因となる。その結果，政治社会が不安定化する（長谷川 1993；2020；タロー 2006；McAdam 1999；Tilly 2004）。これは紛争を再発させる契機となるかもしれない。

　つまるところ，こうしたサービスの提供者をめぐる評価や認識のズレは，紛争後の国家建設を頓挫させ，政治社会の不安定化に帰結するという点で，きわめて重要な論点である。Dagher（2021）は，サービス提供者にかかわる評価や認識の重要性をいみじくも指摘したが，これに対して本稿はむしろ，サービスの提供者にかかわる評価や認識には，対立や競合がみられるという点に注目する。つまり，必ずしも政府などの公的なアクターではないサービスの提供者の正当性と提供者への支持／不支持が状況に応じて変化し得るという点こそが，ポスト紛争社会の事例を分析するうえで決定的に重要だと考えるのである。

　こうした問題意識のもとで，本稿では，紛争後の国家建設で政治社会が不安定化した典型例としてイラクを取り上げ，ポスト紛争社会の最も基本的かつ重要なサービスの一つである治安の提供に着目する。そして，「イスラーム国」（IS）による主要都市の実効支配（2014年）以降，政府が正規軍や警察機構に並ぶ治安の提供者に位置づけている「人民動員隊」（Popular Mobilization Units：PMU）と呼ばれる元民兵組織を事例に，PMUに対する政府と「人々」の認識のズレがどのように政治不安定につながったかを明らかにしたい。イラク政府は，PMUを国家存亡の危機を救った英雄としているが，一般の「人々」のPMUに対する認識は，必ずしも政府のそれと一致してきたわけではない。PMUに対する政府と「人々」の認識は，い

第3部　計量テキスト分析と地域研究・比較政治学

つどの程度乖離するようになったのか，そしてそれは政治社会の不安定化とどう関係しているのか。本稿で明らかにしたいのはこうした問題である。「人々」の認識にのみに注目するのではなく，政府と「人々」の認識の差異を明らかにすることで，ポスト紛争期の政治不安定化のより正確かつ適切な解明につながる，と考えるからである。[4] これは比較政治学的にも重要な論点である。

　では，治安の提供者PMUに対する政府と「人々」の認識はいかにして測ることができるのだろうか。このような問題の解明には，通常世論調査が用いられることが多い。とはいえ，治安の提供者PMUに対する批判が現在のイラクではタブー視されていることに鑑みると，世論調査でPMUへの評価を聞き取ることは，社会的望ましさバイアス（Social Desirability Bias, SDB）の観点から容易ではない。同様に，治安の提供者に対する認識は，特にポスト紛争社会の流動性に鑑みるならば，様々な重大局面に応じて変化していると考えるべきである。だとすれば，世論調査でそうした変化を浮き彫りにするためには，多数のパネルデータを準備する必要があり，莫大なコストがかかる。何よりも，過去に遡って調査することは不可能である。こうした理由から，本稿では，「人々」の属性や選好を分析に組み込めないデメリットを認めたうえで，認識の変化を解明することを優先し，計量テキスト分析の手法を援用したい。使用するデータは，政府の認識を分析するために主要紙，「人々」の認識を分析するためにTwitterとする。[5] なお，現在のイラクでは政府によるインターネット上の検閲はほぼ確認できないため，[6] TwitterデータではSDBが生じにくいと考えられる。

　以下では，地域研究の手法に基づいて治安の提供者PMUの活動とその評価をめぐる重大局面を記述し，それらが政治社会の不安定化とどのような関係にあったのかを概観する。それをもとに，新聞の報道トーンとTwitter上の書き込みにおいて，PMUに対する認識がどのように変化したのかを，機械学習によって解析する。そのうえで，政府と「人々」の対PMU認識の乖離が，重大局面ごとにどの程度拡大したのかを分析し，政府と「人々」

の間の認識の乖離が不安定の拡大といかに関係しているかを明らかにする。

2　PMUの活動と本稿の仮説

（1）　PMUをとりまく重大局面と政府／「人々」の認識

　はじめに，本稿で扱う治安の提供者PMUをめぐる動向について，政府と「人々」の認識や政治不安定に着目して，地域研究の知見に基づいて記述する。PMUとは，ISが2014年6月にイラク第2の都市モスルを陥落させた際に，敗走したイラク正規軍に代わってISと戦い，IS支配地を解放するために形成されたシーア派民兵のアンブレラ組織である。PMUは，少なくともIS掃討作戦初期には軍事作戦の中核部隊となり，IS駆逐に大きく貢献したため，国家存亡の危機を救った「英雄」と表象された。ところが，その後スンナ派住民への嫌がらせや政敵への暴力，反政府運動の弾圧に関与したことで，次第に「脅威」と認識されるようになった。このPMUをめぐる重大局面の変化を，本稿では表1の通り7つの時期に区分して概観する。なお，本節の記述は木下・山尾（2023：7-13）を基にした。

T1：英雄としてのPMU——形成からIS掃討作戦の主力部隊へ

　PMUは，ISがモスルを陥落させた直後に形成されたが，その背景として次の2点が非常に重要である。第1に，イスラーム法によって統治される国家の形成を目指していたISが，異端であるとしてシーア派の殺害も主張した点である。これに対し，シーア派宗教界の最高権威が，シーア派コミュニティ防衛のために民兵を動員したのである。第2に，シーア派民兵が多数存在し，すぐに動員可能であった点である。シーア派勢力の多くは，旧フセイン体制下で弾圧を受けて国外で反体制活動を展開していた時代から独自の民兵を保有しており，イラク戦争後に政党化した後も軍事部門としてそれらを維持していた。だからこそ，これらの民兵がIS台頭後直ちに動員され，PMUが形成されたのである（山尾 2021）。

第3部　計量テキスト分析と地域研究・比較政治学

表1　PMUをめぐる重大局面

ラベル	From	To	特徴
T1	2014/06/01	2015/12/31	モスル陥落とPMU形成〜IS掃討作戦の主力部隊として活躍（参照カテゴリ）
T2	2016/01/01	2016/06/24	PMUに対する批判の拡大
T3	2016/06/25	2016/11/26	PMU関連法の制定
T4	2016/11/27	2017/12/09	国軍との共同作戦，モスル解放作戦，勝利宣言
T5	2017/12/10	2019/10/01	PMUの政党化，選挙での飛躍から「10月革命」
T6	2019/10/02	2020/01/03	「10月革命」からソレイマーニー暗殺
T7	2020/01/04	2021/12/31	ソレイマーニー暗殺以降

出所：筆者作成。

　その中心になったのは，イラク・イスラーム最高評議会（ISCI）の軍事
部門であったバドル軍団（ハーディー・アーミリーが指導者），ISCIが新
たに約5万人の志願兵を動員して形成した「アーシューラー部隊」，イラン
とのつながりが強い「イラク・ヒズブッラー旅団」などであった。首都貧
困層に強い支持基盤を持つサドル派が自らの民兵組織マフディー軍を再編
成して作った「平和部隊」は，首都北部のシーア派聖地サーマッラーの防
衛に大きく貢献した。マフディー軍からの分派「真実の民戦線」は，後に
PMU内の巨大勢力となる。こうした民兵組織や義勇兵は，モスル陥落から
約1月後には，PMUとして緩やかに統合されていった。PMUの公式司令
官ファーレフ・ファイヤード国家安全保障評議会議長によれば，PMUには
66組織，約14万人が参加した。ほとんどがイスラーム主義政党の民兵であ
るが，シーア派宗教界が動員した義勇軍も含まれていた。これら諸組織は，
PMUのもとに統一されたが，実際には各組織がきわめて高い独立性を維持
していた（山尾 2021）。

　PMUは，イラン革命防衛隊特殊部隊ゴドゥス軍（Niru-ye Qods）の支
援を受けて，IS掃討作戦を主導した。彼らは，拠点のモスルから首都バグ
ダードを目指して南下するISの猛攻を防御するなど祖国防衛の要となった。
その後，PMUは変電所がある要所バイジーの解放作戦（2015年6月）を皮
切りに，次々とIS支配地を解放していった。シーア派宗教界は，PMUに

参加する大学生への軍事訓練に武器を提供するなど財政的支援も行った。IS掃討作戦初期においては，政府も「人々」の多くも，PMUを英雄と認識していた（ORSAM 2015）。一部のシーア派コミュニティでは，PMUは熱狂的な人気を獲得し，前線のPMU兵士への食糧提供の篤志や，輸血などのイベントが各地で大々的に開催され，PMUを称賛する映画まで制作されるようになった。この期間をT1とする。

T2：高まるPMU批判

ところが，PMUに対する評価は，2015年の後半から一変した。PMUが，強大な軍事的影響力を背景に，解放地でIS支配に協力したとしてスンナ派住民への暴力行為に及ぶようになったからである。ディヤーラー県でのスンナ派モスクへの襲撃，ティクリートで発生した放火や略奪，ファッルージャ解放後に起こった避難民に対する非人道的な取り調べ疑惑など，PMUによる暴力の行使が疑われる事件が相次いだ。PMUによるこうしたスンナ派住民に対する攻撃は，住民の大きな反発を生み出した。スンナ派は，PMUをイランの傀儡として宗派対立を扇動していると批判した（山尾 2021）。

さりとて，IS掃討作戦においては，正規軍を凌駕する力を持つようになったPMUに依存せざるを得ない状況は，変わらなかった。ファイヤード司令官やPMU内最大勢力のバドル軍団を率いるアーミリーらの政治的な発言力もあって，政府はPMUの活動を全面的に支持し，彼らを英雄として扱った。大きな力を付けたPMUは，政府の規制を受けず，自らの利権に従った活動を展開するようになった。こうして，2016年6月頃にはPMUへの批判がピークに達した。この時期をT2とする。

T3：PMU関連法案

こうした批判を受け，PMUに対する規制を設けるべきだとの世論が拡大した。政府はPMUの活動を正当化しつつ，この世論にも配慮し，PMUの活動を規定する法を作成した。こうして2016年11月26日には，「PMU関連

法」が国会で可決され，PMUをイラク正規軍と同様に公的組織とする一方で，軍とは異なり首相の指揮下に直接置き，シーア派のみならずスンナ派部隊も設置することなどが明文化された。これによりPMUは正規軍に準ずる公的組織になった。とはいえ，実際にはPMUは個別の民兵組織の指揮下に置かれ，実態として政府の管理が及ぶことはなかった。[8] この法律が施行された後にも，PMUの軍事的影響力は低下しなかったものの，制度としての法整備は進められていった。この時期をT3とする。

T4：IS掃討作戦の勝利

PMUは，T2期からの批判を回避するため，次第にIS掃討作戦の前線から撤退するようになった。背景には，軍事作戦の中心が，ほぼ全ての住民がスンナ派である地域へと移動し，正規軍の再建が進んだという2つの状況があった。特に，モスル解放作戦が開始された2016年11月以降は，正規軍が陣頭指揮をとるようになり，PMUの役割は後方支援へと変化していった。もちろん，この時期にもPMUはある程度の軍事的役割は果たしていた。だが，作戦を主導したのはあくまで国軍となった。PMUがIS掃討作戦の最前線から退き，加えてPMU関連法によって公的な組織として位置づけられるようになったことで，PMUに対する批判は少なくなった。こうして2017年12月，最終的にモスルを解放し，ISに対する勝利が宣言された。

T5：PMUの政治参加と「10月革命」

ところが，このことはPMUの影響力が縮小したことを意味しなかった。反対に，IS掃討作戦で獲得・蓄積した影響力を背景に，PMUは公的な政治参加を始めた。2018年5月の第4回議会選挙に向けて，PMUは政党化を進めたのである。[9] PMU傘下の民兵をベースに多数の政党が結成された。最大のものが「ファタハ同盟」であった。ファタハ同盟には，PMU内最大組織であるアーミリー率いるバドル軍団，真実の民戦線（サーディクーン運動），PMUの広報委員長が党首のイラク・イスラーム運動，そしてISCIが加盟

した。

　ファタハ同盟はPMUの組織力を生かした大規模な動員によって選挙キャンペーンを展開し，結果的に第二党へと大躍進を遂げた。しかし，この成功は有権者の支持が集まった結果ではなく，ファタハ同盟が選挙キャンペーンで組織的な動員を行うことができた数少ない政党であったことに起因している（山尾 2018）。かくして，PMUは軍事力を維持したまま政界の中枢に躍進し，政治的な影響力も飛躍的に拡大させていった。一方で，政府はPMUの存在意義を強調しつづけ，他方，「人々」の多くはPMUを通して拡大したイラン革命防衛隊の影響力に対して特に強い懸念を示すようになった。

　こうした懸念は，PMUが重要な位置を占めるようになった新政府に対して向けられるようになった。それは制度外の抗議行動という形で結実していった。選挙後に再開票が繰り返され，選挙結果が確定しない時期が3カ月も続き，その間に政府批判のデモが拡大した。加えて，新たに形成されたアブトゥルマフディー政権においても同様のデモが続いた。これらの抗議行動は，2019年10月1日に発生した「10月革命」へとつながった。「10月革命」は，省庁や議会，各国大使館などが集まるイラク心臓部のグリーンゾーン付近で始まった青年層を主体とした政府批判デモである。デモ隊は，汚職対策や選挙法改革に対する要請に加え，イランによる内政干渉停止を主張し，シーア派聖地がある中南部のイラン領事館を相次いで襲撃した。彼らの批判は親イラン勢力の代表であるPMUにも向かった。反政府と反イランのスローガンを掲げるデモ隊は次第に暴徒化し，治安機関と激しく衝突して多くの死傷者を出した。彼らは，各地でバリケードを作って幹線道路を封鎖し，政府関係機関への襲撃・放火を繰り返した。これは，規模やその重要度においてイラク戦争後最大の抗議行動であり（EASO 2020：14），最終的には当時の政権を退陣へと追い込んだ。

　このT5期は，PMUに対する批判がT2期同様に高まり，政府の公式見解と「人々」の認識が最も乖離した時期であったと言うことができるだろう。

T6：ソレイマーニー革命防衛隊ゴドゥス部隊司令官の暗殺

そして，この「10月革命」を弾圧したのはPMUであった。PMUは抗議行動を，社会秩序を乱す青年の反乱だとして厳しく取り締まった。南部のズィー・カール県でPMUがデモ隊に発砲し，これへの反撃で負傷したPMUの従軍医が死亡する事件，首都でPMUのスナイパーがデモ隊6人を狙撃した疑いがある事件，デモ隊がディーワーニーヤ県のバドル軍団や真実の民戦線などのPMU主要組織の事務所を襲撃した事件など，PMUとデモ隊の間で激しい衝突が繰り返され，多くの死傷者が発生した。こうした暴力の連鎖は，最終的にアブドゥルマフディー政権を崩壊させる結果となった。

PMUの弾圧にもかかわらず，デモが縮小することはなかった。PMUは最後の手段として，抗議行動の争点をすり替えるために米国関連施設を攻撃し，反米感情を扇動しようとした。具体的には，ヒズブッラー旅団を中心とするPMUの諸組織が，ゴドゥス軍の支援を受けて米軍基地や米大使館を攻撃し，その報復として2020年1月，米軍がゴドゥス軍司令官のガーセム・ソレイマーニー少将とPMU副官を空爆で暗殺した。こうして一時的に反米感情が盛り上がったが，T6期を通してPMUはデモへの弾圧で批判の的となった。

T7：暗殺以降

ソレイマーニー暗殺事件以降をT7とする。この時期には，PMUは軍事的にも政治的にも話題の中心に上ることが少なくなった。特に，2021年10月の第5回議会選挙ではPMUをベースにした政党は，選挙制度の変更も影響し，大きく議席を減らしたからである。PMUは最大組織の一つであり続けているが，その影響力は以前と比較すると縮小したのである。

（2）　仮　　説

以上のように，PMUはIS後のイラクで正規軍をしのぐ軍事力を有し，IS掃討作戦の中で治安の提供者としての地位を築いていった。IS掃討作戦初

期には，国家存亡の危機からイラクを救った英雄と認識されていたが，自らの利害関係に沿った弾圧や政治参加を進めるようになると，多くの「人々」は次第に分断を促進する脅威と認識するようになった。そして，こうしたPMUに対する不満は改革を求める抗議行動に結実し，その結果イラクは大きな政治社会的混乱に陥った。

　他方，政府の側は，治安維持をPMUに大きく依存してきたため，その重要性を一貫して主張してきた。PMUは治安の提供者であり，国家安全保障の要であり，政治的にきわめてセンシティブな扱いを要する問題であり続けている。

　このように，治安の提供者に対する認識や評価は，PMUが形成され，IS掃討作戦を開始した当初は，政府と「人々」の間でおおむね一致をみていたが，PMUが自らの利害に基づいた行動をとるようになると，その認識に乖離がみられるようになった，ということがわかる。そして，政府と「人々」のPMUに対する認識に乖離がみられるようになった段階は，抗議行動の拡大時期と重なる。「人々」の不満の結果拡大した抗議行動は，政治社会の不安定を促進することになる。こうしたことから，本稿の仮説は以下のように整理できる。

　H：治安の提供者PMUに対する政府と「人々」の認識の差が大きくなればなるほど，抗議行動が拡大し，政治的不安定が促進される。

3　脅威認識とその乖離を測る
——データセットと計量テキスト分析——

（1）　データセット

　以上の仮説を検証するため，新聞とTwitter上の書き込みをテキストデータとして取集した。新聞は，表2の通り，政府の見解を報道する3紙，シーア派宗教界に近い新聞2紙，そしてリベラル派の共産党機関紙の合計6

第3部　計量テキスト分析と地域研究・比較政治学

表2　新聞の性質と記事数

性　格	新　聞	性格／特徴	期　　間	記事数
政府系	*NINA* *	National Iraqi News Agencyの略。通信メディア委員会の下で2005年に設置。自称独立ではあるが，中央政府の管理下にある。	2014/01/01〜2021/05/06	147,655
	Sabah *	イラク中央政府の公式日刊紙。基本的には政府の主張がそのまま掲載されている。	2016/10/18〜2021/05/06	21,479
	Sawt al-Iraq *	もとは欧州に亡命していたイスラーム・ダアワ党が創設した新聞で，現在は中央政府の報道に近い。	2014/01/01〜2021/05/06	123,111
シーア派系	*Furat*	シーア派イスラーム主義政党（ISCI，後に国民知恵潮流，ハキーム系）の機関紙。シーア派政党の機関紙ではあるが，政府に近い報道。	2014/01/01〜2021/12/31	121,713
	Nun	自称は独立紙であるが，実際には聖地カルバラーに拠点を置き，シーア派ワクフ省の機関紙と認識されている。	2014/01/01〜2021/12/31	79,539
リベラル	*Mada*	イラク共産党の機関紙。世俗的，バランスの取れた報道の一方で，共産党の主張も多い。	2014/01/01〜2021/12/31	29,979

注：＊印の新聞はDow Jones, Factiva Analyticsから取得し，その他の新聞は各新聞社のホームページから直接ダウンロードした。
出所：各種報道より筆者作成。

紙の政治面，国際面，社会面に，2014〜21年の8年間で掲載された全記事（423,668記事）を取得し，コーパスを構築した。特に政府系の3紙は，政府のPMUに対する公式見解をほぼそのまま直接的に記載しているため，PMUに対する体制側の認識を測るための最適なデータと言えるだろう。また，シーア派系の新聞は，いずれも政権中枢と強いつながりを持つ組織が刊行しており，リベラルな共産党の議員の一部も，挙国一致内閣の一員としてしばしば政府に取り込まれてきた。したがって，これらの新聞は，政府内の見解の多様性を反映しつつ，政府の対PMU認識を測るデータとなり得る。

　新聞の位置づけについても説明が必要だろう。イラク戦争後には各政治勢力が一斉に新聞を刊行するようになり，その後は政府や政党，政治社会組織のスタンスを知るためには新聞の役割がきわめて大きくなっている。したがって，少なくとも政府のPMUに対する認識は，新聞（や部分的には

テレビ）を媒介にして「人々」に理解されていると想定して問題ないだろう。

　他方，「人々」の認識を浮き彫りにするため，2014年1月～2021年12月の8年間にTwitterに投稿されたPMUにかかわるアラビア語の書き込みを全て取得した。具体的には，PMUそのものの名称に加え，傘下の組織名（"لواء المنتظر", "كتائب جند الإمام", "منظمة بدر", "النجباء", "سرايا الجهاد", "سرايا الخراساني", "فرقة العباس القتالية", "سرايا أنصار العقيدة", "عصائب أهل الحق", "كتائب حزب الله", "كتلة الصادقون", "بدر", "فيلق القدس"）で検索し，ヒットした書き込み全てをダウンロードし，時系列に並べた。[10] コーパス構築に際して，地理情報付きのツイート（地理情報をイラクに設定しているアカウント）と，地理情報をオフにしているツイートに判別可能なタグを付与した。その結果，地理情報付き（確実にイラク人）は90,256ツイート，地理情報なし（PMUについての言及があることからイラク人である可能性が高いが，非イラク人のアラビア語話者であることも否定できない）は，11,523,523ツイート，合計11,613,779のデータセットを構築した。両者の区別を明確にしたのは，第1に，Twitterユーザーの多くが地理情報を非公開にしており，近年ではその傾向が強まっているため，イラク人と断定できる地理情報付きデータのみでは，多くのイラク人のツイートを捨象してしまうこと，第2に，地理情報を公開していないツイートのみでは，非イラク人のツイートも含んでしまう危険性があること，の2つの理由からである。また，特に地理情報なしのTwitterの書き込みは，SDBをほぼ受けないデータとしてきわめて重要と言えるだろう。

　Twitterデータからは，主にイラク人青年層を中心とするネットユーザーの対PMU脅威認識を浮き彫りにできると考えられる。[11] イラク国内のTwitterユーザー約190万人の年齢性別から推測すれば，[12] 本稿で分析するPMUに対する脅威認識は，「地理情報付きツイートは確実にイラク人，地理情報なしツイートはイラク人である可能性が高いが，それ以外のアラビア語話者も含む青年層を中心とするネットユーザー」と定義できる「人々」

図1　抗議行動の発生件数

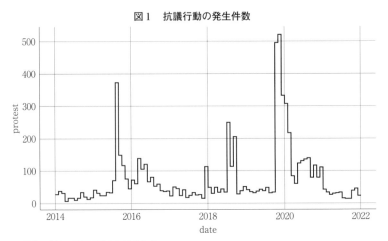

出所：表2の新聞報道より筆者作成。

のものである。むろん，「人々」がイラクの世論全体を代表しているということは困難である。だが，抗議行動の担い手となったのは，SNSを駆使する青年層であり，本稿で分析する「人々」の認識は，ある程度正確に彼らの認識を反映していると言えるだろう（木下・山尾 2023）。

　それに加え，政治社会的な不安定を測る変数として，抗議行動の発生件数を1月ごとにまとめたデータを作成した。これは，上記の新聞から抗議行動にかかわるキーワードで記事を選出し，重複を取り除いたうえで，抗議行動の件数をカウントしたものである。複数日にわたる抗議行動は，1日ごとに1件とカウントした。その結果，図1のようなデータが得られたが，これらのイベントデータは政治社会的不安定を示す操作変数として利用する。

（2）　LSSを用いたテキスト分析

　これらのデータセットを，新聞とTwitterでそれぞれコーパス化し，全く同じデザインで分析した。その分析結果を統合し，回帰分析によって仮説を検証する。データセットの分析には，R言語上で機能する*Quanteda*パ

表3　種　　語

脅　威（＋1）		英　雄（－1）	
種　語	意　味	種　語	意　味
تهديد, التهديد	脅威	بطل	英雄
خطر	危険な	شجاع	勇気
عدائي	敵対的な	رائع	素晴らしい
عدو	敵	شهيد	殉教者
نصيري	ヌサイリー*		
مجوس	魔術師*		
زب الشيطان	悪魔の党*		
حزب اللات	ヒズブッラート*		
الرافضة	離反者*		
صفوي	サファビー朝の*		

注：*はシーア派に対する蔑称。
出所：筆者作成。

ッケージを主として用い，新聞の報道トーンとTwitter上の書き込みが，治安の提供者であるPMUをどのように評価・認識しているかを測るために，LSS（Latent Sematic Scaling）と呼ばれる機械学習を行った。

　LSSは「準教師ありモデルの機械学習」に分類され，研究者が指定した種語（seed words）を用いて，その種語とコーパス内の単語間の意味的近接性を測るアルゴリズムである。感情温度などの文書のトーンを測るアルゴリズムは他にも複数あるが，本稿でLSSを援用した理由は，第1に多言語で利用可能なこと，第2に学習用のデータセットを準備する必要がなく，著しく低コストで分析可能であること（Watanabe 2020），第3に，種語の選択で地域研究者の現地感覚を生かすことができること，である。LSSの分析では，まず新聞報道とTwitterの書き込みからPMUを表象するキーワードとしてしばしば用いられる単語を複数選択し，PMUを当初の「英雄」と認識する単語群と後の「脅威」と認識する単語群の両極を種語に指定した（表3）。そのうえで，脅威を示す種語は＋1の，英雄を示す種語には－1の重みづけを行った。これらの種語にもとづいて，PMUをターゲット・ワードにし，コーパス内に含まれる全ての単語との関係の深さ（意味的近似性）を計算した[13]。こうして推定されたLSSスコアによって，相反する意

第3部 計量テキスト分析と地域研究・比較政治学

図2 重みづけされた単語（新聞）

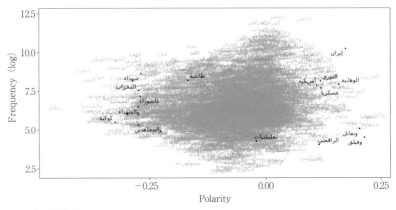

出所：筆者作成。

味を持つ種語によって両極が定義される一次元上の空間に，各文書を位置づけた。無論，種語によって分析結果が異なるため，あらかじめ想定し得る種語を多数選出し，一単語ずつLSSモデルへの当てはまり具合を確かめたうえで，スコアが高い（PMUへの認識を最も強く表している）ものから種語に選択した。

重みづけされた特徴的な単語は，図2と図3のようにプロットできる。図の右側にプロットされた単語が脅威の種語と，左側にプロットされた単語が英雄と，それぞれ強く関連していることを示している。また，縦軸を上昇するほど出現頻度が高く，下に行くほど頻度が低い。

図2の新聞コーパスの分析では，PMUを脅威と報道する単語として，軍事的な（عسكريا），民兵（بمليشيات），革命的な（النوري）などが析出されており，これらはPMUに対する懸念や批判を示す新聞記事でしばしば用いられている。反対に，英雄としての報道と関連が強いのが，殉教者たち（شهداء）やアーシューラー（عاشوراء）などの宗教と密接にかかわる言葉である。こうしたことから，LSSのアルゴリズムによって析出された新聞の報道トーンは，地域研究者が普段目にする報道とかなりの程度近似していると言え

174

7 ポスト紛争国におけるサービスの提供者と不安定化

図3　重みづけされた単語（Twitter）

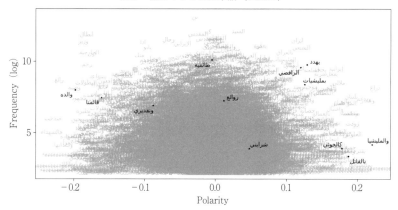

出所：筆者作成。

るだろう。

　図3のTwitterコーパスの結果では，PMUを脅威と表象する単語として，新聞同様の民兵に加え，（イエメンの）ホーシー派のような（كالحوثي）や，殺戮者（القاتل）などが析出された。反対に，PMUを英雄視する書き込みは，我々の立ち位置（قائمنا），我々の感謝（وتقديري），彼（イラク）の父（والده）など，新聞とは志向の異なる単語（身近な存在として表象）が析出された。

　では，PMUに対する認識や評価は，どのように変化したのだろうか。図4は，全新聞と地理情報付きのツイート，地理情報なしのツイートのLSSスコアの移動平均線（直近10％のデータの平均）をプロットし，PMUに対する脅威認識を可視化したものである。横軸は時間の経過を，縦軸は報道／ツイートの認識をそれぞれ示しており，縦軸を上昇するほどPMUに対する脅威を強調する論調を，逆に下降するほどPMUを英雄視する論調となっていることを示している。

　ここからは次の3つのことがわかる。第1に，新聞報道ではPMUに対する認識はほぼ変化していない。それは，上述のように，政府が一貫してPMUを治安の提供者として安全保障上の要と位置づけ，その活動を正当化

175

第3部 計量テキスト分析と地域研究・比較政治学

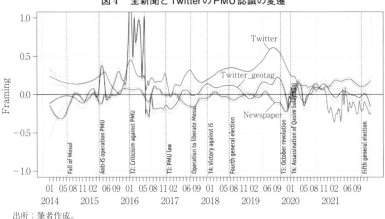

図4　全新聞とTwitterのPMU認識の変遷

出所：筆者作成。

してきたからであろう。第2に，Twitterへの書き込みには，地理情報の有無にかかわらず，ほぼ全期間にわたり新聞よりもPMUに対する脅威が強く表れている（例外は，T6期以降の地理情報なしツイート）。第3に，PMUに対する批判が高まったT2期には地理情報付きツイートで，PMUが政治参加を進めて第二党に躍進し，「10月革命」へと至るT4〜T5期には，地理情報なしのツイートで，PMUに対する脅威認識が著しく高まっている。分析結果を可視化してみると，仮説通り，抗議行動の広がりなどで政治的不安定に陥った時期と，PMUをめぐる政府と「人々」の認識のズレが広がった時期が一致していることがみて取れる。

　本稿の主要な論点は，政府と「人々」の認識の差異を測ることであるため，新聞データから政府系の新聞（表2参照）のみを取り出し，Twitterの脅威認識と合わせてプロットしたのが図5である。ここからわかる通り，政府系新聞の報道トーンは，新聞全体の平均と比較してより強くPMUを英雄視する論調に傾いている。特に政府の公式報道を掲載する*Sabah*と政府中核を担うダアワ党の機関紙*Sawt al-Iraq*では，TwitterでPMUが脅威とされているT5〜T6の時期にも，PMUを英雄として報道していることがわかる。したがって，政府系の報道とTwitterの書き込みの間で，PMU

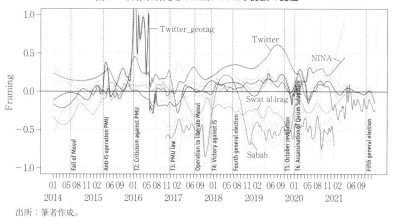

図5　政府系新聞とTwitterのPMU認識の変遷

出所：筆者作成。

をめぐる認識が最も大きくずれたのは，政治不安定が広がった時期であることがみて取れる。

4　仮説検証

（1）分析モデルと変数

以上のように視覚的に確認した新聞とTwitterの脅威認識の差異は，政治不安定の広がりと実際に相関しているのだろうか。次の4つのモデルを用いてそれを実証した。

まず，モデル1～3は，各記事／ツイートに付与されたLSSスコアを従属変数にし，各媒体と時期（重大局面）の交互作用項を用いて，各媒体が時期ごとに対PMU脅威認識をどの様に変化させたのかを明らかにしようとした。具体的には，モデル1では，新聞と地理情報付きツイート，地理情報なしツイートの3つを区別したカテゴリ変数を作成し，同様に，上述のT1～T7のPMUにかかわる重大局面が発生した時期のデータにT1～T7とラベルを付したカテゴリ変数も作成し，両者の交互作用項を回帰式に投入した。従属変数としたLSSは，Appendix（186頁）に示した通り正規

177

第3部 計量テキスト分析と地域研究・比較政治学

分布しているため，推計モデルは最小二乗法（OLS）とした。これにより，新聞全体とTwitter（地理情報付き／なし）のPMUに対する認識の変遷を浮き彫りにしようとした。

モデル2は，政府系の新聞だけを取り出し，全く同様の分析を行った。具体的には，新聞データの中から政府系新聞のみを取り出してサブセットを作り，モデル1同様にT1～T7までの重大局面と各媒体（政府系新聞，地理情報付きツイート，地理情報なしツイート）の交差項の影響をはかった。これは，政府と「人々」の認識の変遷を浮き彫りにするためのものである。

モデル3は，1月ごとの抗議行動の発生件数と各媒体の交差項を独立変数とし，抗議行動の発生件数と各媒体の対PMU脅威認識の相関を確認した。これによって，抗議行動が増えたとき，新聞やTwitterでPMUに対する脅威認識がどのように変化するのかを確かめることができる。

モデル4は，仮説を直接検証するための分析である。具体的には，政治社会的不安定の度合いを示す操作変数である1月ごとの抗議行動の発生件数を従属変数とし，独立変数を政府と「人々」の対PMU脅威認識の差異とした。独立変数である政府と「人々」の対PMU脅威認識の差異は，新聞と地理情報付きTwitterのLSSスコア（対PMU脅威認識）の1日ごとの平均値の差異（Difference Twitter with geotag），および新聞と地理情報なしTwitterのLSSスコアの1日ごとの平均値の差分（Difference Twitter）とし，それぞれ1月分のラグをとった。これにより，前月の1日ごとの新聞とTwitterの対PMU脅威認識の差分が増える（認識の乖離が大きくなる）と，翌月の抗議行動の発生件数にどのように影響するのかを測った。なお，従属変数とした抗議行動の発生件数は，離散型の確率分布をとるため（186頁Appendix），ポワソン回帰で推定した。

回帰分析の結果は，表4の通りである。

（2） 分析結果と仮説検証

表4の分析結果をもとに，仮説を検証していこう。図6は，モデル1と

7　ポスト紛争国におけるサービスの提供者と不安定化

表4　回帰分析の結果

	Model 1	Model 2	Model 3	Model 4
	LSS	LSS	LSS	Protest
（Intercept）	-0.061^{***}	-0.056^{***}	0.014^{***}	4.242^{***}
	(0.003)	(0.004)	(0.002)	(0.0002)
Twitter	0.217^{***}	0.211^{***}	-0.080^{***}	
	(0.004)	(0.005)	(0.002)	
Twitter geotag	0.179^{***}	0.174^{***}	0.091^{***}	
	(0.010)	(0.010)	(0.005)	
T2	0.075^{***}	0.056^{***}		
	(0.008)	(0.010)		
T3	0.096^{***}	0.058^{***}		
	(0.007)	(0.009)		
T4	-0.009	-0.160^{***}		
	(0.006)	(0.008)		
T5	0.039^{***}	-0.054^{***}		
	(0.005)	(0.006)		
T6	-0.148^{***}	-0.277^{***}		
	(0.010)	(0.012)		
T7	0.175^{***}	-0.016^{*}		
	(0.005)	(0.007)		
Twitter × T2	-0.010	0.009		
	(0.008)	(0.010)		
Twitter × T3	-0.056^{***}	-0.019^{*}		
	(0.007)	(0.009)		
Twitter × T4	0.023^{***}	0.174^{***}		
	(0.006)	(0.008)		
Twitter × T5	0.212^{***}	0.304^{***}		
	(0.005)	(0.006)		
Twitter × T6	0.297^{***}	0.426^{***}		
	(0.010)	(0.012)		
Twitter × T7	-0.478^{***}	-0.287^{***}		
	(0.005)	(0.007)		
Twitter geotag × T2	0.254^{***}	0.272^{***}		
	(0.015)	(0.016)		
Twitter geotag × T3	-0.378^{***}	-0.340^{***}		
	(0.016)	(0.017)		
Twitter geotag × T4	-0.121^{***}	0.030		
	(0.016)	(0.016)		
Twitter geotag × T5	-0.061^{***}	0.031^{*}		
	(0.015)	(0.015)		
Twitter geotag × T6	0.012	0.141^{***}		
	(0.021)	(0.021)		
Twitter geotag × T7	-0.270^{***}	-0.079^{***}		
	(0.012)	(0.013)		
Protest			-0.000^{***}	
			(0.000)	
Twitter × protest			0.001^{***}	
			(0.000)	
Twitter geotag × protest			0.000^{**}	
			(0.000)	
Difference Twitter（t-1 month）				0.478^{***}
				(0.005)
Difference Twitter with geotag（t-1 month）				0.155^{***}
				(0.005)
adj. R-squared	0.034	0.035	0.006	
AIC				204277 451
p	0.000	0.000	0.000	0.000
N	10644468	10484274	10644468	2749

Significance：$^{***}=p<0.001$；$^{**}=p<0.01$；$^{*}=p<0.05$
出所：筆者作成。

図6　新聞とTwitterの重大局面ごとのPMUに対する認識

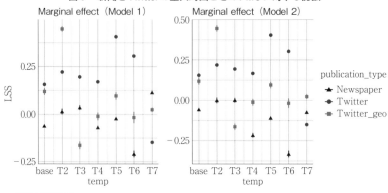

出所：筆者作成。

　モデル2の結果をもとに，新聞とTwitterの重大局面ごとのLSSスコアに対する限界効果（具体的には交差項の効果）をプロットしたものである。左パネルに示したモデル1の推定結果からは，次の2点が読み取れる。第1に，T3とT7を除く全ての期間で，Twitterの対PMU脅威認識が新聞のそれよりも高いこと，第2に，新聞とTwitterの論調（対PMU認識）が最も乖離しているのは，地理情報付きのツイートでT2（PMUがスンナ派住民に暴行して批判が高まった時期），地理情報なしツイートでT5（IS勝利から選挙での勝利を経て「10月革命」まで）と，T6（「10月革命」からソレイマーニー暗殺事件まで）の時期であり，これらはいずれも大きな政治混乱が広がった時期と重なる，ということである。言い換えるなら，分析結果は，新聞とTwitterの対PMU脅威認識が乖離する時期と，政治混乱の時期が一致することを示しており，治安というサービスの提供者に対する認識の乖離と政治混乱の発生の間には相関がみられるのである。

　ところで，地理情報付きのツイートでT2期に脅威認識が高くなる一方，T5～T6期にはそれほど高まらないのは，T5～T6期に国内で抗議行動が実際に弾圧を受けていたため，位置を特定される可能性があるアカウントではPMUに対する批判が憚られたこと，そもそも近年は地理情報をオン

図7 抗議行動が脅威認識にもたらす効果の推定

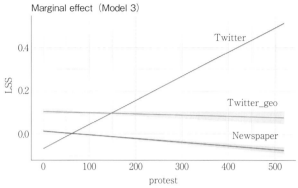

出所：筆者作成。

にするアカウントが減っていることに起因していると考えられる。

　加えて，右パネルに示したモデル2の推定結果からも，上記同様の傾向が読み取れる。それどころか，政府系新聞は，全紙の平均よりもPMUを英雄視する傾向が強いこともわかる。つまり，T2，T5，T6の時期に新聞とTwitterで対PMU認識に最も大きな乖離がみられ，それは政治的不安定が蔓延した時期と重なる，というわけである。言い換えるなら，認識のズレと政治混乱の間に相関が認められるのである。

　次に，モデル3の結果をもとに，抗議行動の発生件数が増えると，対PMU脅威認識がどのように変化するのかを推定した図7をみてみよう。ここからわかる通り，地理情報なしのツイートでは，抗議行動の増加と脅威認識の高まりは強い正比例の関係が認められる一方で，新聞では，抗議件数が増えるにしたがってPMUに対する脅威認識が低くなる傾向がみられる。言い換えるなら，抗議行動が増加すると，「人々」のPMUに対する脅威認識が高まり，それがTwitterに書き込まれやすくなる，ということである。これは仮説とは逆の因果関係であるが，実態としては抗議行動に参加した青年層が，さらにPMUを批判する書き込みを続けるというある種の批判のサイクルが起こっていることが示唆されよう。

第3部　計量テキスト分析と地域研究・比較政治学

　地理情報なしのツイートで抗議行動の増加と対PMU脅威認識の高まりが比例する一方で，地理情報付きのツイートではこの傾向がみられないのは，おそらくタブーとなっているPMU批判を，位置が特定される可能性が排除できないTwitterのアカウント上で展開することに対するリスク回避という要因に加え，公的組織のアカウントほど地理情報を公開しやすい傾向があるため，そうしたアカウントでのPMU批判は回避されやすいという要因も考え得る。

　他方，新聞においては，抗議行動が広がると，混乱や対立を回避するためにPMUを擁護する報道がなされる傾向が強いため，こうした結果が出たと考えられる。いずれにしても重要なのは，地理情報なしツイートの推定が示すように，対PMU脅威認識を高めた「人々」が，抗議行動を引き起こしやすい，という傾向が浮き彫りになった点である。ここでも，認識のズレと政治混乱の間に相関があることが確認できる。

　最後に仮説を直接検証するために，モデル4の結果をもとに，政府と「人々」の脅威認識の差分が，抗議行動の発生／拡大とどのように関係しているのかをみていこう。図8の左パネルは新聞と地理情報なしのツイートの脅威認識の差分，右パネルは新聞と地理情報付きのツイートの脅威認識の差分が，抗議行動の発生とどう関係しているのかを示している。ここからわかる通り，PMUに対する脅威認識の差が広がれば広がるほど，抗議行動が発生しやすくなる。地理情報なしのツイートでは，新聞との脅威認識の差分が，LSSスコアで0から1へと増加すると，抗議行動が約43件発生しやすくなるのに対し，2から3へと差が広がると，抗議行動の発生件数は約108件増えると推定される。一方で，地理情報付きのツイートでは，脅威認識の差が0から1へと広がると，抗議行動は約12件発生しやすくなり，3から4へと差が広がると，抗議行動が約24件増加する，と推定される。新聞と地理情報付きのツイートとの脅威認識の差の効果が3分の1程度になるのは，先述のとおり，位置を特定されるリスクに加え，公的なTwitterアカウントがある程度含まれることに起因する可能性が考えられる。とは

182

図8 新聞とTwitterの脅威認識の差分が抗議行動の発生に与える影響

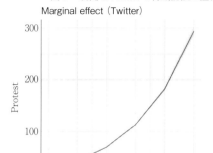
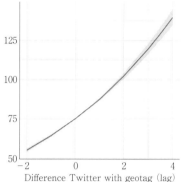

出所：筆者作成。

いえ，地理情報の有無にかかわらず，政府の認識を代表する新聞と「人々」の脅威認識の差が広がれば広がるほど，抗議行動の発生件数が増えることが，本稿の分析からは実証できた。言い換えると，仮説が主張する通り，新聞と「人々」の脅威認識の差が広がると，不満が抗議行動を引き起こし，その結果として政治社会的不安定が生じやすい，ということである。

以上のように，モデル1～2からは，政治社会の混乱が広がった時期と，新聞報道とTwitter上の書き込みにおける対PMU認識が大きく乖離した時期が，重なっていることを示し，モデル3では抗議行動の発生件数と地理情報なしのツイートの脅威認識の高まりが正比例の関係にあることを明らかにした。そして最後に，モデル4からは，政府と「人々」のPMUに対する脅威認識の差が広がれば広がるほど，抗議行動の発生件数が拡大し，政治社会的不安定が誘発されやすい，という因果関係が実証された。本稿の「人々」はTwitterユーザーに限定されるとはいえ，抗議行動の主体は青年層であり，彼らの多くがSNSを使用している。したがって，治安の提供者に対する政府と「人々」の認識の差が大きいほど，「人々」に抗議行動を起こさせるエネルギーが高まり，その結果政治的不安定が広がった，と言えるだろう。

第3部　計量テキスト分析と地域研究・比較政治学

5　脅威認識の乖離と政治不安定

　冒頭の問いに戻ろう。紛争後の国家建設がしばしば暗礁に乗り上げ，紛
争の再発や政治社会的不安定につながるのはなぜなのか。

　本稿が導き出した答えは，ポスト紛争社会で圧倒的に重要となる基本的
なサービスの提供者に対する認識，つまり誰が提供者なのか，提供者に正
当性があるのかといった評価が，政府と「人々」の間で大きく乖離した場
合には，政治社会の不安定化が促進されやすくなるということである。

　とりわけイラクの事例からは，治安というサービスの提供者に対する不
満や批判は，青年層が主体となったインターネット上の空間で広がり，そ
れが抗議行動に結びついた結果，政治社会が著しく不安定化してきたこと
が明らかになった。重要なのは，こうしたサービスの提供者に対する認識
や評価は，政府と「人々」の間で常に一定ではなく，政治社会の重大局面
に応じて一致と乖離を繰り返す，という点に他ならない。だからこそ，特
にポスト紛争社会にみられる安定と不安定を考えるためには，政府と「人々」
の認識の一致／不一致のダイナミズムに目を向ける必要があるのである。

　本稿では，地域研究の方法に基づいてサービスの提供者に対する認識や
重大局面を浮き彫りにし，地域研究者が当該社会の理解にとって重要だと
考えるユニークなデータセットを作り出し，それを計量テキスト分析の手
法を援用して実証する，という混合手法をとった。データと分析手法に一
定の新規性は認められ，当該社会の政治理解のために決定的に重要な問い
を解明するための新たな視角，および方法論を提示できていると思われる。

　とはいえ，本稿には課題も山積している。第1に，データの制約である。
本文中でも指摘しているように，「人々」とはTwitterユーザーに限定され，
それは国民全体の世論を代表しているとは言えない。実際に抗議行動の担
い手となったのは，Twitterユーザーの多くを占める青年層であるため，本
稿の分析に妥当性は認められるが，この「人々」をイラクの世論全体とど

184

のように結びつけるかについては，慎重な検討を要する。同様に，地理情報なしのツイートから非イラク人のそれを取り除くことは，現時点では技術的に不可能であるが，Twitterに特有の問題，すなわち，匿名性と引き換えに失われる誰のツイートなのかという属性を補完し，どのような者がPMUに批判的なのかといった問題を，世論調査の結果と合わせて統合的に論じる必要があるだろう。

　第2に，内生性の問題である。本稿が示したのは，サービスの提供者に対する認識の乖離が抗議行動をもたらし，その結果政治社会の不安定化が促進されるという因果関係であった。とはいえ，抗議行動の広がりや政治社会の不安定化は，当然のことながら他の要因によっても引き起こされ得る。それらの欠落した要因をいかに操作化して変数とするか，そしてそうした変数を本稿の分析にどのように加えるか，検討を重ねなければならない。

　第3に，サービスの提供者に対する認識とパフォーマンスのどちらが政治不安定をもたらすのか，という問題である。本稿では，サービスの提供者に対する認識のズレに着目したが，こうした認識の乖離とサービスの提供者のパフォーマンス（の不足）のどちらがより政治社会の不安定を促進するのかについても，重要な研究課題として残っている。

　第4に，本稿は治安というサービスの提供に絞って分析してきたが，インフラ整備や公衆衛生，教育といった異なるサービスの提供者に対する認識についても，本稿同様の結論を得ることができるのか，検討の余地が残っている。これらは今後の課題としたい。

> **謝辞**：本稿は，2023年度日本比較政治学会（第26回大会）の共通論題での報告ペーパーを大幅に修正したものである。コメンテーターの久保慶一氏（早稲田大学），外山文子氏（筑波大学），および司会の近藤康史氏（名古屋大学）に感謝申し上げる。また，匿名でコメントを下さった2名の編集委員，および個別にコメントいただいた金子智樹氏（東北大学）にも感謝申し上げる。なお，本研究はJSPS科研費（「20H00067」「22H03826」）の助成を受けたものである。

Appendix 従属変数の分布状況と基本統計量

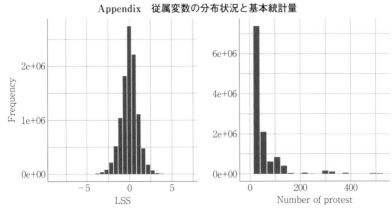

Variable	N	Mean	Std. Dev.	Min	Max
LSS	10,644,468	0.000	1.000	−8.784	6.834
Protest	2,922	74.752	92.369	7	521
Twitter	12,037,447	0.957	0.202	1	0
Twitter geotag	12,037,447	0.007	0.086	1	0
Difference Twitter	2,827	0.161	0.420	−1.178	3.085
Difference Twitter geotag	2,816	0.059	0.448	−1.928	3.167

出所：筆者作成。

注

1) ポスト紛争社会の出発選挙では、一部の勢力の排除が起こりやすく、それがしばしば対立を助長する（Selway 2011；Reynal-Querol 2002）。同様に、ポスト紛争社会においては、選挙で成立した政府や国家でも、正当性に対する批判にあいやすい（Englehart 2011）。
2) 特に、ポスト紛争期に政府や国家の能力が低い場合には、「疑似国家」(quasi-state) や「限定国家」(limited state) などの状況が生まれることが多く（Risse et al eds. 2018）、そうした状況下では非国家アクターによる行政サービスの提供がきわめて重要となる。
3) こうした場合、人々は国内避難民として移動しにくい（Kubota 2022）。
4) 本稿は、新聞などの公的メディアと一般の人々の認識の差異に注目した稲増 (2015) の視点も参考にした。
5) Twitterは2023年7月24日をもってXへと名称が変更されたが、本稿ではデータ取得時点の名称であるTwitterを使用することとする。

7 ポスト紛争国におけるサービスの提供者と不安定化

6） OpenNet Initiativeの報告書によれば，イラクでは，インターネット監視などの検閲や，チャットルームや電子メールの監視は確認できなかった。詳細は，報告書（chrome-extension://efaidnbmnnnibpcajpcglclefindmkaj/https://opennet.net/sites/opennet.net/files/ONI_Iraq_2009.pdf）を参照のこと。

7） イランは，イラク国内のシーア派聖地の保護という「国益」を守るため，モスル陥落直後からイラクへの介入を拡大した（松永 2014）。イランからの支援は多岐にわたり，武器や資金，シーア派民兵の訓練に加え，炊き出しや負傷兵の介抱，イラン革命防衛隊からの直接的な軍事支援などがある。ゴドゥス軍司令官のガーセム・ソレイマーニー少将は，頻繁にイラクを訪問し，PMUの実質的司令官とされたアブー・マフディー・ムハンディス副司令官らと会談を繰り返してきた。

8） PMU関連法によって，公的にはPMUが首相率いる中央政府の管理下に置かれることになったが，現実には首相が各部隊の指揮系統を掌握しているわけではなく，最も力を有するムハンディス副司令官を筆頭に，それぞれの組織が相当程度独立した指揮系統を維持していた。詳細は山尾（2021）を参照のこと。

9） PMU関連法では，PMUの政治参加は禁止されているが，法律の抜け道を使い，民兵組織とは別の名前で政党登録を行うことで合法的な政党となった。

10） Twitterのデータは，木下・山尾（2023）のものを使用した。ダウンロードにあたりアカデミック・ディベロッパー申請を行い，*academictwitteR* を利用して取得した。

11） 2022年時点でのイラク国内のSNSユーザーは，男性が67.9%，女性が32.1%である。

12） Twitterユーザーの数については，DataReportalによるレポートを参照（https://datareportal.com/reports/digital-2022-iraq 2023年4月6日閲覧）。年齢と性別の構成については，主要な中東諸国全体でみたTwitterユーザーの56%が34歳以下であることから（https://www.mideastmedia.org/survey/2017/chapter/social-media/#s224 2023年4月6日閲覧），イラクでも同様に半数以上を青年層が占めると想定できる。

13） LSSとそのアルゴリズムについては，Watanabe（2020）を参照のこと。

引用・参考文献

稲増一憲（2015）『政治を語るフレーム――乖離する有権者，政治家，メディア』東京大学出版会。

木下博子・山尾大（2023）「Twitterからみるイラク人民動員隊に対する脅威認識の変化」『日本中東学会年報』39(2)：1-31頁。

窪田悠一（2021）「反乱軍による公共サービスの提供とナショナル・アイデンティティ
　　──内戦後社会の市民意識に対する国家横断的アプローチ」『インフォーマルな政
　　治制度とガバナンス』日本比較政治学会年報23, 31-60頁。

タロー，シドニー（2006）『社会運動の力』（大畑裕嗣訳），彩流社。

長谷川公一（1993）「社会運動──不満と動員のダイナミズム」梶田孝道・栗田宣義編
　　『キーワード／社会学』川島書店。

───（2020）『社会運動の現在』有斐閣。

松永泰行（2014）「シーア派イスラーム革命体制としてのイランの利害と介入の範囲」
　　吉岡明子・山尾大編『「イスラーム国」の脅威とイラク』岩波書店, 247-265。

山尾大（2013）『紛争と国家建設──戦後イラクの再建をめぐるポリティクス』明石書
　　店。

───（2018）「政治不信がもたらした組織政党の躍進──第４回イラク議会選挙
　　（2018年５月）の分析」『中東研究』533：37-67頁。

───（2021）『紛争のインパクトをはかる──世論調査と計量テキスト分析からみ
　　るイラクの国家と国民の再編』晃洋書房。

Berman, E., J. N. Shapiro and J. H. Felter (2011) "Can Hearts and Minds Be Bought?
　　The Economics of Counterinsurgency in Iraq," *Journal of Political Economy* 119
　　(4)：766-819.

Brinkerhoff, Derick W. ed. (2007) *Governance in Post-Conflict Societies : Rebuilding
　　Fragile States*. London and New York：Routledge.

Dagher, Ruby (2021) *Reconstructing our Understanding of State Legitimacy in
　　Post-conflict States : Building on Local Perspectives*. Palgrave Macmillan.

Dodge, Toby (2021) "Afghanistan and the Failure of Liberal Peacebuilding," *Survival*
　　63：47-58.

EASO (2020) Iraq：the protest movement and treatment of protesters and activists,
　　(https://euaa.europa.eu/sites/default/files/publications/10_2020_EASO_COI_
　　Report_Iraq_The_protest_movement_and_treatment_of_protesters.pdf)

Englehart, Neil (2011) "What Makes Civil Society Civil? The State and Social
　　Groups," *Polity* 43(3)：337-357.

Kubota, Yuichi (2022) "Remaining behind in the Community：Rebel Service Provision
　　and Internal (Non-) Displacement of Civilians in the Former FATA, Pakistan,"
　　Journal of Peace Research.

Lidén, Kristoffer (2021) "The Ethics of Liberal Peacebuilding," Oliver Richmond and
　　Gëzin Visoka eds. *The Oxford Handbook of Peacebuilding, Statebuilding, and*

Peace Formation. Oxford University Press.

Lyall, J., Y. Zhou, and K. Imai（2020）"Can Economic Assistance Shape Combatant Support in Wartime? Experimental Evidence from Afghanistan," *American Political Science Review* 114(1)：126-143.

Mampilly, Zachariah（2011）*Rebel Rulers : Insurgent Governance and Civilian Life during War*. Cornell University Press.

Mansfield, E. and J. Snyder（2005）*Electing to Fight : Why Emerging Democracies Go to War*. Cambridge and London：MIT Press.

McAdam, Doug（1999）*Political Process and the Development of Black Insurgency, 1930-1970*, 2nd ed. University of Chicago Press.

Menocal, A. Rocha（2013）"Aid and Fragility：The Challenges of Building Peaceful and Effective States," in D. Chandler and T. Sisk eds. *The Routledge Handbook of International Statebuildin*g：387-399. Routledge.

ORSAM（2015）*A New Controversial Actor in Post-ISIS Iraq : al-Hashd al-Shaabi (The Popular Mobilization Forces)*, Report No. 198, May 2015.

Paris, Roland（2004）*At War's End : Building Peace after Civil Conflict*. Cambridge：Cambridge University Press.

Reynal-Querol, Marta（2002）"Ethnicity, Political Systems, and Civil Wars," *Journal of Conflict Resolution* 46(1)：29-54.

Risse, T., T. A. Borzeel and A. Draude eds.（2018）*The Oxford Handbook of Governance and Limited Statehood*. Oxford University Press.

Rubin, Barnett R.（2006）"Peace Building and State-Building in Afghanistan：Constructing Sovereignty for Whose Security?" *Third World Quarterly* 27(1)：175-185.

Selway, J. Sawat（2011）"Cross-Cuttingness, Cleavage Structures and Civil War Onset," *British Journal of Political Science* 41(1)：111-138.

Tilly, Charles（2004）*Social Movement, 1768-2004*. Paradigm Publishers.

Watanabe, Kohei（2020）"Latent Semantic Scaling：A Semisupervised Text Analysis Technique for New Domains and Languages," *Communication Methods and Measures* 15(2)：81-102.

（やまお・だい：九州大学）

CHAPTER 8

ソーシャル・メディアにおける中国共産党の宣伝
——人民日報Weiboに対する量的テキスト分析——

工藤　文［金沢大学］

1　独裁者と政治宣伝

　本研究の目的は，人民日報のWeibo（微博）アカウントに対する量的テキスト分析を行い，中国共産党（以下，党）によるソーシャル・メディアの宣伝戦略を明らかにすることである。

　現代の独裁者は，民衆の支持を必要としている。ナチス・ドイツのヒトラーやソ連のスターリンといった過去の独裁者は，メディアの国有化，ジャーナリストの殺害や投獄，公式的なイデオロギーの設定など，恐怖による支配を行ってきた。しかし，シンガポールのリー・クアン・ユーや，ロシアのウラジミール・プーチンといった現代の独裁者は，独裁者自身が有能であり，国家を発展させることができるというメッセージを発信することで一般大衆からの支持を得ようとする（Guriev and Treisman 2022：20）。なぜなら，独裁者による暴力の行使は，エリートや人びとの反発を招くため抗議運動を誘発し，体制の崩壊につながるためである。そのため，独裁者は，民衆や反体制派による抗議運動といった集合行為を呼びかける投稿を削除し（King et al. 2013），政権を好意的に評価するようなメッセージを流布させる（King et al. 2017；Guriev and Treisman 2022；Chen 2022）。

　独裁者が用いる宣伝は，名目的に民主的な政治制度（nominally democratic institution）によって制約を受ける。比較政治学は，政党・選挙・議会といった政治制度が，権威主義体制の維持に役割を果たしてきたことを

第3部　計量テキスト分析と地域研究・比較政治学

指摘してきた（Magaloni 2008；Gandhi 2008；東島 2023など）。このうち，選挙は独裁者が用いる宣伝戦略を規定する。すなわち，選挙に制約を受ける国家では，独裁者は自身の業績を水増しして宣伝することで国民の支持を得ようとする。他方，中国のように選挙の制約を受けない国家は，独裁者による支配が盤石であることを示す宣伝戦略を用いる（Carter and Carter 2023）。

　じっさいに，習近平政権以降の動向は，上記の視点を支持しているようである。2012年11月の中国共産党第十八回全国代表大会（以下，第十八回党大会という略称を用いる）で発足した習近平政権は，「中華民族の偉大な復興」というスローガンによって，党の支配が強固であることを強調してきた。ただし，ジェロスとパンの実証的研究によると，習近平は政権発足時点で，すぐに党機関紙の言説を独占したわけではないという（Jaros and Pan 2018：133）。その後の展開をみてみると，2017年の第十九回党大会以降，習近平は「新時代の中国の特色のある社会主義」を強調し，党が主導して強国を作り上げるという主張を強めている。

　他方で，党は政権の有能性を強調する宣伝をも駆使していると想定できる。なぜなら，党もまた，名目的に民主的な政治制度による制約を受けているためである。中国政治研究は，党は政治制度を通じて支配の正統性を獲得し，社会の多様な層を取り込むことで一党支配体制を維持してきたと論じてきた（加茂 2006；2013；諏訪 2015など）。

　党は，ソーシャル・メディアにおいて，どのような宣伝戦略を駆使しているのであろうか。この問いを明らかにするために，『人民日報』が開設したWeiboの公式アカウント（以下では，人民日報Weiboと省略）に対する量的テキスト分析を行う。先行研究では，宣伝機関として最も権威ある新聞である『人民日報』を対象に量的テキスト分析が行われている（御器谷 2019；王 2021；工藤・中山 2022；Carter and Carter 2023）。他方，人民日報Weiboの投稿内容を分析した研究では，いずれも特定の事例，または特定の期間を対象にした内容分析にとどまっている（劉亜菲 2016；劉偲琦

192

2022)。

　本研究の結論を先取りすれば，つぎのようにまとめることができる。党は，党に関する投稿において，人びとの信念を独占するために党の支配が盤石であることを示す宣伝を用いる。他方，政府・人代・政協に関する投稿では，人びとを説得するために政権の有能性を誇示する宣伝を用いる。さらに，第十九回党大会以降，習近平への集権化を背景にして，党は，党の支配が盤石であることを示す宣伝を強化している。同時に，党は，人代・政協に関する投稿では，政権の有能性を強調する宣伝をも強化している。ここから，本研究は，党がソーシャル・メディアにおいて相反する二つの宣伝戦略を補完的に用いていることを実証的に示した。

　以上の結論は，比較政治学と中国地域研究に対して，中国のソーシャル・メディアを分析した実証的な知見を提供するとともに，両研究領域の知見を架橋する役割を果たす。本研究は，比較政治学の視点に基づき，中国においても名目的に民主的な政治制度が権威主義体制を維持する役割を果たしていると主張する。この上で，本研究は中国の事例に基づき，独裁者は明示的・非明示的に大衆の支持を集めることで支配を維持してきたという，比較政治学の視点を支持する（山田 2015；東島 2023：49）。

　本研究の構成は次の通りである。第1節では，本研究の目的と問いを提示した。第2節では，先行研究の議論を整理し，権威主義体制における政治制度と政治宣伝の関係をまとめる。第3節では，人民日報Weiboの投稿に対する量的テキスト分析の手法を説明する。第4節では，量的テキスト分析と重回帰分析の結果を示し，2012年から2023年までの党のソーシャル・メディアにおける宣伝戦略を実証的に示す。第5節で，党のソーシャル・メディアを通じた宣伝戦略をまとめ，考察を行う。

第3部　計量テキスト分析と地域研究・比較政治学

2　二つの宣伝戦略

（1）　説得か，信念の独占か

　カーターとカーターは，その国の選挙が独裁者を規定する度合いに基づき，独裁者が用いる宣伝戦略を二つに分けた。人びとの説得を目的とした宣伝と，人びとの信念の独占（domination of belief）を目的にした宣伝である（以下，Carter and Carter 2023）。

　選挙に制約される国家では，独裁者は宣伝を通じて政権の有能性を誇示し，人びとを説得する。なぜなら，独裁者の業績に不満があれば，市民は選挙で反対票を投じることで独裁者に意義申し立てができる。しかし，権威主義国家では，人びとは正確な情報を取得できないため，独裁者の業績を結果的にしか知ることができない。そのため，独裁者は選挙を通じて絶対的な勝利を演出し，人びとの支持を得るために，一部事実に基づきながらも独裁者の業績を誇張する宣伝戦略を用いる。カーターたちはこれを人びとの説得を目的とした宣伝戦略として位置づけている。また，グリエフとトリーズマンは，独裁者が経済的なパフォーマンスや公共サービスの提供といった，独裁者の能力を誇示する言説を用いているという指摘を行っている（Guriev and Treisman 2022：83-84）。

　他方，選挙に制約をされない国家では，独裁者は事実に基づかない情報を元に，独裁者の支配が強固であるというシグナルを発することで，人びとの信念を独占する。選挙に制約を受けず，選挙介入ができる国家では，選挙を通じた人びとの支持は必要としていない。そのため，独裁者は市民を抑圧するためには，時には暴力的な行為をも辞さないというメッセージを伝達する。このような宣伝の目的は，国内の潜在的な脅威に対応するためである。実際に，チベットと新疆ウイグル自治区における民族分離主義運動の記念日の前後に，党は宣伝を増加させることで，抗議運動が減少する関係がみられた（Carter and Carter 2022：6）。ホァンはこのような説得を

194

目的としない宣伝をハード・プロパガンダ（Hard propaganda）と名付け，宣伝が人びとの反抗する意欲を低下させる，シグナリング効果を実験によって実証した（Huang 2015）。

しかし，中国では，党は人びとの信念を独占するための宣伝のみで，党の支配を維持することが可能なのであろうか。ホァンは，「ハード・プロパガンダの病理」として，ハード・プロパガンダが政権の安定性に寄与する効果は短期的には有効であるものの，長期的には正統性を損ねる可能性を指摘している（Huang 2018）。そこで，本研究では，中国政治の文脈に即して，先行研究の問題点を二つ指摘したい。

一つ目に，先行研究は伝統的メディアである新聞を対象にしており，セレクション・バイアスが生じている。とりわけ，『人民日報』は1946年に創刊してから，党の意見を代弁し，党のイデオロギーを流布するなど，党の支配が安定的であるというシグナルを発信してきた。しかし，ソーシャル・メディアの戦略において，従来の党機関紙を中心とした宣伝と，広範な読者を取り込むという二つの目的が示されており，ソーシャル・メディアの宣伝において二つの宣伝戦略が同時に存在しうる。

二つ目に，中国もまた，名目的に民主的な政治制度によって制約されている。党は建国当初から政治制度を通じて民意を取り込んできた。ここから，中国においても政治制度が制約となり，政権の有能性を誇示する宣伝戦略を用いているといえる。

以下では，党のソーシャル・メディア戦略と，中国における政治制度の役割を整理する。

（2） 中国共産党のソーシャル・メディア戦略

2012年に習近平総書記が誕生して以降，党はインターネットでの宣伝を強化してきた。中国インターネットユーザーは2023年6月時点で人口の76.4％（10.79億人）を占める（CNNIC 2023）。メディア融合（中国語で媒体融合）という言葉に代表されるこの戦略の狙いは，これまで紙媒体のメディ

第3部　計量テキスト分析と地域研究・比較政治学

アが中心であったニュースの生産・流通を，インターネットやソーシャル・メディアと一体化させ，メディア・グループの競争力と影響力を強化することである（西 2018；劉亜菲 2016）。党のメディア融合戦略は，2013年の全国宣伝工作会議で提起され，2014年には党中央の「指導意見」によって国家戦略として全国で推し進められた（西 2018：173-175）[1]。「指導意見」の原文は公開されていないため，以下では当時の中央宣伝部部長である劉奇葆が『人民日報』に発表した記事を参照してその方針を二つにまとめた[2]。

　一つ目に，メディア融合の目的は，主流メディアを中心に，党が主導して従来の宣伝方針を維持することである。伝統メディアの中でも中央のメディア（例えば，『人民日報』など）を中心に位置づけ，党がメディアを管理する原則，およびプラス宣伝を主として，新興メディアとの融合を進め[3]ていくという方針が示された。

　二つ目に，衰退が続く紙媒体の党機関紙に代わり，新興メディアを通じてより広範な読者に訴えかけることである。党がメディア融合を進める背景には，新興メディアが伝統メディアに代わって主流になることへの危機感がある。とりわけ，イデオロギー領域ではインターネットが世論の方向を決定づける主戦場となり，中国の政権安全性に直接かかわるようになっているという。

　このように，党は従来の党機関紙を中心に従来の宣伝方針を維持しながらも，ソーシャル・メディアを通じてより広範な読者から支持を得るという二つの方針を持っていることがみてとれる。これらの方針を反映し，『人民日報』はWeibo（微博），Weixin（微信），TikTok（抖音）にアカウントを開設し，発信を強化している（Chen 2022：8）。

（3）　中国における政治制度の制約

　党を中心とした国家の体制は，党国家（Party-State）という言葉に代表される。党は憲法上支配政党として位置づけられ，事実上の一党支配を行ってきた。党は自らの意思を伝える手段を政府（国務院）機関に張り巡ら

すことで，自らの支配を確立してきた（唐 1997；毛里 2012など）[4]。

　中国には党と政府以外の政治制度として，全国人民代表大会（以下，全人代）と中国人民政治協商会議（以下，政治協商会議。あわせて両会と呼ばれる）がある。全人代は憲法上中国における最高の権力機関として位置づけられ，立法府である全人代に行政権・司法権が集中している（議行合一）。また，政治協商会議は，審議・協議を通じて政府に対して提案を行う，準国家機関化された制度である（毛 2016：292）。人民代表大会（以下，人代）と政治協商会議は各行政区画に設置されている。

　人代や政治協商会議は，中国において名目的に民主的な政治制度としての機能を果たしてきた。党は建国以来，人代と政治協商会議を通じて，一党支配において不足した機能を補ってきた。以下では，中国における政治制度の機能を二点にまとめる。

　第一に，人代や政治協商会議は，党による支配の正統性を高める機能を果たしてきた。建国初期の北京市人民代表会議とその後継である人民代表大会は，党の代表が選挙制度を経て法的に正統性を獲得する制度となり（中岡 1998：157），党が人民の支持を獲得したことを知らしめるための場となっていた（杜崎 2015）。そのため，政治制度に対する過度な介入は正統性を毀損することにつながる。人代に直接選挙が導入されているのは県・市・市の管轄区までで，省と直轄市以上の人代選挙は間接選挙である（毛里 2012：133-134）。人代選挙に党は代表のポストを配分するなど介入をしているが，恣意的なポストの配分が腐敗の温床となり，人びとの選挙に対する嫌悪感につながっている（中岡 2020：40）。

　第二に，人代や政治協商会議は，民意を取り込む機能を果たしてきた。例えば，全人代常務委員会の立法過程では，パブリックコメントを通じて民意を取り込んでいる（諏訪 2015）。さらに，党から提出された議題を承認するだけの人代から，党に民意を伝え，疎外された人びとを包摂する制度としての役割変化が指摘されている（加茂 2006：5-8；2013：14）。政治協商会議についても，民主党派や各民族の代表などを包摂する統一戦線組織

第3部　計量テキスト分析と地域研究・比較政治学

としての役割を持つ（加茂 2013：12）。しかし，人代や政治協商会議による民意の取り込みには限界があり，社会的弱者や反体制派は制度から排除されている（毛 2016：296-297；中岡 2020：45）。そのため，人代や政治協商会議は，党が多様な声を代表していることを「演出」するための制度としての側面を持ち，党は民族集団などによる集合行為に対しては，武力による鎮圧を行ってきた。

　したがって，人代と政治協商会議は，中国の一党支配体制に不足した機能を補ってきた。

　しかし，第十九回党大会を経た習近平への強権化が指摘されている（天児 2018；鈴木 2022）。習近平は2012年に総書記と党中央軍事委員会主席，2013年に国家主席に就任した。2016年10月の中国共産党第十八期中央委員会第六回全体会議（以下，第十八期六中全会と省略）において，習近平は党の「核心」の称号を復活させ，自らがその地位に就いた。とりわけ，2017年10月の第十九回党大会においては，党規約の改正が行われ，「習近平の『新時代の中国の特色のある社会主義』思想」が党の「指導思想」に盛り込まれた。2018年３月の全人代では憲法改正が行われ，国家主席の任期制限が撤廃された。さらに，2022年10月の第二十回党大会では，習近平が引き続き総書記に就任するとともに，2023年全人代において習近平は国家主席として三期目に突入した。

　習近平への強権化は，党とそれを支える政治制度という両者のバランスを変え，ソーシャル・メディアにおける宣伝戦略にも変化を与えたと推測できる。そのため，本研究では，第十九回党大会を背景にしたソーシャル・メディアの宣伝戦略の変化に着目して分析を行う。

3　人民日報Weiboテキストに対する量的テキスト分析

（1）　ソーシャル・メディアにおける二つの宣伝戦略

これまでの議論に基づき，党は相反する二つの宣伝戦略をソーシャル・

メディアにおいて駆使していると想定できる。党に関する投稿では，民族的少数派などの反体制派による抗議活動を抑制するために，党の支配が盤石であることを発信する。他方，本研究は，中国において党もまた政治制度に制約を受けていると捉える。そのため，人代や政治協商会議に関する宣伝では，民意を取り込むために業績を水増しし，政権の有能性を強調する。しかし，第十九回党大会以降の習近平への集権化によって，党は支配が盤石であるという宣伝を行う傾向が強くなると予測できる。すでに述べたように党と政治制度は不足した機能を補う関係にあることから，ある宣伝が強まれば，もう一つの宣伝も強化されると予測できる。

　以上を実証するために，本研究はソーシャル・メディアにおける二つの宣伝戦略を代表する党の政策として，「党の偉大さ」と「格差是正」を選択した。

　人びとの信念の独占を目的としたソーシャル・メディアにおける宣伝戦略は「党の偉大さ」を強調するイデオロギーキャンペーンを対象にした。習近平政権において，イデオロギーキャンペーンが積極的に行われるようになった（Mittelstaedt 2023）。外国に蹂躙されてきた歴史を払しょくし，米国に代わり中国が覇権国になるという「中華民族の偉大な復興」が，「中国の夢」として習近平政権発足時に盛んに叫ばれた。とりわけ，2017年10月の第十九回党大会における「習近平の『新時代の中国の特色のある社会主義』思想」において，党が主導して「社会主義現代化」を成し遂げるという目標が掲げられた。2021年11月には，第十九期六中全会において，党の歴史上三度目となる「歴史決議」[6]が行われた。「歴史決議」においては，「中国の特色のある社会主義と中国の夢の宣伝教育をより広範に展開する」と述べられており，宣伝を強化する方針が示された。

　習近平政権におけるイデオロギーキャンペーンは，「党の偉大さ」を強調することで，政権の安定性を示すシグナルを発信するための宣伝戦略として位置づけられる。独裁者は社会が安定的であることを示す「符号（codeword）」を用いることで，市民や反体制派による抗議活動を抑制する（Huang

第3部　計量テキスト分析と地域研究・比較政治学

2015：426；Carter and Carter 2022；2023：305）。これに対し，本研究は
習近平政権による「中国の夢」をはじめとするイデオロギーキャンペーン
を，政権の安定性を示すための「符号」として捉えた[7]。党はこれらのスロ
ーガンを提唱することで，二つの100周年，すなわち2021年7月の中国共産
党創立100周年，2049年の中華人民共和国建国100周年を前に，党の正統性
を高めるねらいがあると受け止められる。

　他方，人びとの説得を目的とするソーシャル・メディアにおける宣伝戦
略は，格差是正に関する宣伝を対象にした。中国では，貧困問題は深刻な
問題であり，習近平政権は2014年から「精準扶貧（対象を絞った精確な扶
助）」というスローガンを掲げ，貧困問題に対して対処してきた（朱 2022）。
2021年2月25日に行われた脱貧困を強調した会議において，習近平は次の
ように貧困問題が改善されたことを強調した[8]。9899万の農村貧困人口がす
べて貧困から脱し，832か所の貧困県と12.8万か所の貧困村がリストから外
れ，ここから，脱貧困戦略は「全面的勝利を収めた」と強調したという。ま
た，上述した「歴史決議」において，習近平は国連が定めた2030年の貧困
削減目標よりも10年前倒しで絶対的貧困を解決し，「人類の貧困削減史上の
奇跡を成し遂げた」と述べるなど，党の業績を盛んに喧伝していることが
わかる。

　このような脱貧困の強調は，相対的貧困に対処するための政策転換の意
味を持つとともに，政治的なキャンペーンとしての側面を持つ（朱 2022：
405）。2021年には，習近平は「共同富裕」を強調し再分配政策を展開する
ようになっており，これは貧富の格差に不満を抱く若者の支持獲得を得る
目的を持つという（鈴木 2022：97）。

　これまでの議論に基づき四つの仮説を設定する。党はソーシャル・メデ
ィアの宣伝において，党と政治制度に関する投稿で異なる宣伝戦略を駆使
していると想定し，つぎの仮説を導き出す。

　仮説1：党に関する投稿では，党の偉大さを強調する。

　仮説2：人代と政協に関する投稿では，格差是正を強調する。

習近平政権による強権化を背景に，党の支配が盤石であるという宣伝戦略を強めたと想定できる。ここから，仮説 3 を導き出す。

仮説 3：第十九回党大会以降，党の偉大さを強調する投稿が増加する。

さらに，第十九回党大会以降に，党に関する投稿でシグナルの発信を強めれば強めるほど，人代・政協においてはより政権の有能性を強調するという関係がみられるはずである。したがって，仮説 4 は次のように導かれる。

仮説 4：第十九回党大会以降，党に関する投稿では党の偉大さを強調する投稿が増加し，人代と政協に関する投稿では格差是正を強調する投稿が増加する。

（2）　量的テキスト分析の手法

本研究は，人民日報 Weibo を党のソーシャル・メディア宣伝を代表する事例として扱う。人民日報 Weibo は2012年 7 月に開設され，2023年11月現在で1.53億人のフォロワー（粉絲）を持つ。人民日報 Weibo アカウントの投稿は毎日およそ40から50件程度であり，閲覧数はそれぞれ100万以上を維持，リツイートも100万以上に達する（沈 2022：51）。

分析の手順は以下の通りである。2012年 7 月22日のアカウント開設から2023年 4 月18日までに収集できた投稿の重複を除き，13万4404件の投稿を分析に用いた。分析には，言語分析のために開発された R の Quanteda パッケージを使用した。はじめに，全投稿に対して，中国語の形態素解析パッケージである jiebaR を用いて分かち書きを行った。この上で，記事本文をトークン化して文書行列を作成した。つぎに，分析対象を中国国内の記事に限定するために，R パッケージの Newsmap を使用して投稿を中国国内・国外・その他の地域に分類した（Watanabe 2018）。Newsmap を使用するにあたっては，筆者が都市名から構成される地理辞書を作成し，これを訓練データに用いた。この結果，中国国内の投稿として10万6548件を抽出した。最後に，中国国内の投稿に対して R の LSX パッケージを使用し，半教

第3部 計量テキスト分析と地域研究・比較政治学

師あり学習であるLSS（Latent Semantic Scaling, Watanabe 2021）を実行
した。LSSは種語（Seed Word, 後述）と各単語のベクトル空間モデル上
の距離を推定してモデルを作成し，対象を一次元上にスケーリングする手
法である。本研究では，LSSを実行して投稿1件ごとに付与した値をLSS
値と呼ぶ。

　種語とは，投稿ごとにLSS値を付与するための核となる言葉である。仮
説に従って，「党の偉大さ」および「格差是正」から想起される典型的な単
語を列挙し，各単語に関連した語一覧を表示した[11]。この上で，全投稿の中
で①特徴的に使われている，②概念が明確である，③広く使われている，と
いう三つの基準に合致する単語を選択し，種語として分析に用いた（Wata-
nabe 2021：93）。以上の手続きを経て，「党の偉大さ」を代表する種語とし
て，「偉大，精神，復興，発揚（弘揚），思想」の五つを選択した。同様に，
「格差是正」を代表する種語として「貧困，保障，民生，高める（提高），確
実にする（落実）」の五つを選択した[12]。

　分析に用いた単語の分布は図1の通りである。図1において強調してあ
る文字は，モデルに含まれる典型的な単語を示している。x軸のプラスに
ある単語を多く含む投稿は，LSS値がプラスに算出される。すなわち，種
語に加えて，愛国主義，中華民族，社会主義，団結，マルクス主義（馬克
思主義）などを含む投稿が「党の偉大さ」の投稿として推定される。同様
に，x軸のマイナスにある単語を多く含む投稿は，LSS値がマイナスに算
出される。種語に加えて，農村，医療保障（医保），補助，最低生活保障
（低保），収入レベル（収入水平）といった，社会保障に関する単語を多く
含む投稿が「格差是正」の投稿として推定される。

4　人民日報Weiboの投稿内容の変化

（1）　2012年から2023年までの投稿内容の推移

国内に関連する投稿と推定された10万6548件にLSSを実行した（図2）。

8 ソーシャル・メディアにおける中国共産党の宣伝

図1 分析に用いた単語の分布

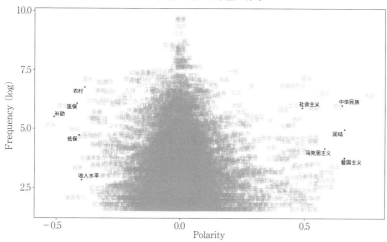

図2 LSS値の推移

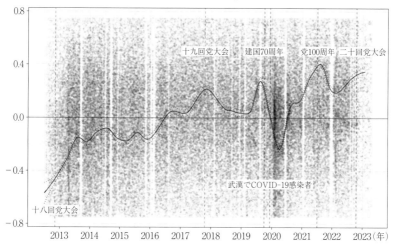

中心の実線は日ごとのLSS値平均の推移を示している。点線はLSS値の標準誤差の95％信頼区間を表している。実線がy軸のプラスにある時には人民日報Weiboにおいて「党の偉大さ」を，マイナスにある時には「格差是

正」と推定された投稿の比率が高いことを示している。背後の黒い点は一つ一つの投稿を意味している。背後の空白は，データの欠損を意味する。

　図２に示したLSS値の推移からは，人民日報Weiboアカウントの投稿が「格差是正」から「党の偉大さ」へと推移していることがわかる。2012年7月22日アカウント開設時点では，LSS値の平均はマイナスに位置しており，投稿は「格差是正」の比率が高かった。その後も「格差是正」の投稿の比率が高いまま推移し，2016年に0を超えて，0付近で推移する。そして，2017年10月の第十九回党大会を境にLSS値がプラスに上昇しており，「党の偉大さ」を強調する投稿の比率が高まったことがわかる。2019年に再び急激に「党の偉大さ」に推移するのは，2019年10月1日の中華人民共和国建国70周年を迎えたことと重なる。2019年12月8日に武漢で最初の新型コロナ感染者が確認されてからは，投稿の内容は「格差是正」に一転する。しかし，2021年7月1日の党100周年記念大会において「党の偉大さ」を強調する投稿の比率が最も高まる。その後も，2022年10月16日の第二十回党大会まで，「党の偉大さ」を強調する投稿の比率が高いままで推移している。このように，LSS値の推移からは，ソーシャル・メディアの宣伝内容が現実の政治の変化と連動して推移していることがみてとれる。

（2）　LSS値を応答変数にした重回帰分析

　引き続き国内の投稿と推定した10万6548件を対象に，重回帰分析を行い，仮説を検証した。応答変数には投稿ごとに付与されたLSS値を用いた。説明変数は辞書アプローチによって作成したダミー変数である（山尾 2021；工藤・中山 2022；于 2023の手法を参照した。基本統計量は補遺1）。

　政治制度のダミー変数を四つ作成した。それぞれ，各投稿の中に以下の言葉が含まれていれば1をコードし，含まない場合には0をコードした。政治制度のダミー変数では，中央の政治制度だけではなく地方の政治制度も含まれるように設定した。

　①　共産党ダミー　党，中共中央，書記，省委，市委

②　政府ダミー　　政府，総理，国務院

　③　人代ダミー　　人代，人民代表

　④　政協ダミー　　政協，協商

　統制変数には二つの変数を作成した。2019年12月以降に発生した新型コロナウイルスの蔓延以降，ソーシャル・メディアの宣伝機能が強まったことが先行研究において指摘されている（Lu, Pan, and Xu 2021）。そのため，新型コロナウイルスに関する投稿の影響を統制するためにダミー変数を投入した。国営の通信社である新華通訊社（以下，新華社）のニュースについても，統制変数に含めた。

　⑤　新型コロナダミー　新冠（新型コロナ），肺炎，疫苗（ワクチン），疫情（新型コロナの発生状況）

　⑥　新華社ダミー　新華社

　第十九回党大会以降の集権化を背景にした宣伝の変化を検証するために，時期区分によるダミー変数を作成した。第十九回党大会以降を意味するT2ダミーと各政治制度のダミー変数との交差項を投入し，仮説を検証した。

　⑦　時期ダミー

　　　第十九回党大会以前　T1（2012年7月22日から2017年10月17日まで）

　　　　　　　　　　　　0をコード

　　　第十九回党大会以降　T2（2017年10月18日以降）　1をコード

　重回帰分析の結果は表1の通りである。時間変化なし，時間変化あり，交互作用項の三つのモデルを作成した。以下では，交互作用項モデルに着目して結果を導く。なお，重回帰分析においてはすべてロバスト標準誤差を使用した。

　各政治制度（共産党・政府・人代・政協）に着目すると，政治制度ごとに投稿内容に差異があることがわかった。共産党ダミーは回帰係数が正であり，共産党に言及がない投稿に比べて，共産党に言及のある投稿はLSS値が0.49ポイント，すなわち「党の偉大さ」を強調することを示している。

第3部　計量テキスト分析と地域研究・比較政治学

表1　人民日報WeiboのLSS値を応答変数にした重回帰分析結果

	人民日報Weibo　LSS値		
	時間変化なし	時間変化あり	交互作用
共産党ダミー	0.92***	0.90***	0.49***
	(0.03)	(0.03)	(0.03)
政府ダミー	− 0.96***	− 0.93***	− 0.95***
	(0.02)	(0.02)	(0.03)
人代ダミー	− 0.39***	− 0.39***	− 0.21***
	(0.03)	(0.03)	(0.05)
政協ダミー	− 0.55***	− 0.55***	− 0.45***
	(0.04)	(0.04)	(0.04)
新型コロナダミー	− 0.19***	− 0.32***	− 0.32***
	(0.01)	(0.01)	(0.01)
新華社ダミー	− 0.25***	− 0.19***	− 0.18***
	(0.02)	(0.02)	(0.02)
T2		0.27***	0.24***
		(0.01)	(0.01)
共産党× T2			0.74***
			(0.05)
政府ダミー× T2			0.04
			(0.04)
人代ダミー× T2			− 0.36***
			(0.06)
政協ダミー× T2			− 0.18*
			(0.07)
(Intercept)	0.02***	− 0.11***	− 0.10***
	(0.00)	(0.00)	(0.00)
Num.Obs.	106,548	106,548	106,548
R2 Adj.	0.07	0.09	0.10

*$p < 0.05$, **$p < 0.01$, ***$p < 0.001$

　反対に，政府ダミーの結果は回帰係数が負であり，政府に言及がない投稿に比べて，政府に言及のある投稿はLSS値が−0.95ポイント，すなわち「格差是正」を強調することを意味している。LSSは平均値を 0，標準偏差が 1 になるようにデータを構成するため，政府に言及のある投稿は標準偏差約 1 つ分に当たる。人代ダミーは−0.21，政協ダミーも−0.45でいずれも負の係数であり，政府と同様に「格差是正」を強調することがわかった。

　さらに，第十九回党大会以降に，人民日報Weibo投稿全体において，より「党の偉大さ」を強調していたことが明らかになった。T2ダミーの結果

8 ソーシャル・メディアにおける中国共産党の宣伝

図3 各ダミー変数交差項の限界効果

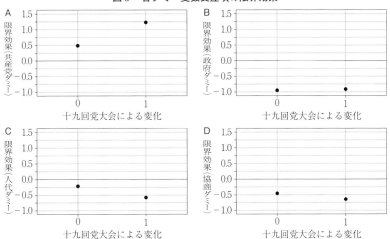

をみると、第十九回党大会以前（T1）の投稿と比べて、第十九回党大会以降の投稿ではLSS値が0.24ポイント高まったことがわかる。

　ダミー変数の交差項の限界効果は図3の通りである。共産党ダミーと第十九回党大会以降の投稿（共産党×T2）の限界効果を確認すると、第十九回党大会以前のLSS値0.49から、党大会以降に1.23へと増加することが検証できた（図3のA）。すなわち、共産党に言及する投稿は、第十九回党大会以降により「党の偉大さ」を強調していた。LSS値の標準偏差1つ分を超えており、宣伝戦略に顕著な変化があったといえる。政府ダミーの結果（政府×T2）は有意ではなく、変化が見られなかった（図3のB）。政府に言及する投稿では、第十九回党大会以降も引き続き「格差是正」を強調していると言える。人代ダミーと第十九回党大会以降の交差項（人代×T2）は、第十九回党大会以前はLSS値が−0.21であったのが、以降は−0.58となった（図3のC）。すなわち、人代に言及のある投稿では第十九回党大会以降に、より「格差是正」を強調することがわかった。協商ダミーとT2ダミーの交差項の結果は、第十九回党大会以降によりマイナスに推移するが、

第3部 計量テキスト分析と地域研究・比較政治学

標準誤差の95％信頼区間が重なっていることから傾向にとどまった（図3のD）。

　分析結果の頑健性を確認するためにロバストネスチェックを行った（補遺2）。2012年から2023年までの年ダミー，各月のダミー変数を投入した二つの重回帰分析を行った。結果は上記の結果を支持しており，分析結果の頑健性を確認することができた。

　以上から，本研究の仮説の検証を行いたい。分析の結果，党・政府・人代・政協という政治制度ごとに投稿内容に差異があることがわかった。具体的には，党に関する投稿では「党の偉大さ」を，政府・人代・政協に関しては「格差是正」を強調しており，仮説1および仮説2を実証した。第十九回党大会以降の変化を見ると，投稿全体の論調が「党の偉大さ」に変化していたことが明らかになった。ここから仮説3を実証した。さらに，第十九回党大会以降の変化を検証すると，党に関する投稿ではより「党の偉大さ」を，人代に関する投稿では「格差是正」を強調する投稿が増加しており，仮説4を実証した。なお，政協については「格差是正」を強調する傾向が強まるものの，傾向にとどまった。

5　ソーシャル・メディアの宣伝を通じた支持の獲得

　本研究の目的は，人民日報のWeibo（微博）アカウントに対する量的テキスト分析を行い，中国共産党によるソーシャル・メディアの宣伝戦略を明らかにすることであった。人民日報Weiboテキストを対象に，量的テキスト分析と重回帰分析を行い，第十九回党大会以降の宣伝戦略の変化に着目してソーシャル・メディアの宣伝戦略を実証的に示した。

　本研究の最初に設定した問いである，党はソーシャル・メディアにおいて，どのような宣伝戦略を駆使しているのであろうか，という問いに答えたい。本研究の結論は三つにまとめられる。

　第一に，ソーシャル・メディアにおいて，党は二つの宣伝戦略を使い分

208

けている。すなわち，党は，党に関する投稿においては党の支配が盤石であることを示し，人びとの反抗意欲を削ぐ。同時に，党は，人代および政治協商会議に関する投稿では業績を強調することで政権の有能性を誇示し，人びとの支持を得る。このように，党は二つの宣伝戦略を目的に合わせて駆使している。先行研究によると，習近平は2021年以降に政策の中で「中華民族」としての一体性を強調しつつ，格差是正を強調しているという（鈴木 2022：97）。本研究では，少なくとも政権発足時点からソーシャル・メディアにおいて党は二つの宣伝戦略を使い分けていることを示した。

　第二に，第十九回党大会以降に，ソーシャル・メディアの宣伝戦略に転換があった。分析の結果，第十九回党大会以降，投稿全体において支配が盤石である宣伝が強まった。この結果は，習近平への集権化を背景に宣伝戦略に転換があったことを裏付けている。

　第三に，党のソーシャル・メディアの宣伝戦略は相互補完性を持つ。党の偉大さが強調されるほど，格差是正も強調されていた。このような傾向は，第十九回党大会以降に人代に関する投稿において強まっており，党はシグナルの発信を強化するとともに，人びとから広範な支持を得るために人代の役割がより強調されることを示している。以上から，本研究は，党はソーシャル・メディアの宣伝において二つの戦略を補完的に用いていると結論づける。

　本研究の最後に，ソーシャル・メディアの宣伝と中国の一党支配体制の維持との関係性を考察したい。本研究の結論からは，党は政治制度に依拠して一党支配体制を維持しているという考察が導かれる。なぜなら，本研究が明らかにしたように，党は人代および政治協商会議といった政治制度を通じて政権の有能性を強調し，人びとの支持を得ていると指摘できる。本研究は，権威主義体制における独裁者は，明示的・非明示的に大衆の支持を集めることで支配を維持しているという，先行研究の指摘を支持するものである。

　本研究は，人民日報Weiboのテキストに基づくソーシャル・メディアの

第3部　計量テキスト分析と地域研究・比較政治学

宣伝戦略の分析であり，中国政治の実態を検討したものではない。すでに述べたように，中国において政治制度の役割には限界がある。さらに，第十九回党大会以降の宣伝戦略の転換は，政治制度が持つ取り込みの機能が十分に作用していないことを示唆している。すなわち，党は政治制度の持つ取り込みの機能を補うために，第十九回党大会以降，ソーシャル・メディアにおいて反体制派に対するシグナルの発信を強化し，同時に，社会的弱者への公的扶助を強調しているという考察が導かれる。したがって，第十九回党大会以降に党が二つの宣伝を強化する背景には，党が抱える脆弱性があると指摘できる。

　本研究は，人民日報Weiboのみの傾向であり，他の事例でも同様の傾向がみられるか検証が必要である。引き続き分析対象の拡大とともに，手法の精緻化を進めていきたい。

　謝辞：本章は2023年6月17日，日本比較政治学会第26回分科会B「言論統制と政治体制の安定性」での報告ペーパーを基にしている。執筆にあたって草稿段階から相談に乗ってくださった日野愛郎先生，データを提供くださった于海春氏，分析手法について貴重なアドバイスをくださった周源氏，そして，日本比較政治学会第26回における討論者である田中（坂部）有佳子氏・稲田奏氏と，匿名の二名の査読者から非常に有効なコメントをいただいた。深く感謝を申し上げたい。

　本研究はJSPS科研費19K13604，22KJ2899の助成を受けたものです。

　注

1）　2014年8月18日党中央全面深化改革領導小組第四次会議「関於推動伝統媒体和新興媒体融合発展的指導意見」。原文未公開。
2）　劉奇葆（2014年4月23日）「加快推動伝統媒体和新興媒体融合発展」『人民日報』第6版，要聞。
3）　中国語で正面宣伝または正面報道と言われ，報道機関は社会の問題よりも社会の安定に資する報道を行うべきであるという，党の宣伝方針を指す。
4）　党は，党グループ（党組）や対口部と言われる党の組織を中央・各地方政府や人民代表大会などあらゆる組織に設置し，党の方針を伝えている（毛里 2012：174-

190）。

5） 2012年以降の中国共産党の動向については，鈴木（2022），内藤・山田（2022）を参照した。

6） 2021年11月11日中国共産党第十九期中央委員会第六次全体会議「中共中央関於党的百年奮闘重大成就和歴史経験的決議」中華人民共和国中央人民政府ホームページ（https://www.gov.cn/zhengce/2021-11/16/content_5651269.htm 2024年2月15日閲覧）。

7） カーターたちが分析に用いた「符号」は，中国語で安定を意味する「穏定」，調和を意味する「和諧」である（Carter and Carter 2022；2023：306）。本研究では，2012年以降の中国の政治状況に合わせて二つの宣伝戦略を定め，それぞれを代表する単語を分析に用いた（第3節第2項で詳述）。

8） 2021年2月25日新華網「在全国脱貧攻堅塁総括表彰大会上的講話」（https://www.xinhuanet.com/politics/leaders/2021-02/25/c_1127140240.htm 2023年11月5日閲覧）。

9） 人民日報Weiboのデータの収集にあたってはGooSeekerを用いた。データは北海道大学の于海春氏から提供を受けた。

10） Quantedaホームページ（https://quanteda.io/）。

11） 種語の選定においては，LSXパッケージのサイトを参照した（https://koheiw.github.io/LSX/articles/pkgdown/seedwords.html）。

12） 種語の極性値は次の通りである。「党の偉大さ」，偉大（0.76），精神（0.76），復興（0.62），発揚（0.79），思想（0.57）。「格差是正」，貧困（−0.27），保障（−0.56），民生（−0.48），高める（−0.56），確実にする（−0.45）。

引用・参考文献

〈日本語〉

天児慧（2018）「第19回党大会は何を物語るか――焦点習近平時代の行方」『国際問題』673号，1-5頁。

于海春（2023）『中国のメディア統制――地域間の「不均等な自由」を生む政治と市場』勁草書房。

王禹（2021）「権威主義体制のプロパガンダにおける役割分担について」『法学政治学論究』130号，239-272頁。

加茂具樹（2006）『現代中国政治と人民代表大会――人代の機能改革と「領導・被領導」関係の変化』慶應義塾大学出版会。

加茂具樹（2013）「現代中国における民意機関の政治的役割――代理者，諫言者，代表

者。そして共演。」『アジア経済』54巻4号，11-43頁。

工藤文・中山敬介（2022）「『人民日報』における報道内容の変容——1950年から2020年を対象とした計量テキスト分析」『メディア研究』101号，233-253頁。

西茹（2018）「中国におけるメディア融合戦略に関する考察」『メディア・コミュニケーション研究』71号，169-185頁。

朱珉（2022）「中国の社会扶助——相対的貧困に向けて」『社会保障研究』6巻4号，404-420頁。

鈴木隆（2022）「『中華民族の父』を目指す習近平，あるいは『第2のブレジネフ』か『第2のプーチン』か——権力・理念・リーダーシップ，将来動向」川島真・小嶋華津子編『習近平の中国』東京大学出版会，87-104頁。

諏訪一幸（2015）「全国人民代表大会常務委員会と中国共産党指導体制の維持——法律決定過程における党と議会，そして大衆」『独裁体制における議会と正当性——中国，ラオス，ベトナム，カンボジア』アジア経済研究所，35-67頁。

唐亮（1997）『現代中国の党政関係』慶應義塾大学出版会。

内藤寛子・山田七絵（2022）「3期目を見据えて社会への引き締め強化を図る習近平政権——2021年の中国」『アジア動向年報　2022年版』アジア経済研究所，97-126頁。

中岡まり（1998）「中国共産党による政権機関の建設」『法学政治学論究』36号，149-191頁。

中岡まり（2020）「政治参加に見る共産党の強靱性と脆弱性——人民代表大会選挙と代表活動を例に」『常磐総合政策研究』5号，29-49頁。

東島雅昌（2023）『民主主義を装う権威主義——世界化する選挙独裁とその論理』千倉書房。

御器谷裕樹（2019）「1980年代中国共産党の政治思想工作における孔子の地位」『政治学研究』60号，75-110頁。

毛桂榮（2016）「中国政治協商会議の位相」『法学研究』100号，247-308頁。

毛里和子（2012）『現代中国政治——グローバル・パワーの肖像（第三版）』名古屋大学出版会。

杜崎群傑（2015）『中国共産党による「人民代表会議」制度の創成と政治過程——権力と正統性をめぐって』御茶の水書房。

山尾大（2021）『紛争のインパクトをはかる——世論調査と計量テキスト分析からみるイラクの国家と国民の再編』晃洋書房。

山田紀彦（2015）「独裁体制における議会と正当性」『独裁体制における議会と正当性——中国，ラオス，ベトナム，カンボジア』アジア経済研究所，3-34頁。

劉亜菲（2016）「中国ネット世論形成における『党・政府主導型オピニオンリーダー』

の発信行動と役割──『＠人民日報』を例として」『国際広報メディア・観光学ジャーナル』22号，37-55頁。

〈英語〉

Carter, Erin Baggott, and B. L. Carter (2022) "When autocrats threaten citizens with violence : Evidence from China," *British Journal of Political Science* 52(2) : 671-696.

Carter, Erin Baggott, and B. L. Carter (2023) *Propaganda in autocracies : institutions, information, and the politics of belief*. Cambridge University Press.

Chen, Titus C. (2022) *The Making of a Neo-propaganda State : China's Social Media Under Xi Jinping* (Vol. 48). Brill.

Gandhi, Jennifer (2008) *Political Institutions under Dictatorship*. New York : Cambridge University Press.

Guriev, Sergei and D. Treisman (2022) *Spin Dictators : The Changing Face of Tyranny in the 21st Century*. Princeton University

Huang, Haifeng (2015) "Propaganda as signaling," *Comparative Politics* 47(4) : 419-444.

Huang, Haifeng (2018) "The Pathology of Hard Propaganda," *The Journal of Politics* 80(3) : 1034-1038.

Jaros, Kyle and J. Pan (2018) "China's Newsmakers : Official Media Coverage and Political Shifts in the Xi Jinping Era," *China Quarterly* 233 : 111-136.

King, Gary, J. Pan and M. E. Roberts (2013) "How Censorship in China Allows Government Criticism but Silences Collective Expression," *American Political Science Review* 107(2) : 326-343.

King, Gary, J. Pan and M. E. Roberts (2017) "How the Chinese government fabricates social media posts for strategic distraction, not engaged argument," *American Political Science Review* 111(3) : 484-501.

Lu, Yingdan, J. Pan and Y. Xu (2021) "Public sentiment on Chinese social media during the emergence of COVID-19," *Journal of Quantitative Description : Digital Media* 1 : 1-47.

Magaloni, Beatriz (2008) "Credible Power-Sharing and the Longevity of Authoritarian Rule," *Comparative Political Studies* 41(4-5) : 715-741.

Mittelstaedt, Jean C. (2023) "Party-Building through Ideological Campaigns under Xi Jinping," *Asian Survey* 63(5) : 716-742.

第3部　計量テキスト分析と地域研究・比較政治学

Watanabe, Kohei（2018）"Newsmap：A semi-supervised approach to geographical news classification," *Digital Journalism* 6（3）：294-309.

Watanabe, Kohei（2021）"Latent semantic scaling：A semisupervised text analysis technique for new domains and languages," *Communication Methods and Measures* 15（2）：81-102.

〈中国語〉

沈智婉（2022）「伝統媒体所辦新媒体的伝播特性分析――以人民日報官方微博和微信公衆号為例」『新興媒体』 6 号，50-52頁。

CNNIC（2023）「第52次《中国互連網絡発展状況統計報告》」（https://cnnic.cn/n4/2023/0828/c199-10830.html）。

劉偲琦（2022）「探究自媒体時代党報与新媒体的融合発展――以人民日報官方微博報道2022年全国両会為例」『科技伝播』 14（19），63-71頁。

（くどう・あや：金沢大学）

8 ソーシャル・メディアにおける中国共産党の宣伝

補遺 1 重回帰分析に用いた各変数の基本統計量

	度　数	平　均	標準偏差	最小値	最大値
LSS値	106548	0	1	− 7.84	16.34
共産党ダミー	106548	0.045	0.208	0	1
政府ダミー	106548	0.038	0.190	0	1
人代ダミー	106548	0.011	0.105	0	1
政協ダミー	106548	0.007	0.082	0	1
新型コロナダミー	106548	0.059	0.235	0	1
新華社ダミー	106548	0.015	0.122	0	1
T2ダミー	106548	0.501	0.500	0	1

補遺 2 ロバストネスチェック

時間固定効果あり（年ダミー）

	人民日報 Weibo LSS値		
	時間変化なし	時間変化あり	交互作用
共産党ダミー	0.90*** (0.03)	0.90*** (0.03)	0.52*** (0.03)
政府ダミー	− 0.89*** (0.02)	− 0.89*** (0.02)	− 0.90*** (0.03)
人代ダミー	− 0.38*** (0.03)	− 0.38*** (0.03)	− 0.21*** (0.05)
政協ダミー	− 0.56*** (0.04)	− 0.56*** (0.04)	− 0.45*** (0.04)
新型コロナダミー	− 0.26*** (0.01)	− 0.26*** (0.01)	− 0.27*** (0.01)
新華社ダミー	− 0.12*** (0.02)	− 0.13*** (0.02)	− 0.12*** (0.02)
T2		0.23*** (0.03)	0.20*** (0.03)
共産党 × T2			0.68*** (0.05)
政府ダミー × T2			0.01 (0.04)
人代ダミー × T2			− 0.36*** (0.06)
政協ダミー × T2			− 0.19** (0.07)
（Intercept）	− 0.39*** (0.02)	− 0.39*** (0.02)	− 0.36*** (0.02)
時間固定効果（年ダミー）	yes	yes	yes
Num.Obs.	106,548	106,548	106,548
R2 Adj.	0.10	0.10	0.11

*p＜0.05, **p＜0.01, ***p＜0.001

時間固定効果あり（年×月ダミー）

	人民日報 Weibo LSS値		
	時間変化なし	時間変化あり	交互作用
共産党ダミー	0.83*** (0.02)	0.82*** (0.02)	0.51*** (0.03)
政府ダミー	− 0.84*** (0.02)	− 0.83*** (0.02)	− 0.85*** (0.03)
人代ダミー	− 0.29*** (0.03)	− 0.29*** (0.03)	− 0.14** (0.04)
政協ダミー	− 0.44*** (0.04)	− 0.44*** (0.04)	− 0.37*** (0.04)
新型コロナダミー	− 0.18*** (0.01)	− 0.18*** (0.01)	− 0.19*** (0.01)
新華社ダミー	− 0.12*** (0.02)	− 0.12*** (0.02)	− 0.12*** (0.02)
T2		0.83*** (0.10)	0.75*** (0.10)
共産党 × T2			0.58*** (0.05)
政府ダミー × T2			0.04 (0.04)
人代ダミー × T2			− 0.32*** (0.06)
政協ダミー × T2			− 0.13 (0.07)
（Intercept）	− 0.40*** (0.04)	− 0.40*** (0.04)	− 0.38*** (0.04)
時間固定効果（月ダミー）	yes	yes	yes
Num.Obs.	106,548	106,548	106,548
R2 Adj.	0.13	0.13	0.13

*p＜0.05, **p＜0.01, ***p＜0.001

CHAPTER

9

権威主義体制国家における情報統制
──武漢「封鎖」に対するインターネット上の感情温度の分析から──

于　海春［北海道大学］

1　権威主義体制国家における情報統制

　2020年初頭，中国の武漢市で新型コロナウイルス感染症（COVID-19）が爆発的に流行した際，中国共産党と政府は初動の遅さや情報隠蔽などで国内・国外からの批判を浴び，権威主義体制の正統性の低下に直面した。この危機にうまく対応できなければ，習近平のリーダーシップや権威主義体制の弱体化ないし崩壊の可能性さえあると指摘されていた。[1]しかし，驚くべきことに，中国共産党と政府は強力なコロナ対応で感染症の蔓延を抑え，中国国内の世論は中国政府批判から政府と権威主義体制への支持へと短期間のうちに変化した。危機的な状況から国民の支持を迅速に集めることができた理由の一つは，中国共産党と政府が情報技術を生かしたプロパガンダや検閲などを通じて，政治体制にとって有利な世論を作り出しているためである。

　情報統制は，権威主義国家が体制を持続していくための重要な手段として，近年権威主義体制研究や比較政治学研究者に注目されつつあった。先行研究は，21世紀の権威主義体制の指導者は恐怖で支配するのではなく，情報操作によって支配することを指摘している（Gehlbach and Sonin 2014；Chen and Xu 2017；Guriev and Treisman 2019；Rozenas and Stukal 2019；Guriev and Treisman 2022）。中国では，共産党と政府が情報統制システムをアップグレードした結果，情報化の進展が権威主義体制の維持に

第3部　計量テキスト分析と地域研究・比較政治学

貢献しうると指摘されている（Brady 2010）。そして，中国共産党と政府は2010年代以降巧みな情報操作，いわゆる「ソフトプロパガンダ」に重点をおいていると指摘されている（Huang 2015：419）。中国のインターネット上では，集団行為を呼びかける書き込みは一律に削除される一方で，政府に対する批判は戦略的に許容されていることが発見された（King, Pan and Roberts 2013）。また，中国共産党と政府は恐怖だけではなく，大衆に意識されにくい情報操作を通じて，巧みに世論形成をコントロールしていると指摘されている（Roberts 2018）。Roberts（2018）は中国共産党による情報操作の戦略を「恐怖（Fear），摩擦（Friction），情報洪水（Flooding）」の三つにまとめた。具体的には，「恐怖」は安全面などの脅威でメディア関係者やインターネットユーザーを，自己規制させることを指す。「摩擦」は検索エンジンの検索結果の順番を変え，「敏感」とされるコンテンツの表示の順番を後ろに回すことなどを通じて，大衆の情報にアクセスするコストを増加させることで情報へのアクセスを阻止することを意味する。「情報洪水」は，大衆の注目をそらすために意図的に大量の無関係な投稿で水増しすることである。例えば，King, Pan and Roberts（2017）によればネット評論員はオンライン上では論争を避け，大量の「応援メッセージ」を発信することで，特定のイベント・事件から大衆の目をそらす戦略をとっている。以上，先行研究は，2010年代以降量的テキスト分析と統計分析などの実証方法を取り入れて，中国の情報操作の仕組みと戦略を次第に明らかにした。

　また，自然災害や公共衛生の危機に直面した際には，普段の情報統制の戦略と手段に加えて，危機対応のために世論を導くための特定の戦略もみられる。例えば，党報やCCTVなどの国家メディアが災害や突発事件を報道する際，大衆の注意を事故や災害の被害から背けさせ，人々に事件後・災害後の再建にエネルギーを動員させるようなポジティブな感情を中心に報道する慣習がある（劉 2006）。また，事故・災害報道においては，英雄を大きく取り上げ，国民の団結を呼びかけることも国家メディアが頻繁に

218

用いる宣伝の手法である（黄 2016）。公共衛生上の危機をめぐる国家メディアの報道においては，感染症対応を「疫病との戦い」そして医療従事者を「戦士」または「英雄」として描くことで，国民の感情に訴えることにより医療従事者と国民が感染症対応に協力するよう動員したことが指摘されている（張・毛・汪 2015；宋・陳 2022）。しかし，これらの先行研究は国家メディアを対象に分析したものであり，ソーシャルメディアのテキストデータを利用していなかった。誰もが発信できるソーシャルメディア上では，英雄の賞賛戦略がそのまま使われているのかを検証する必要がある。

　他方で，武漢封鎖初期段階における中国のオンライン上のセンチメントの変化（主に政府支持・政府批判）に焦点を当てた先行研究は，大規模なWeibo（ウェイボー）データの分析を通じて，オンライン上では政府批判と政府支持が同時にピークに達しており，多様なセンチメントが同時にみられることを指摘している（Lu, Pan and Xu 2021）。しかしLu, Pan and Xu（2021）はWeibo上のセンチメントの変化を提示したものの，中国政府主導の人為的な世論誘導があったかどうかについてはわかっていないと述べている。実際，政府批判の投稿のほとんどが削除されていなかったことも指摘している。そこで本研究は同じく武漢封鎖をめぐるWeibo投稿の事例に着目するが，先行研究の知見を踏まえて，中国共産党と政府による危機対応における情報統制の有無と程度を検証することに重点を置く。

　本研究は，武漢「封鎖」をめぐるWeibo上における感情温度の変化を実証的に示し，重大で長期間な危機対応における中国共産党と政府による情報統制の戦略と特徴を明らかにすることを目的とする。本研究が新型コロナ感染症の流行に焦点を当てる理由は，コロナのような重大な危機は中国共産党と政府にとって大きな挑戦であるからだ。感染症の流行および怒りと不満を膨らませた大衆に直面して，中国共産党と政府はいかなる情報統制を行ったのか。この問題に対する回答は中国における権威主義体制の持続に関する理解を深めるものである。

　中国共産党と政府による情報統制の具体的な手段と効果を実証的に示す

第3部　計量テキスト分析と地域研究・比較政治学

ために，本研究は以下の三つの問いに回答する。

　第一に，中国で最初に新型コロナ感染症による都市封鎖が行われた際，
Weibo上ではいかなる感情温度の変化がみられるのか。

　第二に，Weibo上では大衆の注目をそらすためのポジティブな情報発信
がみられるのか。もし注目をそらすためのポジティブな情報が発信されて
いたのなら，そのような情報はWeibo上でどのように拡散されていたのか。

　第三に，Weibo上では大衆の怒りや不満，批判の情報は削除されていた
のか。もし削除されていたのなら，Weibo上に反映されている感情の全体
にどの程度の影響があるのか。

　以上の三つの問いを解明するために，本研究はまずWeibo投稿を研究対
象に，Latent Semantic Scaling（LSS）という半教師あり学習手法を用い
て，Weibo上における新型コロナ感染症に関する投稿の感情温度を実証的
に示す。また，感情温度の測定結果を踏まえて，大衆の注目をそらすため
のポジティブな投稿が意図的に拡散されたかどうかを検証する。さらに，本
研究はオンライン上でアクセスできる，情報統制前後に収集していた二つ
のデータセットに対する分析結果の照合を行うことで，武漢封鎖期間中に
おける中国共産党による情報統制の程度を実証的に示す。

2　研究事例としての「武漢封鎖」と本研究の仮説

（1）　武漢封鎖

　2020年1月20日，2003年の重症急性呼吸器症候群（SARS）対応で国民
から信頼を集めた専門家の鍾南山は国家衛生健康委員会の許可を得た上で，
武漢で発生した「未知の呼吸器症候群」は実はヒトからヒトへ感染する可
能性があるとテレビの生放送で公言した。そして，1月23日未明，突如武
漢市の封鎖（ロックダウン）が当日から実行されることが発表された。こ
の都市封鎖宣言により，6000万人の人口を抱える湖北省の大半の地域は都
市封鎖の対象となり，他の地域への出入りができなくなった。病原体の感

染経路に関する混乱や経済への影響の心配などが，すべて人々の不安と不満につながった。また，大衆の怒りと不満をもたらしたのは，何よりも当初感染症の発生について警鐘を鳴らした李文亮（Li Wenliang）などの医師らを中国政府が処分したこと[3]，そして感染症の危険性や感染規模に関する情報の隠蔽と初期対応の遅れで感染症が市中蔓延したこと，である。

（2）　仮　　説

本研究はWeibo投稿における感情温度に焦点を当てて，先行研究で指摘されている中国における災害や突発事件報道の特徴と情報統制の手法を踏まえて，以下の二つの仮説を導き出した。

第一に，中国では検閲だけではなく，積極的な情報発信を通じて世論を導く戦略を重視している。King, Pan and Roberts（2017）は中国共産党と政府に動員された大量の「ネット評論員」の存在を実証的に示し[4]，「ネット評論員」が発信した内容は主にインターネットユーザーの注目をそらすためのコンテンツであることを解明した。武漢封鎖の際のWeibo上では，中国共産党のプロパガンダとして，「多難興邦（国が多くの災難に直面する時に国民はかえって国の興隆のために奮起すること）」などの人々が感染症に負けないように応援するメッセージが中心的に取り上げられることが想定される。また，Weibo上では，国家メディアが意図的に作り上げた「英雄」の言説が拡散されており，鐘南山をはじめとした専門家の努力を称賛・感謝する内容や，危険な感染症にもかかわらず最前線で仕事をしている一般の医療従事者を応援し，感謝する内容がみられると推定できる。以上から，本研究の一つ目の仮説を導き出せる。

仮説１．武漢封鎖期間において，大衆の視点を転換させるための，「応援・称賛・感謝」などポジティブな投稿の大量拡散が見られる。

第二に，習近平政権発足後の政治権力構造の変化に伴って，情報統制シ

第3部　計量テキスト分析と地域研究・比較政治学

ステム全体に大きな変化が生じたことで権力批判が許容されなくなる傾向があることが指摘されている（Brady 2017；于 2023）。新型コロナ感染症の事例に焦点を当てた先行研究は，Wechat（ウィーチャット）を対象に分析した結果，検閲されたキーワードのコンビネーションは1月1日から31日の間では132個あり，2月1日から15日の間ではその数が383個に上昇したと指摘している（Ruan and Nishihata 2020）。検閲キーワードのうちには，地方政府の情報隠蔽を批判する内容や，李文亮医師に関する内容も含まれているという。先行研究からは，武漢封鎖期においてインターネット上の情報検閲が強化された可能性があるといえる。以上のことから，本研究の二つ目の仮説を導き出せる。

　仮説2．武漢封鎖期間において，政府に対する不満・怒り・批判を含んだ一部のネガティブな投稿は検閲された。

3　リサーチデザイン

（1）　分析手法

　本研究では潜在的意味スケーリング（Latent Semantic Scaling：LSS）の手法を用いて分析を行う。LSSは渡辺耕平によって開発された半教師あり学習（semi-supervised learning）の手法で，分析者が選定した少数の語彙を教師データとして，文書行列の中で一般的な感情語と政治的な特徴語の距離を計算し，文書のイデオロギー傾向や政治的な感情などを予測できるモデルである（カタリナック・渡辺 2019；Watanabe 2021）。LSSは近年英語，日本語，ロシア語，アラビア語などの各言語の量的テキスト分析に広く取り入れられ，手法の有効性が研究者の間で広く認められている。

　LSSを用いて分析する際，最も重要なプロセスは対極に位置する種語（特徴語から構成される辞書）を指定することである。本研究の仮説に合わせて，感情温度に関して「応援・称賛・感謝」対政府に対する「怒り・不満・

9 権威主義体制国家における情報統制

表1 種語のリスト

応援・称賛・感謝	怒り・不満・批判
感謝（感謝），感恩（感恩），脊梁（気骨），血肉之躯（血肉の体），逆行（逆境に立ち向かう），致敬（敬意を表す），加油（頑張れ），多难兴邦（多難を乗り越えて国家を興す），万众一心（万人一心），同心（一致団結）	隠瞞（隠蔽する），瞞報（報告を隠す），欺上瞞下（上を欺き下を騙す），官僚（官僚），形式主義（形式主義），瞎指揮（無謀な指揮），唾弃（唾棄する），渎职（職務を怠る），难辞其咎（責任を免れ難い），背锅（責任を負う），洗地（ごまかす），人祸（人災），腐败（腐敗），无能（無能），民愤（民の怒り）

批判」という対立軸で種語の設定を行った。分析に用いられた種語は表1[5]に示した通りである。リストアップした種語のうち，「応援・称賛・感謝」の種語は一律で値が「1」に，一方で，「怒り・不満・批判」の種語には値が「-1」と設定されている[6]。なお，最終的に得られた感情温度の予測値は1件の投稿当たり，「応援・称賛・感謝」と「怒り・不満・批判」をそれぞれ代表する特徴語の値の偏差で標準化された標準得点（z-score）である。

　分析には量的テキスト分析に特化したRのパッケージであるquantedaを用いた（Benoit et al. 2018）。中国語データの前処理には「Jieba」という形態素解析のツールを用いた。形態素解析の結果をquantedaに読み込んでから，LSXパッケージを用いて感情温度の測定を行った[7]。また，本研究は感情温度の分析結果に基づいてネットワーク分析と統計分析を行い，Weibo上で注目をそらすための情報を拡散したユーザーの特徴を発見し，情報統制の特徴を実証的に提示した。

（2）　Weibo（ウェイボー）投稿のデータセット

　本研究は中国語版ツイッターのWeibo（ウェイボー）を分析対象とする。インターネット利用の普及とデジタル化の進展に伴い，約5.86億のアクティブユーザー数（2022年年末時点）を誇るWeiboは，中国では大衆の間で様々な情報の発信と交換を行う重要なプラットフォームとなっている[8]。また，中国共産党と政府もWeiboを通じて，政治コミュニケーションを行っている。

第3部　計量テキスト分析と地域研究・比較政治学

表2　データセットの基本情報

	データセット1	データセット2
著　者	Zhai（2020）	Fu & Zhu（2020）
規制前のデータ	含まれていない	含まれている
カバーされたWeiboユーザー数	1,926,824	118,394
収集方法	事後収集 スクレーピング（1時間ご とに最大5,000投稿収集）	Weibo Open API 事前に特定したユーザー群， 10分～15分間隔で機械的に収集
キーワード数	6	40
投稿数	400万	120万
ユーザー情報	部分的にアクセス可能	完全に匿名化

　本研究はオンライン上で公開されている，新型コロナ感染症に関する
Weibo投稿の二つのデータセットを対象に比較分析を行う。二つのデータ
セットの特徴は表2に示した通りである。一つ目のデータセットはZhai
（2020）によって公開されたもので，このデータセットはスクレーピングの
手法を用いて，武漢封鎖期間中と封鎖終了後の2回に分けて収集したもの
である。対照的に，二つ目のデータセットはFu and Zhu（2020）によって
WeiboのOpen API経由で事前に特定したユーザー群を対象に10分～15分
間隔で機械によって収集した投稿である。中国ではインターネット上の情
報は投稿後人間の判断によって削除されるまでに，一定の「生存期間」が
あると指摘されている（Fu, Chan and Chau 2013；King, Pan and Roberts
2013）。そのため，Fu and Zhu（2020）のデータセットには，後に検閲さ
れた投稿も多く含まれている。本研究はZhai（2020）のデータセットを中
心に感情温度変化の実証分析を行い，情報操作の特徴を解明する際に二つ
のデータセットの比較分析を行う。その理由は，Zhai（2020）のデータセ
ットはより期間が長く，2022年3月末までカバーしており，Weiboユーザ
ーの情報もある程度アクセス可能だからである。なお，両データセットは
2019年10月以降のデータを提供しているが，新型コロナ感染症が実際に公
共的議題となったのは2020年1月中旬以降である。それゆえ，本研究の分
析期間は2020年1月1日から2020年3月27日までとする。ただし，二つの

データセットの比較分析を行う際はFu and Zhu（2020）のデータセットに合わせるために，分析期間が2020年1月1日から2020年2月27日までとする。

4　分析結果

（1）　Weibo上の投稿量の変化

Weibo上において，新型コロナ感染症に関する議論はいつ頃から始まったのか。本研究はまず，二つのデータセットを用いて，Weibo上における新型コロナ感染症に関する投稿の量的変化を確かめた。図1に示した通り，1月の上旬までは新型コロナに関する議論はそれほど注目された議題ではなかった。武漢封鎖が実施された直前の1月19日からいずれのデータセットも新型コロナ感染症に関する投稿量が大幅に増え始め，全国的に注目される議題になった。一方で，データセット1（Zhai 2020，規制後データ）投稿の経時変化から，2月下旬以降，武漢における感染がピークを越え，新型コロナ感染症に関する議論が激減傾向にあることがみられる。

（2）　Weibo上に観察される感情温度の変化

Weibo上では，新型コロナ感染症の感染拡大をめぐって，感情温度がいかに変化したのか。本研究がデータセット1（Zhai 2020，規制後データ）を対象にLSSの手法を用いてWeibo上における感情温度を推定した結果を図2に示す。1月19日から，投稿量の大幅な増加に伴い，Weibo投稿が「応援・称賛・感謝」の方へ移行し，ポジティブな感情が中心となっている。その後封鎖が実施された後も，感情温度の変動が観察されたとはいえ，3月中旬を除いて全体的にWeibo上の感情温度はポジティブ中心となっている。

しかし，Weibo上の投稿は全体的にポジティブ中心とはいえ，「怒り・不満・批判」を含んだ書き込みがないという訳ではない。データセット1（Zhai 2020，規制後データ）におけるLSS値が1より大きいポジティブ投

第3部　計量テキスト分析と地域研究・比較政治学

図1　Weibo上の新型コロナ感染症に関する投稿量の経時変化

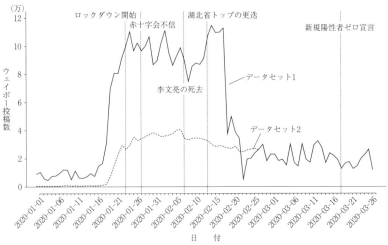

図2　規制後データにおける投稿の感情温度の経時変化

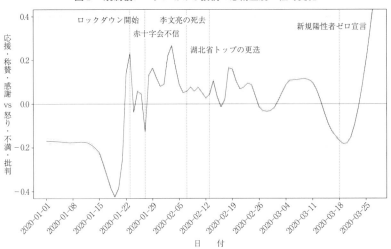

稿の量と，LSS値が−1より小さいネガティブ投稿の量それぞれの経時変化を図3に示す。「応援・称賛・感謝」を含んだ投稿は「封鎖」宣言と実施の当日に，「怒り・不満・批判」を含んだ投稿は「封鎖」宣言と実施の直後

図 3　規制後データにおけるネガティブ／ポジティブな感情を含んだ投稿の経時変化

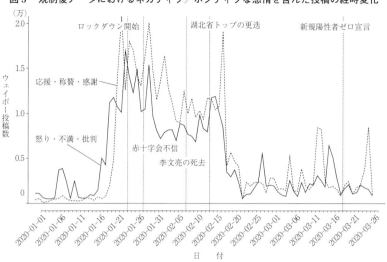

に投稿量がそれぞれ一度ピークに達した。ここから、突然の「封鎖」宣言に大衆が驚き、Weiboを通じて情報を共有する投稿が急増したことがうかがえる。この発見はLu, Pan and Xu（2021）の知見とは一致している。

また、面白いことに、ネガティブとポジティブな投稿の増加にはそれぞれ異なる特徴が観察できた。「怒り・不満・批判」を含んだ投稿は1月に入ってから徐々に増加し、封鎖直前から新型コロナ感染症が全国的に注目されるようになったとともに、増加の幅も大きくなった。一方で、「応援・称賛・感謝」を含んだ投稿は「封鎖」宣言の前日1月22日から急増しており、23日に一気にピークに達した。わずか2日間で投稿量の急激な増加がみられた。それ以降、封鎖期間中において、ネガティブとポジティブな投稿が共に増加する時期がいくつかみられる。例えば、1月27日からは、湖北赤十字会はコロナ感染症と闘う病院に十分な物資を供給していないのではないかとのオンライン上の議論が始まった。また1月29日には「物資使用リスト」が公開され、湖北赤十字会の物資分配に偏りがあるなどの疑惑が浮上した。さらに、警鐘を鳴らし、処分された李文亮医師の死去が伝えられ

第3部　計量テキスト分析と地域研究・比較政治学

た日とその直後も例として挙げられる。李文亮の死去をきっかけに政府に
対する批判，封鎖生活に対する怒りと不満が表出されたと推定できる。そ
の一方で，李文亮を「英雄」として称賛・記念する書き込みも多数みられ
た。また，2月13日に湖北省と武漢市の最高責任者の人事交代が同時に行
われた。[11]この人事異動をきっかけに，湖北省の新型コロナウイルス新規感
染の認定基準が変わり，その結果，発表された1日の感染者数が1.4万人以
上と，通常の1日の感染者数の10倍以上に激増した。[12]人事交代後のデータ
公開をきっかけとした大衆の中国政府に対する怒り，不満と批判の高まり
が推定できる。

　上述した事例とも，ネガティブとポジティブな投稿が共に増加するか，も
しくはポジティブな投稿が先にピークに達する現象がみられた。大衆の感
情を刺激する特定の出来事が発生したとき，オンライン上の感情温度の変
化を想定して，中国共産党と政府は自身に対する不利な世論に対応するた
めに，あらかじめ何らかの形で大衆の目をそらすための水増しメッセージ
を発信したと推測できる。

（3）　ポジティブな投稿の拡散主体と手段

　本研究は水増しのためのポジティブな投稿が中国共産党と政府によって
意図的に拡散されたかどうかを検証するために，データセット1（Zhai
2020，規制後データ）を対象に①Weibo上におけるポジティブな投稿の拡
散主体が誰なのか，②ポジティブな投稿がいかなる形式で拡散しているか
の2点に着目して確認した。

　一つ目に，本研究はポジティブな投稿の拡散主体を特定するために，「応
援・称賛・感謝」投稿を最も多く拡散したアカウントを確認した。分析期
間中において感情温度推定値の合計の高い順に上位10位のユーザーアカウ
ント情報を確認した結果，これらのアカウントはすべて芸能人関連のボッ
トであることが明らかになった。これらのボットのほとんどには複数の中
国の有名な芸能人との関連がみられ，芸能人による「応援・称賛・感謝」

228

9　権威主義体制国家における情報統制

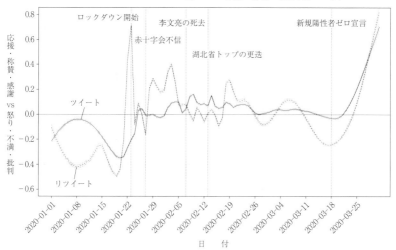

図4　ツイート／リツイート別にみた感情の推移（規制後データ）

を表す投稿を何百回も繰り返し転送している。ここから拡散を意図したポジティブな投稿は，Weibo上でリツイートに集中する可能性があるといえる。

　二つ目に，本研究は，拡散形式から投稿をツイート（Weiboユーザー本人による投稿）とリツイート（他人の原稿を転送・共有する投稿）の二つにわけて[13]集計した。ツイート／リツイート別にみた感情温度の推移は図4に示す。リツイート投稿は封鎖宣言の前日の1月22日から「応援・称賛・感謝」と推定された投稿が一気に増加し，封鎖当日にピークに達した。その後感情推定値の上下の変動があるとはいえ，全体的にポジティブ中心となっている。一方で，ツイート投稿では，「応援・称賛・感謝」と推定された投稿も封鎖宣言直前から増加するが，増加幅はリツイート投稿よりはるかに小さい。ツイートのみをみた場合，封鎖実施後の1月末までは「怒り・不満・批判」感情が中心となっており，2月以降徐々にポジティブな感情への移行がみられる。また，武漢市では「新規陽性者ゼロ」が宣言された後，ツイートもリツイートもポジティブな感情が中心となる。以上から，少

第3部　計量テキスト分析と地域研究・比較政治学

図5　人気アカウントとボットのリツイート関係のネットワーク（一部）

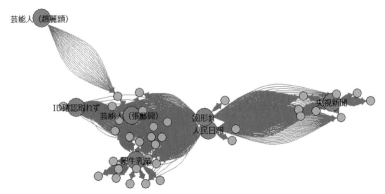

注：小さめのノードは確認されたボットを表している。

なくとも封鎖宣言前後には，リツイート投稿は「応援・称賛・感謝」感情の上昇において重要な役割を果たしたといえる。以上の2点に合わせて，Weibo上では「応援・称賛・感謝」投稿が激増したのは政府批判から大衆の目をそらすための情報戦略である可能性があると推定できる。

（4）ボットによる「応援・称賛・感謝」投稿拡散のネットワーク

また，ボットは，芸能人自身のWeibo投稿を複製し，転送するだけではなく，武漢封鎖直前と封鎖期間中において，CCTVニュース（央視新聞）と人民日報の二つの国家メディアアカウントによる投稿も積極的に転送していたことがわかった。最も多くリツイートされた上位10位のアカウントの[14]リツイート関係のネットワークは図5に示す。[15] CCTVニュース（央視新聞）と人民日報のアカウントは多くのボットを介して特定の芸能人のアカウントとつながっている。ボットが大量にCCTVニュース（央視新聞）と人民日報の投稿を転載することは，特定の芸能人の知名度を向上させるためのPR活動では説明しきれない点である。なぜなら，ボットが芸能人に言及せずにCCTVニュース（央視新聞）と人民日報の投稿を転送しているケース

230

9　権威主義体制国家における情報統制

もみられるからである。

　例えば，中国では有名な女優趙麗穎と深く関連するボット（ユーザー名「Zoe_幸福1993」）が，武漢封鎖前後に，積極的にCCTVニュース（央視新聞）による医療関係者を称賛する投稿を拡散していた[16]。CCTVニュース（央視新聞）による投稿の内容は以下の通りである。

　　どの時代も，異なる『英雄』がいる。この時この場で，新型肺炎対応現場で困難に直面し，命を救い，負傷者を助ける医療従事者たちに敬意を表する。

　この投稿は，データセット1（規制後データ）によれば，1月23日武漢封鎖宣言当日のみで9万1455回もリツイートされた。なお，Weibo上ではCCTVニュース（央視新聞）による投稿は，合計970万回以上もリツイートされた。

　本研究では，ボットの規模を推定するために，以下の三つの基準に基づいてボットアカウントの判定を行った。一つ目の基準は，投稿が（主に）リツイートによるものであることである。二つ目の基準は分析期間においてアカウント毎の感情の推定値合計が50以上に達したこととした。三つ目は分析期間中の投稿数が50回以上であることとした。上記の基準によれば，415アカウントによる計10万5225件の投稿，言い換えれば6.1%のリツイートはボットによるものだと推定できる[17]。

　また，ボットによる投稿量の経時変化は図6に示す。図6からボットによる情報の転送・拡散活動が武漢封鎖宣言前日の1月22日から始まったことがわかる。また，武漢封鎖宣言後にはボットによる投稿活動の頻度が急激に高まり，1月27日，28日には最多の投稿数に達した。その後2月下旬以降になるとボットによる投稿は激減し，ほとんどみられなくなった。

　以上，図5と図6から，特定の時点で「応援・称賛・感謝」の投稿がボットによって大量にリツイートされていたことがわかった。これにより，仮

231

第3部　計量テキスト分析と地域研究・比較政治学

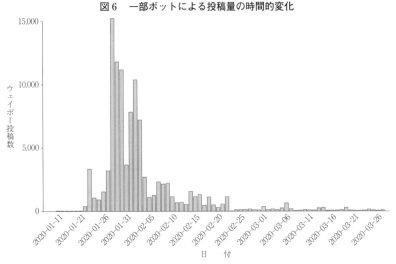

図6　一部ボットによる投稿量の時間的変化

注：n＝105,225。

説1が検証された。

（5）　二つのデータセットの比較分析を通じて検閲の効果を検証

次に，データセット2（規制前データを含む）も導入して，データセット1（規制後データ）との比較分析を行った。また，データセット1からボットによる投稿と判定された書き込みを排除した結果との比較も行った。分析結果は図7に示した通りである。

第一に，ボットによる投稿を排除した場合，規制後データの「応援・称賛・感謝」の感情を示す推定値にある程度の下げがみられる。ボットによる投稿は，封鎖の一定期間においてWeibo上の投稿が全体的にポジティブなトーンを保つことにある程度貢献していたといえる。

第二に，規制前と規制後という二つのデータセットの比較を通じて，二つのデータセットにおける感情推移の違いを発見した。図7で示した通り，1月上旬まで二つのデータセットの感情推定値を示す線が重なり，感情の

9　権威主義体制国家における情報統制

図7　データセット別にみた感情の推移

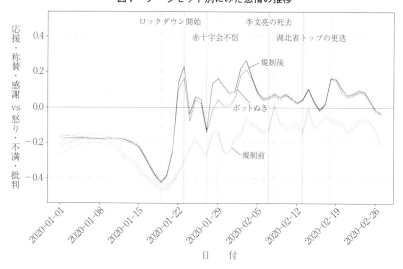

推定値には差異がみられなかった。そして，封鎖宣言直前から二つのデータセットのどちらにおいても感情推定値の上昇がみられた。しかし，規制前データにおける感情推定値の上昇幅は小さく，封鎖宣言・実施日から2月末までのWeibo上の書き込みは終始「怒り・不満・批判」の感情が中心となっている。対照的に，規制後データには封鎖宣言・実施日直前から感情推定値の急激な上昇がみられた。その後推定値の上下変動があるとはいえ，湖北省赤十字会の疑惑発覚（1月27日）を除いて，感情は「応援・称賛・感謝」中心となっていることがわかる。また，図7から，規制前と規制後のデータにみられる差異はボットによる投稿の効果だけでは説明しきれないといえる。両者の差異は，情報の検閲によって一定量の「怒り・不満・批判」を含んだ投稿が確かに削除された可能性を示している。実際に，規制後データのリツイートのうち，転送されたWeibo投稿の内容が「削除されたためアクセス不可能」であると表示されたものの数は7万4732件にのぼり，リツイートの4.3%を占めている。以上から，仮説2が検証されたといえる。

第3部　計量テキスト分析と地域研究・比較政治学

以上，Weibo投稿の感情変化から武漢封鎖の事例において少なくとも二つの情報操作がみられたといえよう。一つ目に，「応援・称賛・感謝」を込めた投稿がボットによってリツイートの形で大量に拡散されていた。二つ目に，「怒り・不満・批判」を含む投稿が削除されていた。Weibo上の投稿の感情変化が一定の範囲に限定され，新型コロナ感染症の蔓延による怒りと不満の増加により政府への過度な批判が生じないように共産党が情報操作をしていた可能性を示している。

（6）　重回帰分析の結果

また，本研究は統計分析を用いて，情報操作戦略の特徴と効果，感情変動をもたらす諸要因を確認した。

まず，(1)〜(5)の実証分析の結果から，ボットが拡散する「応援・称賛・感謝」の水増し情報や，削除された「怒り・不満・批判」を含む投稿はいずれもリツイートに集中していることが明らかになった。それゆえ，リツイートはツイートより情報操作される程度が高い可能性があると推定できる。

本研究では，重回帰分析を通じてリツイート投稿の情報操作の効果を検証した[18]。分析で投入した変数は次の通りで，いずれもダミー変数となっている。①リツイート（リツイート＝1，ツイート＝0），②データセット（規制前＝1，規制後＝0），③リツイートとデータセットの交互作用項という三つを設定した。

分析の結果は表3に示す。リツイート投稿によるWeibo投稿の感情推定値への影響は統計的に有意である。まず，他の変数をコントロールした上でも，規制前データセットは規制後データセットより感情の推定値が0.056小さくなる。異なるタイミングで投稿を収集した二つのデータセットでは，感情温度に違いがみられた。リツイート投稿は感情推定値がツイートより0.087高くなると推定できる。また，交互作用項の部分に注目すれば，リツイート投稿によるWeibo投稿の感情推定値に与える影響の差は−0.701で，

234

表3 重回帰分析の結果

Linear Regression	モデル1
リツイート	0.087***
	(0.001)
規制前（Dataset2）	− 0.056***
	(0.001)
規制前（Dataset2）× リツイート	− 0.701***
	(0.003)
定数項	0.022***
	(0.001)
自由度調整済み決定係数	0.026
観測数	4,351,326

***$p<0.001$, **$p<0.01$, *$p<0.05$, ´$p<0.10$

統計的に有意である。交互作用項の効果は偶然で得られたものではないことを確かめるために，限界効果を求めた。その結果は図8に示す。

規制前データセットの場合，リツイート投稿は感情推定値が0.787も低くなると推定できる。規制前Weibo投稿ではリツイートの感情推定値はツイート投稿よりも低いが，規制後のリツイート投稿では高くなるという逆転効果をみせた。このことは，情報検閲で「怒り・不満・批判」の感情を共有するリツイート投稿が削除された一方で，大量の水増し情報がリツイート拡散された可能性を示している。図9に示した通り，二つのデータセットにはリツイート投稿における感情温度に大きな差異がみられる。情報検閲側はリツイート回数が高い書き込みに注目して削除している可能性もあるといえる。以上，二つのデータセットの感情温度にみられる差異は情報統制の結果であるといえよう。

5 結論と考察

本研究の目的は，武漢封鎖を事例に，Weibo投稿における感情温度変化の実証分析を通じて，中国の権威主義体制下における情報統制の戦略と特徴を解明することであった。半教師あり学習を用いることで，本研究は武

第3部　計量テキスト分析と地域研究・比較政治学

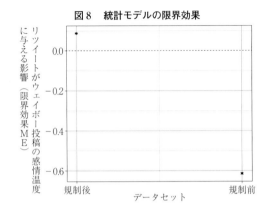

図8　統計モデルの限界効果

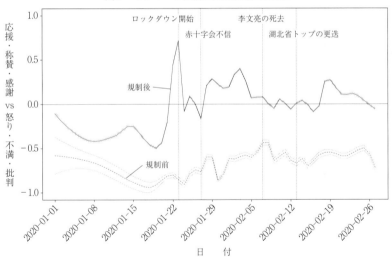

図9　リツイート投稿の感情推定値の比較

漢封鎖の前後から2020年3月末までのWeibo上の投稿に含まれる感情温度の変化を実証的に示した。また，中国における情報操作に関する先行研究に基づき二つの仮説を設定した。それぞれの仮説検証の結果は以下の通りである。仮説1に関しては，武漢封鎖の事例において，Weibo上で「応援・称賛・感謝」の投稿が特定の時点で大量のボットを通じて拡散されていく

ことが確認された。この結果，Weibo上で観察された感情温度がある程度上昇したこと，すなわちポジティブになったことを示した。仮説2については，規制前後の二つのデータセットを対象とした比較分析を通じて，情報検閲によって「怒り・不満・批判」を含む情報が大量に削除されたことを検証できた。

　検証の結果を踏まえ，本研究の結論として，次の3点を述べたい。

　第一に，中国で最初に新型コロナ感染症による都市封鎖が行われた際，Weibo上では「応援・称賛・感謝」と「怒り・不満・批判」の感情を含んだ投稿が大幅に増加した。規制後のデータセットでは，Weibo投稿から抽出した感情温度は，武漢封鎖直前の1月19日から急激に「応援・称賛・感謝」の方へ移行し，分析期間を通してWeibo上の投稿はポジティブな感情が中心となっている。しかし，ポジティブな投稿と共にネガティブな投稿も増加している。これは，ネガティブな投稿の増加を予測した政府が，国民の怒り・不満・批判が高まるのを恐れて，対策としてポジティブな投稿を意図的に先に拡散した可能性を示唆している。以上から，中国共産党と政府は，オンライン上の言論の動きを予測し対応を調整して情報統制を行うノウハウをすでに蓄積しているといえる。

　第二に，Weibo上にみられる感情温度の変化が生じる一つ目の原因は，「応援・称賛・感謝」を含む投稿の大量増加である。感情温度の分析とネットワーク分析を通じて，Weibo上で最も多く転送された情報は国家メディアが発信したものであったこと，そして芸能人と関連するボットがこれらの水増し情報の拡散において重要な役割を果たしていたことが明らかになった。これらの分析結果から中国は，国家メディアのみならず芸能人の影響力およびボットによる拡散などの新しい情報技術を巧みに使い国内の情報統制を行っているといえる。

　第三に，Weibo上にみられる国民感情温度の変化が生じる二つ目の原因は，情報検閲によって，「怒り・不満・批判」感情を含んだ投稿が大量に削除されたからである。統計分析を通じて，リツイート投稿は情報操作の際

に注目されることがわかった。削除されたリツイート投稿が多いという点から、「怒り・不満・批判」を含んだ投稿のうち、大衆の怒りと不満を爆発させやすい投稿が削除されているといえる。多くの先行研究は情報検閲の一部は人間の手によるものだと指摘している。リツイート回数が多いものは重点的に検閲され、そのため削除される可能性も高くなると推測できる。

　以上より、中国共産党と政府による情報操作の方法は、「情報の水増し」と「情報削除」の併用であるといえる。武漢封鎖事例においては、新型コロナ感染症の蔓延によって政府への過度な批判が生じないように、強力な情報操作がWeibo上に表面化された国民の感情をポジティブな方向へ誘導したといえる。

　以上、本研究は半教師あり学習を用いたWeibo投稿の感情変動に対する実証分析によって、中国の権威主義体制における情報操作戦略と特徴を明らかにした。本研究により得られる示唆として次の三つが挙げられる。

　一つ目は、中国国内向けの政治コミュニケーションにおけるボットの利用である。既存成果は、ロシアの事例を通じて、権威主義体制国家が政策目標を達成するために、ソーシャルメディアボットを活用していることを指摘している (Stukal et al. 2022)。一方、中国の事例に関しては、これまでWeiboでのボットの利用が不活発であると広く認識されてきた (Bolsover and Howard 2019)。しかし、本研究の分析結果は、中国も国内の情報統制においてボットを利用し始めていることを実証的に提示した。この結果は、情報技術の進展に伴い、中国をはじめとする非民主主義国研究は今後ボットによる情報操作に対してより注意を払う必要があることを示唆している。

　二つ目は芸能人を活用する情報操作戦略である。芸能人が積極的に「応援・称賛・感謝」の拡散に関与する原因は究明できていないが、リツイート関係から、芸能人関連ボットは国家メディアの公式アカウントとの緊密な関係を結んでいることがわかった。ボットによる情報拡散は発信頻度が異常に高いことなどから、大衆にボットの存在を気づかれやすいことが指摘できる。政治的プロパガンダに特化したボットが水増し情報を発信すれ

ば，国民の反感を買う可能性は否定できない。しかし，娯楽メッセージばかりを日常的に発信しているボットが「応援・称賛・感謝」のメッセージを転送したとしても，その発信が中国共産党や中国政府への不満につながるとは考えにくい。それゆえ，芸能人をはじめ，オンライン上のインフルエンサーを活用することは，今後中国の権威主義体制下における情報操作の新しい戦略となる可能性もあるといえる。これまでにも，直接な証拠がないとはいえ，芸能人は建国記念日に祝賀のメッセージを発信するなど，政治キャンペーンに協力させられている。今後中国における情報操作に焦点を当てる研究は，芸能人やSNS上のインフルエンサーなど新しいアクターを取り入れていく必要があるといえる。

　三つ目は中国の権威主義体制における情報規制の効率と限界である。政府にとって不都合な投稿の検閲は，依然として人間の読解判断に依存している面がある。効率を維持するために，リツイートの多い投稿は選別・削除されることがある。その一方で，リツイート数が少ない投稿であれば，ソーシャルメディア上で比較的長期間存続する可能性があると推定できる。このことは，今後突発的で深刻な危機が発生した場合，中国のソーシャルメディア上で政府に対する批判的な感情を醸成することが全く不可能ではないことを示している。

　以上，本研究の分析から武漢「封鎖」においては，中国共産党と政府は巧みな情報統制を通じて新型コロナ感染症の初期の危機を克服したといえる。この発見は，中国共産党と政府による戦略的な情報操作があったことを指摘している先行研究の知見を支持するものである。また，本研究は先行研究で十分に注目されていなかったリツイート情報に焦点を当てることで，中国共産党による情報統制の特徴を解明した。具体的には芸能人やインフルエンサーを活用していた点や，危機対応のためにボットを利用する傾向があった点である。これは中国共産党と政府による情報統制戦略のアップグレードだといえる。しかし，情報統制は権威主義政権にとって短期的には危機に対処する有効な手段であるが，長期的な危機において情報統

第3部　計量テキスト分析と地域研究・比較政治学

制の影響が持続するかどうかは十分に検証されていない。情報統制が権威主義体制に与える影響をより洗練されたデザインを用いて解明していくのが今後の課題であろう。

　　謝辞：本研究は，JSPS科研費#23K12415による助成を受けたものである。本稿は日本比較政治学会 2022年研究大会分科会 D（テキスト分析と比較政治学）での報告ペーパーを基にしている。報告のコメンテーターを務めて頂いた末近浩太先生（立命館大学），西川賢先生（津田塾大学）に感謝したい。また匿名の二名の査読者より多くの大変有益なコメントを頂戴した。この場を借りて御礼申し上げる。

注

1 ）　武漢市での新型コロナ感染症の市中感染は，「中国のチェルノブイリ」と呼ばれ，欧米のメディアに取り上げられていた。例えば，Tharoor, I. (2020). China's Chernobyl? The coronavirus outbreak leads to a loaded metaphor. The Washington Post（https://www.washingtonpost.com/world/2020/02/12/chinas-chernobyl-coronavirus-outbreak-leads-loaded-metaphor/　2024年 2 月18日最終確認）。

2 ）　「武漢市新型冠状病毒感染的肺炎疫情防控指揮部通告（第 1 号）」（http://www.gov.cn/xinwen/2020-01/23/content_5471751.htm　2024年 2 月18日最終確認）。

3 ）　2019年12月30日，武漢市の李文亮（Li Wenliang）医師はウィーチャット（WeChat）のグループでコロナウイルスの感染が確認された情報を共有し，警鐘を鳴らしたことで後に武漢市公安局から訓戒処分された。また李とその他の 8 人がデマ情報の発信・拡散で処分されたことはCCTVのニュースで報道された。李はその後自らも新型コロナ感染症で死亡した。

4 ）　中国Weibo上では，年間約 4 億4800万件の投稿が「ネット評論員」によるものだと推定されている。

5 ）　本稿で用いた図・表はすべて筆者が作成した。

6 ）　武漢「封鎖」をめぐる中国政府に対する批判は主に政府による人為的災害，官僚主義，情報隠蔽，責任転嫁などを中心に種語を選定した。一方で，「応援・称賛・感謝」は張・毛・汪（2015），宋・陳（2022）が提示した「戦争」メタファーからヒントを得て，専門家や医療従事者を賞賛する表現を中心に種語を選定した。ある単語が種語になるかを決める際には，包括的に特定の書き込みを抽出するために，あらかじめLSXパッケージを用いてその単語の同義語の極性スコアを算出した。そのうち，同義語の極性まで整合性を持つ単語のみを種語とした。

240

9　権威主義体制国家における情報統制

7 ） Rおよび用いたRパッケージのバージョン情報は，R（4.3.2），Quanteda（3.3.1），
jiebaR（0.11），LSX（1.3.2）である。

8 ） 中証網（2023）「微博2022年総営収123.7億元」（https://www.cs.com.cn/ssgs/
gsxw/202303/t20230302_6326520.html　2024年 2 月18日最終確認）。

9 ） ユーザー群に関して，両データセットの収集対象と収集キーワードが異なること
を指摘しておきたい。Zhai（2020）データセットにおいて，ユーザーに対する統制
が行われていない。一方で，Fu and Zhu（2020）のデータセットには知名度が高い
ユーザー 6 万6126と無作為選定されたユーザー 5 万2268が含まれている。また，Zhai
（2020）が用いていた収集キーワードは，「COVID-19（COVID-19）」「新型冠状病
毒（新型コロナウイルス）」「新冠（コロナ）」「疫情（流行病）」「新型肺炎（新型肺
炎）」「武汉肺炎（武漢肺炎）」の 6 つである。一方で，Fu and Zhu（2020）は次の
40のキーワードを用いて収集を行った。「疫情（流行病）」「口罩（マスク）」「病毒
（ウイルス）」「肺炎（肺炎）」「冠状（コロナ）」「感染（感染）」「确诊（確定診断）」
「隔离（隔離）」「防疫（感染症予防）」「传染（伝染）」「新冠（新型コロナ）」「钟南山
（鍾南山）」「封城（都市封鎖）」「非典（SARS）」「N95（N95）」「李文亮（李文亮）」
「蝙蝠（コウモリ）」「防护服（防護服）」「卫健委（保健委員会）」「世卫（世界保健機
関）」「重症（重症）」「疾控中心（感染症疾患対策センター）」「李兰娟（李蘭娟）」「流
行病（流行病）」「华南海鲜市场（華南海鮮市場）」「人传人（ヒトからヒトへの感染）」
「管轶（管軼）」「世界卫生组织（世界保健機関）」「消毒液（消毒液）」「洗手液（手洗
い液）」「危重（危険な）」「张文宏（張文宏）」「高福（高福）」「CDC（CDC）」「穿山
甲（アリクイ）」「粪口传播（糞口感染）」「WHO（WHO）」「飞沫传播（飛沫感染）」
「疑似病例（疑似患者）」「潜伏期（潜伏期）」。したがって，Weibo投稿に対する分析
の結果は，収集方法の違いによってある程度異なる可能性がある。ただし都市封鎖
直前までに，両データセットの感情を示すLSS値がほぼ同じであることから，今回
の分析において，収集方法の違いは分析結果に大きな影響を与えなかったことが示
唆されている。

10） 両データセットはユーザー情報に対して，暗号化処理を行ったものである。ただ
し，Zhai（2020）はWeibo投稿を特定したリンクを公開したため，Weibo投稿から
一部のユーザー情報を確認できた。

11） 湖北省最高責任者，党委員会書記の蒋超良は解任され，その後任に元上海市市長
応勇が任命された。同時に，武漢市最高責任者，党委員会書記の馬国強は解任され，
その後任に元済南市市長の王忠林が任命された。

12） BBC（2020）「肺炎疫情：湖北一天確診人数激増上万的背後原因」（https://www.
bbc.com/zhongwen/simp/chinese-news-51485553　2024年 2 月18日最終確認）。

第3部　計量テキスト分析と地域研究・比較政治学

補遺1　最も多くリツイートされたアカウント（上位10位）

アカウント	分類	リツイート回数
1．人民日報	国家メディア	217,272
2．CCTVニュース（央視新聞）	国家メディア	134,464
3．蒙牛乳業	企業	51,983
4．張藝興	芸能人	40,195
5．回形針PaperClip	ポピュラーサイエンスの インフルエンサー	36,694
6．〔確認取れず〕	—	26,510
7．玉米愛心基金	芸能人関与の公益組織	16,400
8．趙麗穎	芸能人	16,229
9．澎湃新聞	オンラインニュース	13,311
10．中国電影報道	娯楽関連	11,847

13)　他人の投稿を転送する際の投稿は，書き込みをつけ加えるかどうかに関係なく，本研究では「リツイート」の扱いとする。

14)　最もリツイートされたアカウント上位2位はそれぞれ人民日報とCCTVの公式アカウントである。中国では人気の芸能人である張藝興や趙麗穎の公式アカウントのリツイート回数はそれぞれ4位，8位に位置している。また，人気の歌手李宇春が関与する公益組織も7番目に多くリツイートされた。この他，企業PRキャンペーンの一環として，「蒙牛乳業」（3位）による武漢への寄付，ポピュラーサイエンスのインフルエンサー（5位）も多くリツイートされた（詳細は補遺1を参照）。

15)　本研究は，Rのigraphパッケージ（2.0.3）を用いてネットワーク分析を行った。分析では，分析期間中Weibo経由で500以上の投稿があったアカウントに焦点を絞った。その結果，40カウントからの6万7756件投稿は分析に含まれた。

16)　芸能人関連ボットによる投稿の一例として，以下の投稿があげられる。https://weibo.com/7364317509/IqJuw27DW（2024年2月18日最終確認）

17)　この推定方法はある程度ボットを判別できるものの，完全にボットを判別できないという限界がある。このほか，先行研究で指摘されている「ネット評論員」による投稿はこの基準では判別できない。

18)　武漢封鎖期間中の情報操作の特徴を明らかにするために，統計分析に用いられるデータは2020年1月19日から2月27日までの投稿とした。

引用・参考文献

于海春（2023）『中国のメディア統制——地域間の「不均等な自由」を生む政治と市場』

勁草書房。

カタリナック，エイミ・渡辺耕平（2019）「日本語の量的テキスト分析」『早稲田大学高等研究所紀要』11号，133-143頁。

黄月琴（2016）「『心靈鶏湯』与災難叙事的情感規馴——伝媒的社交網絡実践批判」『武漢大学学報』9号，114-118頁。

劉建明（2006）『新聞発布概論』清華大学出版社。

宋素紅・陳艶明（2022）「『疾控国家化』的媒介呈現：疫情報道中戦争隠喩的文本分析」『当代伝播』2号，35-39, 61頁。

張薇・毛浩然・汪少華（2015）「突発公共衛＋生事件官方媒体報道的隠喩架構分析：基於SARS和H7N9疫情報道語料」『福建師範大学学報』2号，100-108, 169-170頁。

Benoit, K. et al.（2018）"quanteda：An R package for the quantitative analysis of textual data," *Journal of Open Source Software* 3（30）：774.

Bolsover, G. and P. Howard（2019）"Chinese computational propaganda：Automation, algorithms and the manipulation of information about Chinese politics on Twitter and Weibo," *Information, Communication & Society* 22（14）：2063-2080.

Brady, Anne-Marie（2010）*Marketing dictatorship：propaganda and thought work in contemporary China*. Rowman & Littlefield Publishers, Inc.

Brady, Anne-Marie（2017）"Plus ça change? Media Control Under Xi Jinping," *Problems of Post-Communism* 64（3-4）：128-140.

Chen, J. and Y. Xu（2017）"Information manipulation and reform in authoritarian regimes," *Political Science Research and Methods* 5(1)：163-178.

Fu, K. W. and Y. Zhu（2020）"Did the world overlook the media's early warning of COVID-19?" *Journal of Risk Research* 23（7-8）：1047-1051.

Fu, K. W., C. H. Chan and M. Chau（2013）"Assessing censorship on microblogs in China：Discriminatory keyword analysis and the real-name registration policy," *IEEE Internet Computing* 17(3)：2-50.

Gehlbach, S. and K. Sonin（2014）"Government control of the media," *Journal of public Economics* 118：163-171.

Guriev, S. and D. Treisman（2019）"Informational autocrats," *Journal of Economic Perspectives* 33(4)：100-127.

Guriev, S. and D. Treisman（2022）*Spin dictators：The changing face of tyranny in the 21ˢᵗ century*. Princeton University Press.

Huang, Haifeng（2015）"Propaganda as signaling," *Comparative Politics* 47(4)：419-444.

King, Gary, J. Pan and M. E. Roberts (2013) "How Censorship in China Allows Government Criticism but Silences Collective Expression," *American Political Science Review* 107(2) : 326-343.

King, Gary, J. Pan and M. E. Roberts (2017) "How the Chinese government fabricates social media posts for strategic distraction, not engaged argument," *American Political Science Review* 111(3) : 484-501.

Landry, P. F. and D. Stockmann (2009) "Crisis management in an authoritarian regime : Media effects during the Sichuan earthquake," *In APSA 2009 Toronto Meeting Paper*.

Lu, Y., J. Pan and Y. Xu (2021) "Public sentiment on Chinese social media during the emergence of COVID-19," *21st Century China Center Research Paper* 4.

Roberts, M. (2018) *Censored: distraction and diversion inside China's Great Firewall.* Princeton University Press.

Rozenas, A. and D. Stukal (2019) "How autocrats manipulate economic news : Evidence from Russia's state-controlled television," *The Journal of Politics* 81(3) : 982-996.

Ruan, L., J. Knockel and M. Crete-Nishihata (2020) "Censored contagion : How information on the coronavirus is managed on Chinese social media," *Citizen Lab Research Report* 125, University of Toronto.

Stockmann, Daniela (2013) *Media commercialization and authoritarian rule in China.* Cambridge : Cambridge University Press.

Stukal, D., S. Sanovich, R. Bonneau and J. A. Tucker (2022) "Why botter : how pro-government bots fight opposition in Russia," *Information, Communication & Society* 116(3), 843-857.

Watanabe, Kohei (2021) "Latent semantic scaling : A semisupervised text analysis technique for new domains and languages," *Communication Methods and Measures* 15(2) : 81-102.

Yang, Xiangfeng (2021) "Domestic contestation, international backlash, and authoritarian resilience : How did the Chinese party-state weather the COVID-19 crisis?" *Journal of Contemporary China* 30 (132) : 915-929.

Zhai, Yujia (2020) "*Weibo COVID dataset*," Harvard Dataverse, V1.

（う・かいしゅん：北海道大学）

日本比較政治学会設立趣意書

　21世紀まで残すところ3年足らずとなった今日，国際関係は言うに及ばず，各国の内政もまた世界化の大きなうねりに巻き込まれている。日本もその例外ではなく，世界各国との経済・文化・社会のレベルでの交流が一段と深まるにつれて，その内政の動向に対する社会的な関心も高まっている。学術的にも世界のさまざまな地域や諸国の政治および外交の歴史や現状を専攻する研究者の数が順調に増加しており，そうした研究者の研究成果を社会的要請に応えて活用する必要が感じられるようになっている。

　とりわけ冷戦後の世界では，NIESや発展途上国の民主化，旧社会主義諸国の民主化および市場経済化，先進諸国の行財政改革などといった政治経済体制の根幹に関わる争点が，重大な課題として浮上してきている。これらの課題への取り組みには，単に実務的な観点から対処するだけでは十分でない。現在の諸問題の歴史的背景を解明し，それを踏まえて学術的な観点から課題の設定の仕方に立ち返って問題点を理論的に整理し，効果的な政策や制度を構想していくことも必要である。そのためには各国別の研究にとどまらず，その成果を踏まえて理論的に各国の政治や外交を比較・検討し，研究上の新たな飛躍を生み出すことが肝要である。

　このような目的のために，本学会は世界各国の政治や外交を専攻する内外の研究者を集め，相互の交流と協力を促進するとともに，研究上も独自な成果を公表し，国際的にも発信することを目指している。と同時に社会的にも開かれた学会として，各国政府関係者，ジャーナリスト，民間機関・NGO等各種実務家との交流も，振興することを目的にしている。本学会の学術活動に貢献していただける方々の，協力をさらに期待するところである。

　1998年6月27日

入会のお誘い

　日本比較政治学会は，前ページの設立趣意書にもあるように，「世界各国の政治や外交を専攻する内外の研究者を集め，相互の交流と協力を促進するとともに，研究上も独自な成果を公表し，国際的にも発信すること」を目的として1998年6月に設立された，日本で唯一の「比較政治学」を軸とした学会です。

　学会の主たる活動は，年次研究大会の実施と日本比較政治学会年報の発行です。年次研究大会では様々な地域，あるいは分野に関する先端的な研究報告が行われています。またこの年次大会における共通論題を軸として発行される学会年報では，従来取り上げられていない新しいテーマや，従来の議論を新しい視点から見直すようなテーマが取り上げられています。これ以外の学会の活動としては，オンラインジャーナル『比較政治研究』と『MINERVA 比較政治学叢書』の刊行，年2回のニューズレターの発行，ホームページやメーリングリストを通した研究活動についての情報提供や情報交換などを行っています。

　学会は，比較政治学に関心を持ち，広く政治学や地域研究を専攻する方，および政治学や地域研究の研究・教育に密接に関連する職業に従事する方の入会をお待ちしています（ただし大学院生の方につきましては，修士課程もしくは博士前期課程を修了した方に限ります）。入会の手続および年会費などに関しましては，学会ホームページ（http://www.jacpnet.org/）の中にある「入会案内」の項をご参照ください。

　ご不明の点は下記の事務委託先までお問い合わせください。

[学会の事務委託先]
〒602-8048　京都市上京区下立売通小川東入ル
中西印刷株式会社 学会部 日本比較政治学会事務支局
TEL：075-415-3661　FAX：075-415-3662
E-mail：jacp@nacos.com

日本比較政治学会

［Japan Association for Comparative Politics］

本学会は，「ひろく政治学や地域研究を専攻する」メンバーによって，「比較政治の研究を促進し，内外の研究者相互の交流を図ることを目的」として，1998年6月に設立された。

［学会事務局連絡先］

〒558-8585　大阪府大阪市住吉区杉本3丁目3-138

大阪公立大学大学院法学研究科・稗田健志研究室

日本比較政治学会事務局　jacp@jacpnet.org

学会ホームページ https://www.jacpnet.org/

執筆者（執筆順）

近藤康史（こんどう・やすし）名古屋大学大学院法学研究科教授

日下　渉（くさか・わたる）東京外国語大学大学院総合国際学研究院教授

佐藤　章（さとう・あきら）独立行政法人日本貿易振興機構アジア経済研究所地域研究セ
　　　　　　ンター主任研究員

宮地隆廣（みやち・たかひろ）東京大学大学院総合文化研究科教授

松尾昌樹（まつお・まさき）宇都宮大学国際学部国際学科教授

今井貴子（いまい・たかこ）成蹊大学法学部政治学科教授

安田英峻（やすだ・ひでたか）神戸大学大学院国際協力研究科助教授研究員

山尾　大（やまお・だい）九州大学大学院比較社会文化研究院准教授

工藤　文（くどう・あや）金沢大学人間社会研究域法学系講師

于　海春（う・かいしゅん）北海道大学大学院メディア・コミュニケーション研究院助教，
　　　　　　早稲田大学現代政治経済研究所特別研究所員

日本比較政治学会年報第26号

地域研究と比較政治学

2025年3月30日　初版第1刷発行　　　　　　　　　〈検印省略〉

定価はカバーに
表示しています

編　　者　　日本比較政治学会

発 行 者　　杉　田　啓　三

印 刷 者　　藤　森　英　夫

発行所　株式会社　ミネルヴァ書房

607-8494　京都市山科区日ノ岡堤谷町1
電話代表　(075)581-5191
振替口座　01020-0-8076

©日本比較政治学会, 2025　　　亜細亜印刷・吉田三誠堂製本

ISBN978-4-623-09815-6

Printed in Japan

日本比較政治学会編　日本比較政治学会年報

各巻Ａ５判・美装カバー・208～286頁・本体3000円

⑪国際移動の比較政治学

⑫都市と政治的イノベーション

⑬ジェンダーと比較政治学

⑭現代民主主義の再検討

⑮事例比較からみる福祉政治

⑯体制転換／非転換の比較政治

⑰政党政治とデモクラシーの現在

⑱執政制度の比較政治学

⑲競争的権威主義の安定性と不安定性

⑳分断社会の比較政治学

㉑アイデンティティと政党政治

㉒民主主義の脆弱性と権威主義の強靭性

㉓インフォーマルな政治制度とガバナンス

㉔クライエンテリズムをめぐる比較政治学

㉕危機と国家

―――――ミネルヴァ書房―――――

https://www.minervashobo.co.jp/